절대 실패하지 않는

법인
운영의
기 술

절대 실패하지 않는

법인 운영의 기술

초판 1쇄 발행	2025년 12월 16일
2쇄 발행	2026년 01월 13일

지은이	오너스경영연구소, 조기열, 정초은
기획/총괄	배희원
책임편집	양희준
편집진행	노영현, 최상진
펴낸곳	도서출판 지혜로
디자인	**표지** 보통스튜디오 · **본문** 공간42

출판등록	2012년 3월 21일 제 387-2012-000023호
주소	경기도 부천시 원미구 길주로 137, 6층 602호(상동, 상록그린힐빌딩)
전화	032-327-5032 **│ 팩스** 032-327-5035
이메일	book@jihyerobook.com
	(독자 여러분의 소중한 의견과 원고를 기다립니다)

ISBN	979-11-87799-42-9 13320
값	22,000원

엑시트하는 대표는 시작부터 다르다

절대 실패하지 않는

법인 운영의 기술

조기열
정초은

지음

법인 설립부터 운영, 상속, 세무조사 준비까지
절세와 실속을 모두 챙긴 법인의 모든 것!

지혜로

프롤로그
위기를 기회로 바꾸는
당신만의 맞춤 경영 로드맵

사업을 하다 보면 누구나 한 번쯤은 법인을 세울지 고민하는 순간을 맞이하게 된다. 사업의 규모가 커지고 수익이 늘어날수록 세금은 늘어나게 되며 언젠가는 상속과 승계 문제까지 마주하게 되기 때문이다. 따라서 어떤 사람은 이러한 부담을 미리 대비해 처음부터 법인으로 시작하기도 하고, 개인사업자로 시작했다가 사업이 자리를 잡으면 법인을 세우기도 한다.

이렇듯 많은 사람이 미래를 낙관하며 법인을 세우지만, 대표가 마주하는 현실은 냉혹하다. 많은 사업이 뜻대로 성장하지 못하며 여러 이유로 결국 문을 닫게 되기 때문이다.

나는 수년간 법인 컨설팅을 진행하며 이런 경우를 많이 봐왔다. 예를 들어, 어떤 대표님은 10년간 피땀 흘려 일군 회사를 단 한 번의 세무조사로 잃기도 했고, 또 어떤 대표님은 법인 자금을 개인적으로 사용하려다가 횡령죄로 감옥에 가기도 했다. 이렇듯 법인의 승패는 '돈'이 아니라 대표의 '경영'에 따라 좌우될 때가 많았다.

그런데 생각보다 많은 대표님이 법인을 '감'으로만 운영하는 것을 봤다. 이런 경우 구체적인 내용은 잘 몰라도 된다고 생각하고 실력 있는 전문가(법무사, 세무사 등)를 찾아 모든 것을 맡기는 경우가 많았다. 하지만 법인 운영은 단순한 행정 절차를 넘어 체계적이고 전략적인 관리가 필수인 영역이다. '법인을 세웠다'는 사실만으로는 어떤 경쟁력도 갖추지 못하며, 법인 대표라면 반드시 직접 챙겨야 할 부분이 있는 것이다.

현장에서 본 생생한 기업의 생존과 회생

나는 경영지도사로 '오너스경영연구소'에서 지점장을 맡아 기업부설연구소, 벤처기업 인증, 이노비즈/메인비즈 등 100건 이상을 진행했고 정책자금 컨설팅은 누적 100억 원 이상이 된다. 이렇듯 실무에서 많은 경험이 있다 보니 수많은 법인이 무너지는 순간과 다시 살아나는 순간을 함께 지켜볼 수 있었다. 그런데 그때마다 느끼는 것은, '기업의 운명은 대표가 어떤 선택을 하고 어떤 준비를 하느냐에 따라 극적으로 달라진다'는 것이었다.

예를 들어, 차입금이 50억 원에 달하고 2년 연속 자본잠식 상태였던 한 제조업체는 언제 쓰러져도 이상하지 않은 상황이었으나, 정책자금 5억 원을 확보하면서 다시 정상화의 길로 나아갈 수 있었다. 또 다른 기업은 벤처기업 인증을 통해 매년 10억 원에 가까운 세금을 절감하며 성장의 발판을 마련하기도 했다.

이처럼 법인의 생애주기별로 어떤 준비가 필요하며, 최후 엑시트와 승계까지 어떤 준비를 해야 하는지 아는 것은 매우 중요하다. 그래야 법인의 설립 목적에 따라 자산을 성장시켜 엑시트를 하거나 자녀에게 상속할 수도 있기 때문이다.

법인 대표를 위한 맞춤 경영설계서

그럼에도 불구하고, 시중의 법인 관련 책들은 법인의 생애주기를 고려하지 않은 채 성공담이나 절세 비법에만 치중하는 경우가 많다. 그러나 법인은 각 시기마다 준비해야 할 과제가 있고, 대표 스스로 미래를 설계할 수 있도록 돕는 안내가 필요하다. 그래서 이 책은 다음의 세 가지 주제를 중점적으로 다루고 있다.

첫째, 법인의 설립부터 운영과 절세, 상속, 세무조사까지 기업의 생애 전 과정을 망라해 다뤘다. 많은 책이 특정 부분만을 다루는 데 반해 이 책은 사업의 시작 단계에서부터 성장, 위기 관리, 그리고 최종 승계와 엑시트까지 대표가 반드시 알아야 할 흐름을 빠짐없이 다루고 있다. 따라서 이 책 한 권만 있으면 법인의 전체 로드맵을 조망할 수 있을 것이다.

둘째, 업력과 상황에 따라 대표가 집중해야 할 과제를 단계별로 다루고 있다. 법인은 업력에 따라 수행해야 할 과제가 있다. 이 과제들을 수행함에 따라 여러 도움을 받을 수 있으며 법인 성장의 디딤돌로 작용하게 된다. 구체적으로 예비창업 단계, 업력 3년차, 업력 7년차, 이후 엑시트와 상속 단계에서 대표 스스로 회사의 현재 위치에 맞는 전략을 세울 수 있어야 한다. 이 책에서는 독자들이 알기 쉽게 법인의 생애주기 순서로 각 과제를 제시하고 있으며, 잘 소화한다면 많은 혜택을 얻을 수 있을 것이다.

셋째, 단순한 이론이 아니라 실제 현장의 사례를 제시하고 있다. 수년간 법인 컨설팅을 통해 얻은 노하우와 사례를 본문에 고스란히 녹여 도움이 될 수 있도록 하였다. 실제 위기를 극복하고 기회를 만들어낸 기업들의 사례를 통해 같은 상황에서 어떤 선택을 해야 하는지 구체적인 그림을 그릴 수 있을 것이다.

지금 당장 필요한 한걸음은 무엇인가

법인 운영은 마라톤과 같다. 한 번에 크게 성장하면 좋겠지만 많은 경우 작은 노력을 끈기 있게 할 때 성장을 이룰 수 있었다. 이 책은 한 번에 크게 뛰는 것을 목표로 하고 있지 않다. 지금 가능한 가장 효율적인 한걸음을 제시하려고 했다. 단계별로 한걸음씩 걷다 보면 어느 순간 기업의 체력과 신용, 재무 구조가 단단해지고 자금 조달의 문이 넓어지면서 사업이 안정화될 것이다.

이제 선택은 당신의 몫이다. 법인 운영을 '감'에만 맡길 것인지, 아니면 이 책에서 제시하는 체계적 준비와 전략으로 위기를 기회로 바꿀 것인지 스스로 결정해야 한다. 이 책은 당신이 올바른 선택을 내리고, 한 발 앞서 준비하며, 지속 가능한 성장을 이루도록 도울 것이다. 부디 이 책이 사업의 성장을 위한 든든한 동반자가 되기를 바란다.

저자들을 대표하여

조기열

차례

차례

C O N T E N T S

CHAPTER 7. 세무조사, 준비된 자만이 이긴다

제1부

법인 대표로
엑시트하라

CHAPTER
1

지금 당장
법인사업자로
전환해야 하는 이유

01
왜 성공한 사업가들은
법인을 선택할까?

대한민국에 법인이 몇 개나 될까? 2024년 국세청에서 발표한 대한민국 법인의 개수는 130만여 개다. 2025년 기준 대한민국의 인구가 5,168만여 명이니 대략 대한민국 국민 40명당 법인이 1개씩 있는 정도다. 어떤가? 생각보다 훨씬 많은 수의 법인이 영리를 목적으로 업무를 하고 있지 않은가? 그런데 왜 이렇게 많은 사람이 법인으로 사업을 하는 것일까? 단순히 다른 사람들도 법인을 설립하기 때문은 아닐 것이다. 그리고 그렇게 남들을 따라 법인을 설립하는 것은 절대로 해서는 안 될 일이다.

종합소득세 부담에서 벗어날 수 있다

과세표준	세율	누진공제액
0원~1,400만 원 이하	6%	0
1,400만 원~5,000만 원 이하	15%	126만 원
5,000만 원~8,800만 원 이하	24%	576만 원
8,800만 원~1억 5,000만 원 이하	35%	1,544만 원

1억 5,000만 원~3억 원 이하	38%	1,994만 원
3억 원~5억 원 이하	40%	2,594만 원
5억 원~10억 원 이하	42%	3,594만 원
10억 원 초과	45%	6,594만 원

2025년 종합소득세 구간 및 세율

처음 법인을 설립할 때는 부담감을 많이 느끼게 된다. 법인이라고 하면 소상공인과 멀어 보이고 대기업의 일인 것만 같다. 자본금도 많이 필요할 것 같고 설립 절차도 복잡해 보이니 더욱 남의 나라 이야기 같다. 그런데도 법인으로 전환하는 가장 큰 이유는 종합소득세 부담 때문이다.

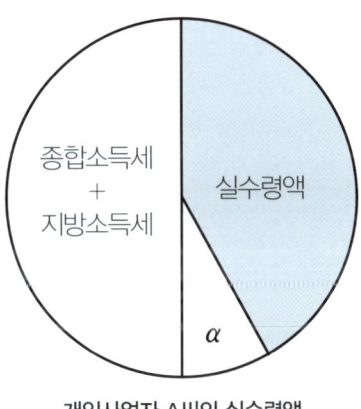

개인사업자 A씨의 실수령액

개인사업자로 열심히 일하던 A씨는 언제부터인가 수익의 절반을 세금으로 내게 됐다. 현행 종합소득세율 최고 구간은 45%로, 지방소득세까지 고려하면 49.5%의 높은 세금을 부담해야 한다. 만약 A씨가 최고세율 구간에 해당한다면 순이익으로 1,000만 원을 더 벌어도 세금을 내고 나면 505만 원만 남게 될 것이다. 게다가 소득세뿐만 아니라 4대 보험료까지 부담하면 실수령액은 훨씬 적어질 수밖에 없다.

무엇보다 개인사업자가 종합소득세를 납부할 때 큰 부담을 느끼는 이유는 한 번에 큰 금액을 납부해야 하기 때문이다. 근로소득자의 경우 매월 급여에서 원천징수가 되기 때문에, 한 번에 큰 금액을 납부하지 않는다. 그러나 개인사업자는 중간예납[1]을 하더라도 연 2회에 나눠 세금을 납부해 한 번에 큰 금액을 내게 된다. 현금을 금고에 쌓아두고 살지 않는 이상 부담스러울 수밖에 없는 금액이다. 이럴 때 법인으로 전환하면 법인세를 납부하게 되는데 법인세의 세율은 과세표준 구간별로 9~24%가 적용되므로 종합소득세의 세율보다 유리해지는 것이다.

무한 책임이 아닌 유한 책임이다

개인사업자는 대출받는 경우를 포함해 해당 사업에 관해 무한 책임을 지게 된다. 대출받은 이후 사업이 잘 안되더라도 사비를 털어 해당 대출을 상환해야 한다. 만약 대출을 상환하지 못하면 개인 자산에 대한 압류가 이뤄질 수 있기 때문이다. 따라서 개인사업자의 경우 '사업= 사업주'이기 때문에 위험이 법인에 비해 높다.

그러나 법인은 출자한 이후 추가 출자에 대한 의무가 없다. 즉 법인 설립 시에 결정한 자본금만 납부하면, 그 자본금은 물론 외부에서 차입한 자금까지

---

[1] 개인사업자는 종합소득세를 1년에 한 번 신고하지만, 세법에서는 국세의 원활한 수납을 위해 '중간예납'이라는 제도를 두었다. 그래서 개인사업자는 납부할 세액이 확정되기 전에 납부해야 할 세금을 미리 고지받아 납부할 수 있다. 구체적으로, 직전 연도에 납부한 세액을 기준으로 중간예납 기준액을 산정하여 그 금액의 50%를 부과, 고지하고 있다. 다만, 법에서 정한 면제 사유가 있는 경우에는 면제된다.

모두 손실이 나더라도 주주가 추가로 자금을 부담할 의무가 없다. 혹시 법인이 망하더라도 주주가 같이 책임을 부담할 필요가 없으니 개인사업자에 비해 훨씬 안전하다.

다만, 세금의 경우 과점주주[2]의 제2차 납세의무를 두어 법인의 미납된 세금에 대해 연대 납부의무가 있다. 따라서 법인을 운영하면서 세금은 꼭 납부해야 한다.

신뢰도 향상

전문성과 안정성을 갖춘 법인사업자는 개인사업자보다 높은 신뢰를 줄 수 있다. 법인은 법적으로 인정된 사업체로서 개인사업자보다 고객과 거래처로부터 높은 신뢰를 얻을 수 있기 때문이다. 법인을 설립하게 되면 법인 등기부등본을 발급받게 되는데, 법인 등기부등본은 회사의 상황을 요약한 서류로 외부에서도 자유롭게 열람할 수 있다. 따라서 신뢰도가 높은 법인사업자는 개인사업자보다 유리한 위치에서 거래처와의 협상에 임할 수 있다.

또한 외부와 계약을 맺거나 입찰하는 경우 등 다양한 상황에서 개인사업자보다 법인사업자의 신용도가 좋다. 사업을 하지 않는 일반인들도 개인사업자보다는 법인사업자가 훨씬 규모도 크고 건실한 업체라고 생각하기 때문이다. 실제 사업 초기에는 개인사업자로 시작했다가 규모가 커지고 안정화되면 법인으로 전환하는 경우가 많다. 따라서 어차피 법인으로 전환할 예정이라면 처음부터 법인을 설립하는 것이 좋다.

사람들은 이왕 같은 물건, 같은 가격이면 규모가 작은 슈퍼보다는 큰 마트

---

2 특수관계인을 포함해 50%를 초과하여 주식을 갖고 있는 경우

에서 사고 싶어 한다. 거래 상대방 또한 규모가 커 보이는 법인을 선호하기 때문에, 더 좋은 계약을 하기 위해 법인으로 시작하는 경우가 많다.

자금 조달 용이

법인사업자는 투자 유치, 주식 발행, 은행 대출 등 다양한 방식으로 자금을 조달할 수 있다. 특히 외부 투자자의 경우 단순히 돈을 빌려주는 것이 아니라 주식이나 전환사채 등을 확보하는 방식으로 자본 투자를 선호한다. 그러나 개인사업자는 법적으로 주식을 발행할 수 없기 때문에 외부 투자자가 지분을 확보하는 구조 자체가 불가능하다. 이 때문에, 투자자들은 개인사업자보다는 법인사업자에게 훨씬 더 적극적으로 투자하려는 경향이 강하다.

또한 법인은 등기부등본, 재무제표 등을 통해 객관적인 정보를 제공할 수 있어 투자자와 금융기관의 신뢰를 얻기 쉽다. 이러한 공신력 있는 자료와 함께 기업이 원금과 이자를 상환할 수 있는 안정적인 구조임을 증명한다면 금융기관으로부터 더 많은 대출을 받을 수 있다. 결국 법인사업자는 투자 유치뿐 아니라 금융권 자금 조달 면에서도 개인사업자에 비해 유리한 지위를 가진다.

간편해진 법인 설립 절차

과거와 비교해 법인 설립 시 필요한 자금이나 절차도 많이 간소화되었다. 과거 주식회사 설립 시에는 상법상 최소 자본금이 5,000만 원이었다. 그리고 설립 시 발기인도 3명 필요했다. 이처럼 법인을 설립하려면 자본금도 있어야 하고, 믿을 만한 인적 자원도 있어야 해서 법인을 설립하기가 쉽지 않았다.

그러나 지금은 자본금 제한이 없고, 발기인 1인으로도 설립할 수 있다. 그래서 요즘에는 소액 자본을 갖고 있는 1인 주주가 법인을 설립하는 경우가 많이 늘었다. 물론 법인 설립 절차가 예전에 비해 간편해졌지만, 사업을 시작할 때 이를 하나하나 챙기기에는 어려움이 있다. 따라서 법무사를 통해 법인을 설립하는 것도 좋은 방법이다.

02
개인사업자는 모르는
법인의 절세 비밀

법인 전환을 고민할 때 가장 먼저 던지는 질문이 있다. "법인은 정말 세금이 적은가요?"라는 질문이다. 법인은 종종 절세의 정답처럼 이야기되지만 단순히 세율만 비교하는 것은 위험하다. 핵심은 법인이 '세금을 줄이는 구조'가 아니라 '세금을 통제할 수 있는 구조'라는 데 있다.

개인사업자는 소득이 늘어날수록 최고 49.5%까지 세금을 부담하지만, 법인은 소득의 귀속 시점과 방식(급여, 배당, 유보 등)을 선택할 수 있다. 이러한 구조적 차이는 수익이 커질수록 실질적인 자산 격차로 이어진다.

종합소득세 vs 법인세

법인세율이 소득세율보다 낮다는 것은 많이 알려져 있다. 그래서 인터넷, 유튜브, 책 등에서 법인세율이 낮으므로 법인을 해야 한다고 말하는 사람이 많다. 그러나 이때 밝히지 않은 사실이 있다는 점에 유의해야 한다. 법인세를 내고 남은 이익을 가지려면 배당소득이나 근로소득으로 신고하고 소득세를 또 납부해야만 한다.

그렇다면, 세금을 두 번이나 내는데 왜 법인으로 사업을 해야 할까? 그 비밀은 소득의 귀속 시기 차이에 있다. 개인사업자는 그해에 남은 이익이 모두 과세되지만, 법인은 그해에 가져갈 소득 금액을 정할 수 있다. 따라서 이익이 많이 남아서 굳이 그 금액을 한 해에 다 가져갈 필요가 없다면, 낮은 세율을 적용받을 수 있도록 조절해서 자금을 출금하면 된다. 이때 법인에 남은 잉여금은 재투자를 하거나 사업을 확장하는 데 쓸 수 있다.

예를 들어, 3억 원의 이익이 남았다고 해보자.[3] 개인투자자는 한계세율[4] 38%를 납부하고 재투자를 해야 한다. 이때 주민세 10%를 포함하면 41.8%가

개인사업자		법인사업자	
과세표준	세율	과세표준	세율
1,400만 원 이하	6%	2억 원 이하	9%
1,400만 원 초과~5,000만 원 이하	15%	2억 원~200억 원 이하	19%
5,000만 원 초과~8,800만 원 이하	24%	200억 원~3,000억 원 이하	21%
8,800만 원 초과~1.5억 원 이하	35%	3,000억 원 초과	24%
1.5억 원 초과~3억 원 이하	38%		
3억 원 초과~5억 원 이하	40%		
5억 원 초과~10억 원 이하	42%		
10억 원 초과	45%		

법인세율과 소득세율

---

[3] 정확하게는 순이익에서 과세표준을 계산해 적용한다. 그러나 여기서는 간편하게 이익으로 쓰도록 하겠다.
[4] 소득이 한 단위 더 늘어날 때 적용되는 세율

된다(주민세는 소득세의 10%를 부과하기 때문에 38%+3.8%= 41.8%가 된다). 반면, 법인투자자는 한계세율 19%를 납부하고 남은 금액으로 재투자를 하면 된다. 주민세를 포함하면 20.9%가 된다. 이는 시간이 갈수록 큰 차이로 나타나게 된다.

소득세율은 한계세율로, 누진세로 이해하면 쉽다. 소득이 높아질수록 세율도 높아지는 것이다. 이해를 돕기 위해, 3억 원의 이익에 대한 세금을 개인사업자와 법인사업자의 경우로 나눠 계산해 보겠다. 먼저 개인사업자의 경우이다.

⟨개인사업자⟩

6%	15%	24%	35%	38%
1,400만 원까지	5,000만 원까지	8,800만 원까지	1억 5,000만 원까지	3억 원까지

⟨개인사업자 세액 예시⟩

1,400만 원×6%   = 84만 원

+ 3,600만(5,000만-1,400만)×15% = 540만 원

+ 3,800만(8,800만-5,000만)×24% = 912만 원

+ 6,200만(1.5억-8,800만)×35%   = 2,170만 원

+ 1.5억(3억-1.5억)×38%   = 5,700만 원

─────────────────────────────────

전체 세액   = 9,406만 원

어렵게 생각하지 말자. 앞에서 확인할 수 있는 것처럼 개인사업자의 경우 소득이 높아질수록 세율도 높아진다는 것이 중요하다.

반면, 법인사업자의 경우 누진세를 적용하는 것은 동일하지만, 적용되는 세율이 개인사업자에 비해 현저히 낮다.

〈법인사업자〉

9%	19%
2억 원까지	200억 원까지

〈법인사업자 세액 예시〉

2억 원×9%　　　　 = 1,800만 원
+ 1억(3억-2억)×19% = 1,900만 원
_____

전체 세액　　　　　 = 3,700만 원

따라서 같은 3억 원의 이익이라도 개인사업자는 약 9,400만 원(국세 기준)을 부담하는 반면, 법인사업자는 약 3,700만 원만 내게 된다. 즉 개인사업자는 9,400만 원의 세금을 내고 재투자가 가능한 반면, 법인은 3,700만 원의 세금을 내고 남은 금액으로 재투자가 가능하다. 이렇게 재투자 금액 차이로 인한 자산 증가분을 놓치는 것은 아쉬운 일이다.

배당소득: 분리과세 vs 종합과세

배당소득에는 두 가지 과세 방식이 있다. 이자와 배당을 합산하여 2,000만 원 이하인 경우 14%의 분리과세가 적용되며, 이는 다른 소득과 무관하게 세율이 고정된다는 장점이 있다. 하지만 이자소득과 배당소득의 합산 금액이 2,000만 원을 초과하는 경우[5] 종합과세 대상이 된다. 종합과세 대상이 되면 다른 소득과 합산되어 누진세율[6]이 적용되기 때문에 세 부담이 커진다. 이때 법인의 강점은 배당의 시기와 규모를 유연하게 설계할 수 있다는 점이다.

예를 들어, 대표가 고소득자인 해에는 배당을 유보하고, 다른 소득이 적은 다음 해로 배당을 넘겨 절세할 수 있다. 가족이 주주로 참여하는 경우에는 지분 비율에 따라 분산 배당을 실행함으로써 전체적으로 세금 부담을 낮추는 효과도 있다. 배당 전략은 재무적 분배뿐만 아니라 절세 수단으로 적극 활용될 수 있다.

세무 관리의 유연성과 전략적 설계

대표이사의 퇴직금은 장기근속 요건과 정관, 퇴직금 규정만 잘 갖추면 퇴직소득으로 분류과세가 되어 근로소득에 비해 적은 세금을 부담할 수 있다. 예를 들어, 10년 이상 재직한 대표가 1억 원의 퇴직금을 수령할 경우, 분류과세가 되어 다른 소득과는 합산되어 과세되지 않는다.

그리고 세율표는 종합소득세율표와 같지만, 퇴직소득은 장기간에 걸쳐 발생한 소득이기 때문에 근속 기간을 반영하여 과세표준이 낮아지고, 결과적으로 더 낮은 세율이 적용된다. 퇴직소득공제도 근로소득공제 대비 크기 때문에 절세 효과가 크다. 이러한 전략은 법인이 단지 운영 조직이 아닌 절세 설계의 도구임을 보여준다.

---

5 금융소득이 2,000만 원 이하인 경우에도 국내에서 원천징수되지 않은 금융소득은 종합소득세 확정신고를 해야 한다.
6 소득이 많을수록 더 높은 세율을 적용하는 방식

또한 세무 관리는 '사후 정리'가 아니라 '사전 설계'로 이뤄져야 하며, 분기별 또는 연 단위로 결산 전 세무사와의 조율을 통해 유리한 방향으로 조정 가능하다.

개인사업자는 회계와 가계의 경계가 모호하여 세무조사 시 불리할 수 있다. 사업 지출인지 개인 소비인지 판단이 어려운 경우가 많고, 거래 내역의 투명성도 떨어지기 때문이다. 반면, 법인은 독립된 인격체로 보기에 자금의 흐름이 법인 명의 계좌로 관리된다. 정기적으로 장부를 기장하고 관련 증빙을 잘 관리한다면 세무조사에도 비교적 안전하다.

특히 법인에서는 이사회 의사록, 지출 결의서, 주주총회 회의록 등을 통해 주요 경비 지출의 정당성을 설명할 수 있고, 이는 조사 시 강력한 방어 자료가 된다. 회계 분리, 지출 통제 시스템, 세무대리인의 정기적인 검토 체계만 갖춘다면 세무조사 대응에서도 법인은 훨씬 유리한 위치에 설 수 있다.

법인의 절세 효과는 일회성 전략보다 정기적인 관리와 점검에서 나온다. 연 1회 이상 세무사와 정기 상담을 통해 급여 구조, 배당 계획, 가지급금 상태, 유보금 활용, 퇴직금 누적 등을 점검하는 것이 좋다. 특히 연말 결산 전 점검은 중요하다. 중간 점검을 통해 이익 규모를 예측하고, 섭외비 한도 초과 여부, 차량 관련 비용의 구분 등을 미리 파악해야 추후 추징을 막을 수 있다.

최근에는 클라우드 회계 플랫폼을 통해 실시간 자료 공유가 가능해졌기 때문에 비대면 환경에서도 주기적인 세무관리 체계를 구축하는 것이 필수다. 또한 세무사에게 단순 신고 업무를 맡기기보다 전략적 파트너로서 연간 세무 설계 방향을 공유하는 것이 바람직하다.

03
법인 운영,
이것만은 알고 시작하자

법인 운영 시 단점은 없을까? 많은 사람이 법인 설립 시 장점만 열거하는 경우가 많다. 그래서 법인의 장점만 고려한 채 법인을 설립하고, 나중에 후회하는 경우가 많다. 그러나 법인도 분명 단점이 있다. 이때 중요한 것은 단점이 있다고 해서 법인 설립을 포기하는 게 아니라 단점을 잘 보완하는 것이다.

마음대로 출금하면 빠지는 가지급금의 늪

가지급금의 의미

가지급금이란 현금 지급이 이루어졌으나 어디에 어떻게 쓰일지 모를 때 회계 처리상 사용하는 임시 계정과목을 의미한다. 쉽게 말해, 지출이 발생했지만 지출의 성격이 명확하지 않은 상태에서 임시로 기록할 때 가지급금으로 기록한다. 이후 지출의 성격이 명확해지면 해당 금액은 적절한 계정으로 재분류되므로 문제가 되지 않는다. 그러나 법인의 비용으로 재분류되지 못한 금액은 대부분 대표이사나 주주가 법인 자금을 개인적으로 유용하면서 발생하는 경우가 많다.

∴ 실무 사례로 본 가지급금 발생 유형

대표적으로 가지급금이 발생하는 경우는 회삿돈을 대표이사 및 임직원, 주주 등이 개인 용도로 사용하는 경우, 영업비나 접대비 등을 실제 사업과 관련하여 지출했으나 그 증빙을 구비할 수 없는 경우 등이 있다. 가지급금을 해결하려면 대표이사 혹은 그 사용자가 개인의 재산으로 법인에 자금을 입금해야 한다.

[예시 1] 지출 내용이 확인되는 항목

직원이 출장을 다녀온 뒤 개인카드 등으로 결제한 비용을 회사에 청구하면, 회사는 경비청구서를 바탕으로 해당 금액을 지급한다. 이때 회사 통장에서 금액이 출금되었지만 출장비 정산이 아직 완료되지 않았다면, 일시적으로 가지급금 계정을 사용할 수 있다. 그러나 장부 정리 과정에서 출장비임이 확인되면 바로 여비·교통비 등 적절한 과목으로 대체되므로, 이 경우 전혀 문제가 되지도 않고 가지급금 항목으로 남아 있지도 않게 된다.

[예시 2] 대표자가 개인적으로 유용한 경우

사실상 가장 많은 경우의 가지급금을 구성하는 항목이다. 법인 통장에 예금 잔액이 여유가 있는 상황에서 대표자가 개인적인 자금이 필요해 법인 통장에서 출금할 경우 이는 사업과 무관한 출금으로 간주되며 업무 무관 가지급금으로 처리된다. 이 부분은 사실상 가계정인 가지급금으로 남겨두지 않고 '단기대여금'이나 '주·임·종 단기채권'[7]같이 법인이 대표자 혹은 주주 등 그 자금을 사용한 자에게 대여해 준 것으로 처리하게 된다.

[예시 3] 실제 사업을 위해 사용하였으나 증빙이 불가능한 경우

실제로 사업과 관련된 비용을 지출했더라도, 이를 입증하지 못하면 대표자가 법인 자금을 사적으로 유용한 것으로 간주된다. 이처럼 엄격하게 보는 이유는 그렇지 않으면 대표자가 실제로는 개인적인 용도로 자금을 사용하고도 이를 입증할 수 없는 사업 경비라고 주장함으로써, 법인 자금을 마음대로 유용할 수 있기 때문이다.

사업을 하면서 리베이트나 영업자의 수수료를 지급하는 경우가 많이 발생하고, 이에 대해 세금계산서나 현금영수증 같은 적격 증빙을 발행하지 않는 경우도 많다. 계좌이체로 대금을 지급하면 최소한 자금이 대표자가 아닌 실제 영업자에게 전달된 이력이 남지만, 현실에서는 계좌이체가 불가능하고 현금 지급만 요구되는 경우도 있다. 이 경우에는 법인 통장에서 현금을 출금하여 지급하게 되므로, 어떤 방법으로도 사업과 관련된 지출을 했다는 증빙을 남기기가 어렵다. 이렇게 억울하게 가지급금이 쌓인 경우도 종종 볼 수 있다.

법인이 내 소유라는 착각

법인을 설립한 후 가장 많이 하는 착각은 법인이 나의 소유라고 생각하는 것이다. 그러니 법인의 돈을 내 마음대로 빼려고 하는 경우가 많다. 그러나 현

---

7 주주, 임원, 종업원에게 단기적으로 돈을 빌려준 경우 발생하는 채권

실은 그렇지 않다. 법인은 주주와 별개의 인격체이다. A라는 사람과 B라는 사람이 있듯, C라는 법인이 있는 것이다. 법인은 용어 그대로 법적인 사람(人)이다. A가 B의 계좌에서 마음대로 돈을 인출하면 범죄가 된다. 이처럼 A가 C라는 법인의 대표라도 C의 돈을 마음대로 인출하면 안 된다.

법인의 경우 대표가 돈을 인출할 때 배당소득, 근로소득 등 개인소득을 신고해야 출금이 가능하다. 그렇지 않으면, 법인이 대표자에게 자금을 대여한 것으로 본다. 이 말은 법인이 대표자에게 빌려줬기에 원금은 물론 이자까지 나중에 법인에 상환해야 한다는 말이다. 법인세법에서는 인정이자(대여금의 이자)를 연간 4.6%로 규정하고 있다. "내 법인인데!"라며 억울할 수도 있지만, 법인은 개인과 별개의 인격체이기 때문에 마음대로 출금할 수 없다.

한편, 대표에게는 법인의 손실을 보전해야 할 의무도 없기에 장단점이 공존한다고 보면 되겠다. 물론 과점주주이거나 대표자가 법인의 채무에 연대책임을 지겠다고 한 경우 등은 예외다.

❖❖ 가지급금이 쌓이면 생기는 실질적 리스크

가지급금을 정리하지 않고 오래 보유하면 세금 관련 문제가 생길 수 있다.

첫째, 법인세법상 인정이자를 회사의 수익으로 계산해 법인세가 증가하게 된다. 가지급금이 많아질수록 법인의 추가 세금 부담이 커지는 것이다.

둘째, 세무당국은 가지급금이 장기 미정리 상태일 경우 이를 대표자의 사적 유용으로 간주하고 상여 처분으로 과세를 할 수 있다.

셋째, 금융기관은 가지급금이 많은 법인을 재무 건전성이 떨어지는 기업으로 평가하여 대출 한도 축소, 금리 인상, 신용등급 하락 등의 조치를 취할 수 있다.

넷째, 회계 감사나 외부 투자 유치 시 신뢰도 저하의 요인이 된다. 결국 가지급금은 외부 이해관계자의 판단에 부정적 영향을 끼친다.

이처럼 가지급금은 단순한 숫자의 문제가 아닌, 회사의 지속 가능성과 투명성, 신용도를 결정 짓는 중대한 경영 리스크다.

∵ 해결책: 정기적 점검과 자금 흐름 관리

가지급금 문제를 예방하기 위한 가장 효과적인 방법은 철저한 회계 관리와 사전 검토다. 따라서 다음의 네 가지를 반드시 확인하도록 하자.

첫째, 모든 자금 지출은 지출 결의서, 영수증, 세금계산서 등으로 증빙을 확보해야 한다.

둘째, 법인 계좌와 대표자의 개인 계좌는 철저히 구분하고, 회삿돈을 개인 용도로 쓰는 관행은 반드시 중단해야 한다.

셋째, 법인에서 불가피하게 현금으로 지출할 경우에도 반드시 지급대장, 인수증 등 보조 자료를 작성해 놓아야 한다.

넷째, 분기별 회계 점검을 통해 가지급금이 발생했는지 확인하고, 발생 즉시 대표자가 상환하거나 급여·배당 등으로 적절히 처리해야 한다.

또한 세무사나 회계 전문가와 정기적으로 소통하며, 발생 가능성이 있는 지출 항목에 대한 리스크를 사전에 진단하고 대응하는 체계를 갖추는 것이 중요하다.

04
법인과 대표,
같아 보이지만 다르다

회삿돈을 사적으로 유용한 한 연예인

많은 사람이 법인을 설립하면서 가장 쉽게 빠지는 오해가 있다. '어차피 내가 세운 법인이니 자금을 내 마음대로 써도 되지 않을까?'라는 생각이다. 그러나 이는 매우 위험한 발상이다. 법인은 단순한 조직이 아니라 '법적 인격체(法人)'로 인정받는 존재이기 때문이다. 이는 법인이 주주 또는 대표자와는 독립된 존재로서 계약을 체결하고, 자산을 보유하며, 법적 책임을 질 수 있다는 의미다.

따라서 대표자라고 하더라도 법인의 자금을 임의로 인출하거나 사용할 경우 타인의 자산을 무단으로 사용하는 것으로 간주될 수 있으며, 심각한 경우에는 횡령죄로 처벌받을 수도 있다. 실제로 법인 계좌에서 대표자가 무단으로 자금을 인출한 사례 중 일부는 형사 고발로 이어졌고, 이로 인해 회사와 대표 모두 큰 손해를 입은 경우가 적지 않다.

이러한 개인과 법인의 관계를 이해하지 못하면 회계 처리에서의 오류는 물론 법적 분쟁까지 이어질 수 있다. 법인의 모든 회계와 자금 처리는 '법인은 대표와 다른 존재'라는 전제하에 이뤄져야 하며, 이를 무시하면 세무 리스크와 법적 책임이라는 복합적인 문제가 발생하게 된다.

대표의 인출, 정당한 방식이 필요하다

법인의 자금을 대표자가 인출하려면 반드시 정당한 절차와 방식을 따라야 한다. 가장 일반적인 인출 방식은 대표이사로서의 급여 지급이다. 이 급여는 정관에 대표의 보수 조항이 명시되어 있어야 하며, 주주총회 또는 이사회에서 승인을 받은 후 지급할 수 있다. 상여금 역시 인사 규정이나 성과 평가 등을 기준으로 지급 근거가 있어야 하며, 규정에 없는 임원의 상여금 지급은 법인에서 손금[8]으로 인정받을 수 없어(전액 손금 불산입) 불이익이 발생하게 된다.

또 하나의 방식은 '배당'이다. 배당은 이익잉여금을 기준으로 주주총회에서 결의되어야만 가능하다. 배당을 자의적으로 처리하거나 문서 없이 실행할 경우 문제가 발생할 수 있다.

법인의 자금은 개인의 생활비처럼 사용할 수 없으며, 항상 정당한 회계 근거와 절차에 따라 사용되어야 한다. 임의 인출된 금액은 회계상 가지급금 또는 대여금으로 기록되며, 이 경우 인정이자까지 납부해야 한다. 인정이자율은

---

8 법인의 소득 금액을 계산할 때, 비용으로 인정되는 항목을 말한다.

매년 정부가 고시하며 현재 기준 약 4.6% 수준이다. 이를 무시하고 인출을 반복할 경우 세무조사 시 해당 금액 전체가 과세소득으로 간주되어 소득세가 발생할 수 있다.

문제는 이러한 사적 지출이 반복되면 회사의 재무 건전성에 영향을 줄 수 있다는 점이다. 회계 장부에 가지급금이 지속적으로 누적되면 외부 감사나 금융기관의 평가에서 불이익을 받기 쉽고, 신용등급 하락으로 이어질 수 있다. 특히 상장사나 외부 감사 대상 기업이라면 사적 유용은 회계 부정으로 간주되어 형사상 책임까지 질 수 있다.

또한 증빙 없이 자금을 지출한 경우 해당 금액은 대표자가 법인으로부터 유용한 것으로 해석될 수 있다. 국세청은 이를 명확하게 입증하지 못할 경우 과세 처리하며, 적발 시 수천만 원의 세금이 추징되기도 한다. 따라서 법인 자금은 업무 목적에 부합하는 지출에 한정되어야 하며, 사용 시 증빙 자료를 철저히 갖추는 것이 필요하다.

05
개인사업자와 법인,
두 마리 토끼를 잡는 법

법인을 통해 다양한 절세가 가능함에도 불구하고 여전히 많은 대표님이 법인으로 사업을 시작하는 것에 부담을 느끼신다. 개인적으로 컨설팅을 진행하며 "이 사업이 얼마나 잘될지 모르는데 무턱대고 법인을 설립하기 불안하다"라는 말을 들은 적이 정말 많다. 그렇다면 법인을 설립하지 않고 개인사업자로 할 수 있는 절세 방법은 없을까?

∷ 개인과 법인을 함께 병행하는 전략은 가능한가?

법인을 설립했다고 해서 기존의 개인사업자를 반드시 폐업해야 하는 것은 아니다. 실제로 일부 업종이나 거래 유형에서는 개인과 법인을 병행 운영하는 것이 전략적일 수 있다. 예를 들어, 프리랜서로 활동하는 개인이 동시에 법인을 세워 외주 계약을 체결하거나, 부동산 소유권을 개인 명의로 유지하면서 법인을 통해 임대관리업을 운영하는 방식이 대표적이다. 또한 정부 바우처 사업이나 소액 계약에서는 개인사업자 명의가 유리할 수 있기 때문에 법인과 개인을 상황에 따라 병행 운영하는 사례가 늘고 있다.

다만, 병행 운영을 위해서는 매출 귀속 기준, 비용 분리 기준, 사업 목적의 명확화가 필수적이다. 특히 세무조사 시 '실제 사업자'가 누구인지에 대한 판단은 세법상 매우 민감하게 적용되므로 주의가 필요하다. 개인과 법인을 병행 운영하면 이중 비용 계상, 매출 중복 인식, 부가가치세 신고의 혼선 등 회계상의 문제가 발생할 수 있다. 따라서 각 매출과 비용이 어느 사업장에 귀속이 되는지를 사업자가 명확하게 관리해야 한다.

또한 세무조사 시에는 실질과세원칙에 따라 실제 사업 운영의 주체가 누구인지가 기준이 되며, 단순 명의 구분만으로는 위험 회피가 어렵다. 따라서 개인과 법인의 경계를 명확히 하고, 회계 장부와 세무 보고를 철저히 분리하는 것이 병행 운영의 핵심이다.

개인사업자도 대부분 가능하다

순이익이 높은 대표자라면 개인 종합소득세율이 워낙 높아 개인사업자로는 충분한 절세 효과를 보기 어렵다. 그러나 순이익이 낮은 대표자라면 종합소득세율이 낮으므로 개인사업자로도 낮은 세율 구간을 적용받을 수 있다. 여기서 중요한 점은 매출과 무관하게, 매출에서 비용을 뺀 순이익 기준으로 생각해야 한다는 점이다.[9]

조세특례제한법에 따라 법인이 감면, 공제받을 수 있는 항목들은 대부분 개인사업자도 가능하다. 특히 다음에서 설명하는 유용한 감면, 공제 항목들은 개인사업자도 동일하게 적용 가능하다.

---

9 실제로는 회계상 순이익에 세법에서 정한 가산 또는 차감 항목을 반영하여 과세표준을 산출한 뒤, 이에 세율을 적용한다. 다만, 여기에서는 이해를 돕기 위해 순이익 기준으로 설명했다.

1. 창업중소기업 감면

창업중소기업 감면은 최근에 가장 많이 받는 감면으로, 사업자가 최초 창업할 경우 청년 여부, 사업장 주소지 위치에 따라 50% 또는 100% 감면해 주는 큰 혜택이다. 창업중소기업 감면은 개인사업자도 가능하니, 최초 창업을 한 경우라면 창업한 업종이 대상이 되는지 반드시 확인하여 5년간 감면받는 것이 좋다.

2. 통합고용증대 세액공제

경정청구가 급증하는 계기가 된 대표적인 항목 중 하나는 고용증대 세액공제이다. 2024년부터 이 제도는 '통합고용증대 세액공제'로 명칭이 변경되었으며, 일부 세부 항목에도 변화가 있었다. 이는 계속 존재하던 세액공제로, 고용이 증가한 경우 그에 따라 세액을 공제받을 수 있는 제도다. 따라서 해당 연도에 고용이 늘었다면, 종합소득세 신고 시 이 공제가 제대로 적용되었는지 반드시 확인하는 것이 좋다. 다음은 2025년 세법개정안의 내용이다.

1) 공제액 구조 개편 및 사후관리 합리화

현행	개정안

• (공제대상) 상시근로자 증가분: 근로계약기간 1년 이상
• (공제액) 상시근로자 증가 인원˚ ×1인당 세액공제액
  * 전체 고용 증가분에 대해 공제 적용
	• (공제대상)상시근로자 증가분: 실제 근로기간 1년 이상
	• (공제액) 상시근로자 증가 인원˚ × 1인당 세액공제액
	  * 최소 고용증가 인원수 초과분에대해서만 공제 적용

구분	1인당 공제액 (단위: 만 원)			
	중소(3년)		중견 (3년)	대 (2년)
	수도권	지방		
우대*	1,450	1,550	800	400
기본	850	950	450	–

* 청년(15~34), 장애인, 60세 이상 경력단절 근로자 등

- (사후관리) 공제 후 2~3년간 고용유지 의무
  - 감소 시 공제액 상당분 추징
  - 감소한 과세연도부터 전액 공제 배제
- (적용기한) 25. 12. 31

구분		1인당 공제액 (단위: 만 원)			
		중소(3년)		중견 (3년)	대 (2년)
		수도권	지방		
우대*	1년차	700	1,000	500	300
	2년차	1,600	1,900	900	500
	3년차	1,700	2,000	900	–
기본	1년차	400	700	300	–
	2년차	900	1,200	500	
	3년차	1,000	1,300	500	

* 청년(15~34), 장애인, 60세 이상 경력단절 근로자 등

- (사후관리) 고용 유지 시 더 높은 공제 혜택을 부여하는 방식으로 사후관리 전환
  - (삭제)
  - 고용 증가분 중 감소분에 한정하여 공제 배제
- (적용기한) 28. 12. 31

위 개정안대로 확정된다면 대표자들에게는 환영할 만한 일이 될 것이다. 기존에 고용증대 관련 세액공제를 받을 때는, 사후관리 요건으로 인해 그다음 해나 다다음 해에 고용이 감소하면 공제받았던 금액이 추징되는 경우가 많았다. 그런데 개정안대로 확정되면 공제받은 후 고용이 감소하더라도 대표자들이 추징되는 부담을 덜 수 있게 된다.

2) 중견·대기업 최소 고용 증가 인원수 신설

현행	개정안

〈신설〉	• 중견, 대기업 최소 증가 인원수 설정
	  - 중견 5명, 대기업 10명
	  - 최소 증가 인원수 초과분에 대해서만 공제 적용

그 외에 단시간 근로자의 정의, 상시근로자 수 계산을 간소화하는 개정안과 우대공제 적용 시 청년 판단 기준을 합리화하는 개정안도 올라와 있다.

❝ 놓치기 쉬운 증빙 서류 구비하기

법인 관련 미팅을 진행하다 보면 "개인사업자인데 증빙 서류를 꼭 구비해야 하나요?"라는 질문을 종종 듣는다. 개인사업자는 세무에 익숙하지 않아 세금계산서나 현금영수증을 받지 않으면 더 저렴하게 해주겠다는 말에 혹하거나 단순히 귀찮다는 이유로 중요한 지출 증빙을 누락하는 경우가 많기 때문이다.

그러나 증빙 서류의 구비는 법인에게만 중요한 것이 아니다. 개인사업자에게도 반드시 필요한 절세의 기본 항목이다.

1. 3만 원 초과하는 금액은 적격증빙 받기

3만 원 이하의 금액은 간이영수증을 받아도 되지만, 3만 원을 초과하는 금액은 법에서 정한 적격증빙인 세금계산서·계산서, 신용카드 전표, 현금영수증을 구비해야 한다. 4개 모두 구비해야 할 필요는 없고, 4개 중 하나의 방법으로 매입 증빙을 구비하면 된다. 3만 원을 초과하는 금액을 지출하면서 적격증빙 서류를 받지 않은 경우 2% 가산세 대상이 되니 사업과 관련된 경비를 지출할 때 꼭 챙기도록 하자.

앞에서 잠깐 설명했지만, 간혹 세금계산서나 현금영수증을 받지 않고 현금 거래만 하면 금액의 10%를 빼주겠다는 거래처의 말에 혹하는 대표님들이 있다. 10%면 부가가치세 금액만 빠지는 것이며, 매입자인 대표님이 과세 사업자라면[10] 추가로 납부한 부가가치세는 부가가치세 신고 시 납부할 금액에서 공제가 된다. 따라서 나중에 납부할 금액에서 차감될 금액이기 때문에 그 제안

---

[10] 과세 매출만 있는 경우, 사업에 쓴 비용의 부가가치세 10%는 전액 공제된다. 하지만 과세·면세 상품을 함께 판매하는 경우, 같은 비용이라도 사용 용도에 따라 공제액이 달라질 수 있다.

에 흔들릴 필요가 없다. 오히려 적격증빙을 못 받으면 종합소득세 신고 시 불이익이 발생할 수 있다.

매입한 재화와 용역이 매입세액 불공제 대상 항목이거나 면세 매출이 있어 공제를 일부 혹은 전부 못 받는 경우에도 적격증빙을 받아 적법하게 종합소득세를 줄이는 것이 대부분 더 유리하다. 가장 낮은 세율 구간만 6%이고 바로 위 구간만 하더라도 15%에 해당하기 때문이다. 따라서 10%를 아끼는 것보다 적격증빙을 받아 종합소득세를 안전하게 절세하는 것이 현명한 선택이다.

2. 현금영수증은 사업자 지출 증빙용으로 수취하기

사업과 관련된 비용을 현금으로 결제하면서 현금영수증을 수취한다면 반드시 '사업자 지출 증빙용'으로 받아야 한다. 특히 처음 사업을 시작한 대표님들이 하기 쉬운 실수인데, 주민등록번호나 휴대폰 번호로 현금영수증을 받는 것이다. 이렇게 하면 지출 증빙용이 아닌 소득공제용으로 발급이 되기 때문에, 근로소득자가 연말정산을 할 때 연말정산 간소화 PDF에 나오는 현금영수증 목록에 합산이 된다. 따라서 현금영수증을 받을 때 반드시 사업자등록번호로 발행받겠다고 말하고 지출 증빙용으로 받아야 한다.

3. 경조사 관련 증빙 서류 보관하기

사업자 관련하여 경조사비를 지출한다면, 경조사 1건당 최대 20만 원까지 접대비로 비용처리가 가능하다. 따라서 경조사비를 지출하게 된다면 청첩장이나 부고장 등 실물 증빙 서류를 사진으로 찍어두거나 모바일 청첩장 부고 문자를 캡처해 보관하면 도움이 된다.

4. 대출 이자 챙기기

사업을 시작할 때나 운영 도중 대출을 받는 경우가 많다. 이때 사업자 명의로 대출을 받았다면, 해당 대출 이자는 종합소득세 신고 시 비용으로 처리할 수 있다. 물론 이 경우에는 대출금을 사업용 자산을 구입하거나 사업 경비로 사용하는 등 사업과 관련된 용도로 사용해야 한다.

다만, 초과 인출금이 발생한 경우에는 그에 대한 지급 이자가 비용처리되지 않을 수 있다. 초과 인출금이란 사업용 자산의 합계가 부채의 합계에 미달하는 금액을 의미한다. 이런 경우에는 대출금을 사업에 사용하지 않고 개인적인 용도로 지출한 것으로 간주되어, 그 부분은 사업과 무관하다고 보고 비용으로 인정되지 않는다.

5. 기부금 증빙 자료 보관하기

종류	필요경비 대상 금액 한도
① 특례 기부금, 고향사랑 기부금, 정치 기부금	기준소득 금액[11] – 이월결손금
② 우리사주조합 기부금	(기준소득 금액-이월결손금-①기부금)×30%
③ 일반 기부금 (종교단체에 기부한 금액이 있는 경우)	[기준소득 금액-이월결손금-①-②]×10%+[(기준소득 금액-①-②)의 20%와 종교단체 외에 지급한 금액 중 적은 금액]
④ 일반 기부금 (종교단체에 기부한 금액이 없는 경우)	[기준소득 금액-이월결손금-①-②]×30%

기부금 필요경비 대상 한도

---

11 기부금을 필요경비에 산입하기 전 소득 금액

기부금을 지출했다면 꼭 기부금 영수증을 발급받아 두는 것이 좋다. 기부금 종류에 따라 기준 금액의 일정 비율 한도로 사업용 경비로 반영할 수 있기 때문이다.

6. 세금계산서 등 적격증빙을 받을 수 없는 경우

세금계산서나 현금영수증 등 적격증빙을 거래처에 요청하였더라도 거래처에서 이를 거절하거나 발행하지 못하는 경우가 있다. 이러한 경우에는 현금거래를 피하고, 계약서나 견적서를 수령한 뒤 해당 대금을 계좌이체로 지급하는 것이 바람직하다. 이렇게 할 경우, 적격증빙이 없어도 세무상 비용으로 인정된다. 다만, 이 경우에도 3만 원을 초과하는 금액에 대해 적격증빙이 없다면 '적격증빙 미수취 가산세'가 부과될 수 있다.

이처럼 개인사업자도 절세할 수 있지만, 법인으로 사업하면 더 유리한 경우가 많다. 감면이나 공제 같은 세금 혜택은 법인에게도 똑같이 적용되기 때문이다. 그런데 개인사업자는 세율이 높고, 법인은 세율이 낮다. 같은 혜택을 받아도 세금 계산 결과가 다를 수 있는 것이다.

예를 들어 세금이 1억 원이 나왔고 50% 감면을 받는다고 하면, 개인사업자는 5,000만 원을 내지만 법인은 애초에 세금이 더 적게 계산되기 때문에 감면 후에도 더 적게 낸다. 정리하면 감면율이 같아도 법인이 세금을 더 적게 낼 수 있어 유리할 수 있다.

:: 매출 구조별 법인 전환 시점 판단하기

법인 전환의 적정 시점을 결정할 때는 단순히 매출이 아니라 순이익과 비용 구조를 기준으로 판단해야 한다. 일반적으로 연간 순이익이 6,000만 원 이상이면 법인 전환을 검토해 볼 만하며, 1억 원 이상이라면 법인 설립을 적극적으로 고려할 필요가 있다.

CHAPTER
2

처음 시작하는
법인 설립의
모든 것

01
법인 설립을 위한
기본 준비 절차

　개인사업자에서 법인사업자로의 전환을 고려하거나 처음부터 법인으로 시작하려는 사업자들이 꾸준히 늘고 있다. 하지만 막상 법인을 설립하려고 하면 무엇부터 시작해야 할지 막막하다는 이야기를 자주 듣는다. 법인을 설립할 때 가장 먼저 부딪히는 질문은 "회사 이름을 어떻게 지어야 할까?", "주소지는 꼭 사무실이어야 하나?", "자본금은 얼마로 해야 할까?", "업종은 몇 개까지 써도 되나?" 같은 실무적인 고민들이다. 사실 법인을 만든다는 것은 단순히 사업자를 낸다는 차원을 넘어 하나의 회사를 법적으로 등록하는 것이기에 절차와 요건이 훨씬 까다롭고 복잡하다.

법인이란?

　법인이란 주주(또는 출자자)와는 별개의 '법적 인격체'로 국가에 정식 등록되어 독립적인 존재로 간주된다. 다시 말해, 법인은 대표자나 주주의 사적 자금과 자산을 분리해 회사를 운영할 수 있는 구조를 갖추고 있다. 이로 인해 자금 관리, 세금, 책임 구조, 투자 유치, 신뢰도 면에서 여러 가지 장점이 있다.

법인을 설립한다는 것은 하나의 회사를 만들고 그 회사를 대표하여 사업을 하겠다는 선언이자 국가에 그 법인의 존재를 공시하는 행위다. 그렇기 때문에 단순한 신고서 하나로 끝나는 것이 아니라, 상호, 목적, 자본금, 정관, 주주 구성, 임원 선임 등 다수의 준비 절차와 법적 요건을 충족시켜야 한다. 법인을 설립하면 단순한 사업자등록과는 차원이 다른 법적 지위와 책임이 수반되기 때문이다.

◦◦ 법인 설립의 소요 기간과 방식

온라인 법인설립시스템 메인 화면

법인의 설립 기간은 준비가 충분히 되어 있는 경우 3~5영업일 이내에도 가능하다. 다만, 서류 미비나 담당자의 결재 지연 등으로 지체되는 경우가 많으므로 여유 있게 일정을 계획하는 것이 좋다.

요즘은 중소벤처기업부에서 운영하는 '온라인 법인설립시스템'으로 신청하는 사례도 많아졌으며, 공인인증서가 있으면 직접 신청이 가능하다. 그러나 법적 서류를 처음 접하는 경우에는 법무사, 세무사, 회계사 등 전문가의 도움을 받는 것이 안전하다. 실제 설립 후 분쟁이나 세금 문제가 발생할 경우 초기 정관 구성과 주주 지분 설계가 원인이 되는 사례가 적지 않기 때문이다.

법인 기본 요소

1. 상호

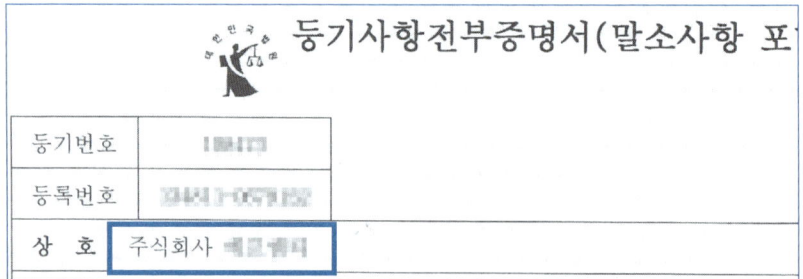

상호는 법인 설립 시 가장 중요하고 고민이 많이 되는 항목이다. 법인의 상호는 언제든지 변경할 수 있지만, 사업체의 상호를 변경하는 건 큰 고민이 되고 흔치 않은 일이기도 하다. 따라서 처음부터 오래 쓸 수 있고, 사업하는 업종과 잘 맞는 상호를 고민해 결정해야 한다.

개인사업자와 다르게 법인사업자의 상호는 같은 등기소 관할 내에서 동일한 상호를 쓰고 있는 법인이 있다면 사용이 불가능하다. 따라서 법인 주소지를 결정한 후 해당 주소지 관할 등기소 내에 같은 상호를 쓰는 법인이 있는지 반드시 확인해야 한다.

또한 상호와 상표는 다르다. 법인 상호가 등기되어 있어도 타인의 등록 상표와 충돌하면 법적 분쟁이 생길 수 있으므로, 가능하면 특허청 상표 검색 사이트(kipris.or.kr)도 함께 조회하는 것이 안전하다.

2. 주소지

주소지는 실제 사업을 영위할 장소를 말하며 음식점업, 커피전문점업 등 입지가 중요한 업종이라면 당연히 매출을 위해 다양한 부분을 고려해야 한다. 만약 어디에서나 사업이 가능한 업종이라면 주소지 선정에 자유도가 높아 편하게 결정하면 된다.

최근에는 1인 창업자를 위해 오피스텔, 소호(SOHO) 사무실 등도 주소지로 인정되지만, 건물 용도에 따라 사업자등록이 제한될 수 있다. 별도의 사무실 임대가 부담된다면 '비상주 주소지'를 제공하는 가상오피스(공유오피스)를 활용하는 방법도 있다. 다만, 일부 세무서에서는 비상주 오피스에 대해 실사업장 여부를 검토하므로, 임대차 계약서와 실제 업무 공간 존재 여부가 중요하다.

이에 더해 해당 소호 사무실에서 실제 사업이 가능한 업종을 하는 경우에만 사업자등록이 가능하다. 예를 들어, 소호 사무실에서 음식점업을 등록하면 당연히 거절된다. 그러나 소호 사무실에서도 얼마든지 가능한 전자상거래업을 등록한다면 사업자등록이 승인된다.

이때 중요한 건 법인 주소지에 따라 법인세가 달라질 수 있다는 점이다. 창업중소기업, 청년창업중소기업의 경우 주소지에 따라 감면율이 달라진다. 약 5년간 적용되는 한시적인 감면 외에도, 중소기업 특별세액감면의 경우 계속적으로 감면받을 수 있는 항목인데 이 역시도 주소지에 따라 감면이 달라진다.

따라서 주소지 선정이 자유로운 업종이라면, 설립 전에 전문가와 상담을 해서 최대한 세금 혜택을 많이 받을 수 있는 주소지에서 설립하는 것이 좋다. 물론 해당 주소지에 사업자등록만 한다고 해서 감면을 받을 수 있는 것은 아니고 해당 주소지에서 실제 사업을 영위해야 한다.

지 역	청년 창업	일반 창업	추가 감면
수도권과밀억제권역 외	100%(5년간)	50%(5년간)	상시근로자 증가율 ×100%[12]
수도권과밀억제권역	50%(5년간)	–	

주소지에 따른 감면 혜택(2025년 12월 31일 이전 창업)

지 역	청년 창업	일반 창업	추가 감면
수도권 외 지역 또는 수도권의 인구감소지역	100%(5년간)	50%(5년간)	상시근로자 증가율 ×100%
수도권(수도권과밀억제권역과 인구감소지역 제외)	75%(5년간)	25%(5년간)	
수도권과밀억제권역	50%(5년간)	–	

주소지에 따른 감면 혜택(2026년 1월 1일 이후 창업)

---

12 2024년 12월 31일 이전 창업분은 상시근로자 증가율×50%으로 계산한다.

수도권과밀억제권역의 범위

서울특별시 전 지역, 인천광역시(강화군, 옹진군, 서구 대곡동·불로동·마전동·금곡동·오류동·왕길동·당하동·원당동, 인천경제자유구역[경제자유구역에서 해제된 지역을 포함한다] 및 남동 국가산업단지는 제외한다), 의정부시, 구리시, 남양주시(호평동, 평내동, 금곡동, 일패동, 이패동, 삼패동, 가운동, 수석동, 지금동 및 도농동만 해당한다), 하남시, 고양시, 수원시, 성남시, 안양시, 부천시, 광명시, 과천시, 의왕시, 군포시, 시흥시(반월특수지역[반월특수지역에서 해제된 지역을 포함한다]은 제외한다)

3. 자본금

공고방법	서울특별시내에서 발행하는 일간 서울신문에 게재한다.		
1주의 금액	금 500 원		
발행할 주식의 총수	2,000,000 주		
발행주식의 총수와 그 종류 및 각각의 수		자본금의 액	변 경 연 월 일 등 기 연 월 일
발행주식의 총수 보통주식	100,000 주 100,000 주	금 50,000,000 원	
발행주식의 총수 보통주식	200,000 주 200,000 주	금 100,000,000 원	2023.02.06 변경 2023.02.17 등기
발행주식의 총수 보통주식	400,000 주 400,000 주	금 200,000,000 원	2024.02.28 변경 2024.03.06 등기

만약 평소 법인에 관심이 별로 없었다면 자본금에 대해 잘 몰랐겠지만, 이제 법인을 설립해야겠다고 마음먹었다면 자본금에 대해 알아야 하기에 막막할 수 있다.

자본금이란 주식회사 등 기업을 설립할 때 투자자인 주주들이 출자하는 금액을 말한다. 즉 주주가 이 금액을 기초로 법인 사업을 한다고 대외적으로 공시하는 금액이다. 현재 일정 금액 이상의 자본금을 요구하는 특정 업종을 제외하고는, 법인 자본금에 별다른 제한이 없다. 이 때문에 이론적으로는 10만 원이나 100만 원과 같이 소액의 자본금으로도 법인 설립이 가능하다.

다만, 대외적으로 10만 원 혹은 100만 원으로 사업을 시작한다면, 사람들이 그 사업을 건실한 사업이라고 보기 어려울 것이다. 따라서 외부에서 투자받거나 대출받을 예정이라면 너무 적은 자본금 설정은 부적절할 수 있다. 그래서 충분한 상담을 통해 적절한 금액을 결정하는 것이 중요하다. 자본금은 1원도 가능하지만, 현실적으로는 최소 100만 원 이상을 추천한다.

중소기업 정책자금이나 은행 대출을 받을 때도 자본금은 중요한 심사 기준 중 하나다. 자본금이 너무 낮으면 경영 의지 부족, 재무 불안정으로 해석될 수 있어 불이익을 받을 수 있기 때문이다.

4. 1주당 액면가액

공고방법	서울특별시내에서 발행하는 일간 서울신문에 게재한다.		. .
1주의 금액 금 500 원			. .
발행할 주식의 총수 2,000,000 주			. .
발행주식의 총수와 그 종류 및 각각의 수		자본금의 액	변 경 연 월 일 등 기 연 월 일
발행주식의 총수 보통주식	100,000 주 100,000 주	금 50,000,000 원	
발행주식의 총수 보통주식	200,000 주 200,000 주	금 100,000,000 원	2023.02.06 변경 2023.02.17 등기
발행주식의 총수 보통주식	400,000 주 400,000 주	금 200,000,000 원	2024.02.28 변경 2024.03.06 등기

주식회사인 법인이라면, 해당 법인의 주식이 발행되고 그 주식을 주주가 소유하게 된다. 이때 해당 주식은 1주당 액면가액이 얼마인지를 결정해야 한다. 예를 들어, 자본금 1,000만 원으로 결정한 법인이 1주당 액면가액을 5,000원으로 결정했다면 법인 설립 당시 발행하는 주식 수는 2,000주가 된다. 동일한 자본금이더라도 1주당 액면가액을 500원으로 설정한다면 발행하는 주식 수는 2

만 주가 된다.

이때 적절한 액면가액은 정해져 있지 않다. 액면가액의 최소 금액은 100원이다. 액면가액이 낮을수록 발행 주식의 수가 많아지므로, 자본금에 따라 발행 주식 수가 너무 많거나 적지 않도록 정하는 것이 좋다.

5. 주주 구성

주 주 명 부

주 주 명	주민등록번호	소유 주식의 종류	소유 주식의 수
우○○	870407-	보통주식	2,040주
변○○	580925-	보통주식	680주
우○○	830215-	보통주식	640주
이○○	820328-	보통주식	640주

1주의 금액: 5,000원 합계: 4,000주

위 주주명부는 본사에 비치된 주주명부와 대조하여 틀림없음을 증명합니다.

2025. 8. 12.

주식회사 ○○
대표이사 우○○ (인)

주주명부 예시

법인이 사업을 한 후 잔여 이익은 임원이 아닌 회사의 주인인 주주에게 귀속된다. 따라서 법인의 주주를 어떻게 구성할 것인지는 법인의 최종 이익이 누구에게 돌아가는지를 결정하는 매우 중요한 부분이다.

주주를 결정하기 위해서는 실제로 해당 주주가 자본금을 낼 여력이 있는지, 주주를 분할해 어떤 이익을 볼 수 있는지, 그 분할이 대표자가 추구하는 방향과 일치하는지를 면밀히 검토해야 한다.

법인의 주주 정보는 등기부등본에는 표시되지 않는다. 주주 구성에 관한 공식 기록은 회사 내부 문서인 주주명부에 따로 작성, 보관된다. 주주명부에는 각 주주의 이름, 주소, 보유 주식 수, 주식의 종류, 취득일자 등이 기재되며, 상법에 따라 본점에 비치되어야 한다. 이는 배당, 의결권 행사, 지분 변경 시 중요한 기준이 되며, 외부에서는 이를 열람할 수 없기 때문에 회사 내부에서 정확히 관리하는 것이 중요하다. 특히 지분 구조에 따라 향후 경영권 분쟁이나 이익 배분 문제가 발생할 수 있으므로, 주주명부는 회사 운영의 기초 자료로서 매우 중요한 역할을 한다.

6. 임원 구성

법인의 중요한 특징 중 하나는 소유와 경영을 분리할 수 있다는 것이다. 따라서 주주가 전원 임원이 되어야 하는 것은 아니며, 실제 법인을 경영할 사람만 임원으로 구성하면 된다. 이 점 때문에 미성년 자녀를 주주로 두더라도 전혀 문제가 없다.

이때 유의할 점은 법인 설립 시에는 주식을 갖고 있지 않은 임원 1인이 반드시 있어야 한다는 것이다. 주식을 갖고 있지 않은 임원이 1인이면 되므로 사내

이사나 감사여도 무방하고 친인척도 가능하다. 법인 설립 시에만 필요하므로 법인 설립 이후 즉시 사임하는 것도 가능하다.

7. 업종

```
                            목        적
1. 소방기기 · 기구 제조, 도소매 및 수출입업
1. 소방시설전문공사업
1. 소방시설방염업
1. 소방시설감리업
1. 소방시설관리 및 컨설팅업
1. 소방설비 점검 및 설계용역업
1. 소방관련제품 제조, 도소매 및 수출입업
1. 재난 및 안전용품 제조, 도소매 및 수출입업
1. 화학약품 제조 및 도소매업
1. 화공약품 제조 및 도소매업
1. 방향 탈취제 제조 및 도소매업
1. 그 외 기타 분류안된 화학제품 제조 판매업
1. 주방기기 · 기구 제조, 도소매 및 수출입업
1. 사업시설 유지 · 관리 서비스업
```

법인 설립 시 대표님들이 가장 편하게 결정할 수 있는 마지막 항목은 바로 업종이다. 법인을 설립할 때는 사업할 업종들을 법인 등기부등본에 기재해야 한다. 업종 기재가 중요한 이유는 법인 등기부등본에 기재되어 있는 업종만 사업자등록이 가능하기 때문이다. 따라서 등기부등본에 원하는 업종이 기재되어 있지 않다면 사업자등록이 불가능하고 업종을 추가해야 한다.

업종을 추가할 때는 등기 정정을 해야 하므로, 업종을 추가할 때 법무사 수수료와 세금 등 실비가 발생한다. 따라서 다양한 업종을 미리 기재해 두는 것이 좋다. 법인 설립을 법무사에게 맡기지 않고 인터넷 등기소에서 온라인으로 신청할 수도 있지만, 그럴 경우 정관을 원하는 대로 만들기 어렵다는 단점이 있다.

:: 구비할 서류

① 대표주주 명의의 통장 잔액증명서(자본금 이상 금액이 예치되어 있어야 함)

② 대표자 주민등록등본, 인감증명서, 취임승낙서

③ 기타 임원의 주민등록등본, 인감증명서, 취임승낙서

④ 미성년자 주주가 있는 경우 해당 주주 기준으로 발급된 가족관계증명서,
기본 증명서

⑤ 대표자 인감도장 날인한 인감, 개인 신고서

법인 설립 시 필요한 서류는 위와 같다. 이처럼 법인 설립은 단순히 신고서 하나로 끝나는 것이 아니라 체계적인 준비가 필요하다. 따라서 사업을 장기적으로 운영할 계획이 있고, 수익과 거래 규모가 일정 수준 이상으로 커질 가능성이 있다면 법인은 훌륭한 선택이 될 수 있다. 하지만 설립 전 각 단계를 충분히 검토하고 전문가의 조언을 받는 것이 리스크를 줄이고 이후 경영 안정성 확보에도 도움이 될 것이다.

02
쉽게 끝내는
법인 설립 4단계

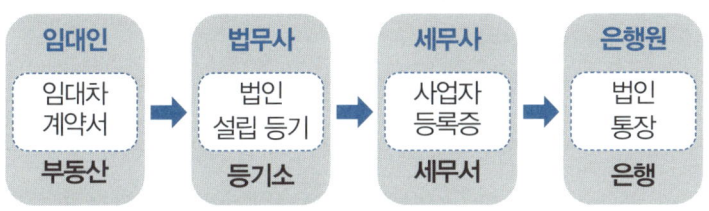

법인 설립의 4단계

앞서 우리는 법인 설립을 위한 사전 준비 사항들을 하나씩 점검했다. 이제 준비가 잘 되었다면 본격적으로 법인 등기 절차에 돌입할 차례이다. 법인 설립이라는 여정을 마라톤에 비유하자면 지금까지는 몸을 풀며 출발선에 서기 위한 준비 운동이었다. 이제 출발선에 선 우리는 첫걸음을 내딛어야 한다.

여러 기관을 방문해 서류를 제출하고, 정해진 법적 절차를 하나씩 밟아가다 보면 어느새 마지막 단계에 도달해 있을 것이다. "천릿길도 한 걸음부터"라는 말처럼 법인 설립도 시작이 가장 중요하다. 사실 그 길은 천 리처럼 멀지 않다. 두려워하지 말고, 이제 함께 차근차근 발을 내딛어 보자.

여기서는 실제로 법인을 설립하는 과정, 즉 등기부터 시작해 필요한 절차들의 전체적인 흐름을 살펴보고자 한다. 법인 설립은 크게 네 가지 단계로 나눌 수 있다. 먼저 임대차 계약서를 작성하고, 이어서 법인 등기를 한 뒤 사업자등록증을 발급받고, 마지막으로 법인 통장을 개설하는 순서다.

1단계: 임대차 계약서 작성

〈임대차 계약 과정〉
법인 소재지 매물 보기 → 매물 계약 확정 → 임대차 계약서 작성

법인 설립 전 단계에서 사업장으로 사용할 부동산 매물을 확인한 후 임대차 계약을 체결하게 된다. 일반적으로는 대표자 개인 명의로 먼저 가계약을 체결하고, 법인 등기가 완료된 이후 법인 명의로 본계약을 진행하는 방식이다. 임대차 계약은 부동산 중개업소를 통해 이루어지므로 공인중개사의 안내에 따라 순차적으로 진행하면 된다.

한편, 해당 공간이 전대차[13] 형태일 경우에는 건물 소유자인 임대인의 사전 동의가 반드시 필요하다는 점도 유의해야 한다.

---

13 전대차란, 임대인이 임차물을 다시 제3자에게 유상 또는 무상으로 사용·수익하게 하는 계약을 말한다.

2단계: 등기소 방문하여 법인 설립 등기하기

〈필요 서류와 준비물〉

① 설립 등기 신청서

② 이사회 의사록 또는 이사 결정서

③ 정관

④ 등록면허세 영수필 확인서

⑤ 주주, 이사, 감사의 인감증명서(개인) 및 인감도장, 주민등록등본

⑥ 주주 중 1인 명의의 은행잔고 증명서(자본금 납입 증명)

    설립 전에 준비한 자료들을 토대로 정관을 작성한 뒤, 필요한 서류와 준비물을 챙겨 본점이 위치한 지역의 등기소에 방문해 설립 등기를 진행하게 된다. 만약 온라인 셀프 등기를 선택했다면, 정해진 온라인 절차에 따라 등록을 마치면 된다. 법무사를 통해 등기를 진행하는 경우라면, 복잡한 과정을 직접 챙길 필요는 없다. 법무사 수수료는 사무소마다 차이가 있지만 자본금 2,800만 원 이하의 기본 법인이라면 보통 35~40만 원 선에서 형성되어 있다.

3단계: 사업자등록증 발급

〈사업자등록증 발급 준비 서류〉

① 법인등기부등본   ④ 정관

② 법인 명의로 계약한 임대차 계약서   ⑤ 법인 도장

③ 법인 인감증명서   ⑥ 주주명부

사업자등록증은 말 그대로 사업을 공식적으로 시작했다는 것을 알리는 등록 서류로 세무서에서 발급받게 된다. 사업자등록증에는 사업자등록번호, 상호, 대표자 성명, 개업일, 사업장 주소, 업태 및 종목, 발급 사유, 세무서 직인 등이 기재된다.

법인을 설립하기 전 미리 사업의 성격에 따라 업태와 종목을 정해두었다면, 직접 관할 세무서에 방문해 사업자등록 신청서를 작성해 제출하면 된다. 본점 소재지를 관할하는 세무서에 방문할 경우 제조업, 인허가 등이 필요한 업종 등 담당 조사관이 검토 후 승인해야 하는 업종이 아닌 경우 관할 세무서 방문 시 민원봉사실에서 사업자등록증을 즉시 발급받을 수 있다. 세무사를 통해 진행할 경우에는 이런 절차를 직접 챙기지 않아도 되어 보다 수월하게 등록을 마칠 수 있다.

사 업 자 등 록 증

(법 인 사 업 자)

등록번호 : ███-██-████

법인명(단체명) : 주식회사 ████

대　표　자 : ████

개 업 연 월 일 : 2023 년 09 월 01 일　　법인등록번호 : ████-███████

사업장 소재지 : 서울특별시 용산구 ████████████████████

본 점 소재 지 : 서울특별시 용산구 ████████████████████

사 업 의 종 류 :

업태	종목
제조업	기타 가죽제품 제조업
제조업	기타의복 액세서리 제조업
제조업	남자용 겉옷 제조업
제조업	여자용 겉옷 제조업
제조업	기타 신발 제조업
제조업	화장품 제조업
제조업	모조 귀금속 및 모조 장신용품 제조업

(별지 출력)

발 급 사 유 : 정정

사업자 단위 과세 적용사업자 여부 : 여( ) 부(∨)

전자세금계산서 전용 전자우편주소 : ██████████████████████

2024 년 09 월 02 일

용 산 세 무 서 장

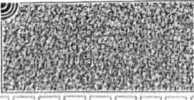

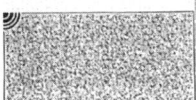

국세청 National Tax Service

사업자등록증 예시

4단계: 법인 통장 만들기

〈법인 통장 개설 필요 서류〉

① 사업자등록증   ④ 법인 인감도장

② 법인등기부등본   ⑤ 정관 또는 주주명부

③ 법인 인감증명서 원본   ⑥ 임대차 계약서

법인 등기와 사업자등록증 발급이 완료되었다면 이제 마지막 단계로 은행을 방문해 법인 명의의 통장을 개설하면 된다. 신규 법인 계좌 개설 시에는 준비 서류가 많고 심사 절차가 까다로울 수 있으므로, 방문 전 해당 은행 지점에 미리 문의해 필요한 서류와 절차를 확인하는 것이 좋다. 또한 절차에 시간이 소요될 수 있으므로 한두 시간 정도 여유를 두고 방문하는 것이 바람직하다.

참고로 법인 계좌도 개인 계좌와 마찬가지로 한 달에 한 번만 신규 개설이 가능하다는 점을 유의해야 한다. 이렇게 법인 통장 개설까지 마치면 드디어 법인 설립을 위한 모든 절차가 마무리된다.

처음 무언가를 시작할 때는 모든 것이 어렵게 느껴지기 마련이다. 법인 설립도 마찬가지다. 낯선 용어나 복잡해보이는 절차 때문에 주저하게 되지만, 막상 하나씩 해보면 생각보다 어렵지 않다는 걸 알게 된다.

무엇이든 처음에는 낯설고 두려운 법이다. 하지만 계속 접하고 시도하다 보면 익숙해지고, 어느 순간 자연스럽게 해내고 있는 자신을 발견하게 될 것이다. 이 글을 여기까지 읽었다면, 이제 법인 설립이 이전보다는 한결 가까워졌을 것이다. 앞서 안내한 과정을 하나씩 따라가다 보면 어느새 법인이 설립되어 있을 테니 너무 걱정하지 말고 한 걸음씩 내딛어 보자.

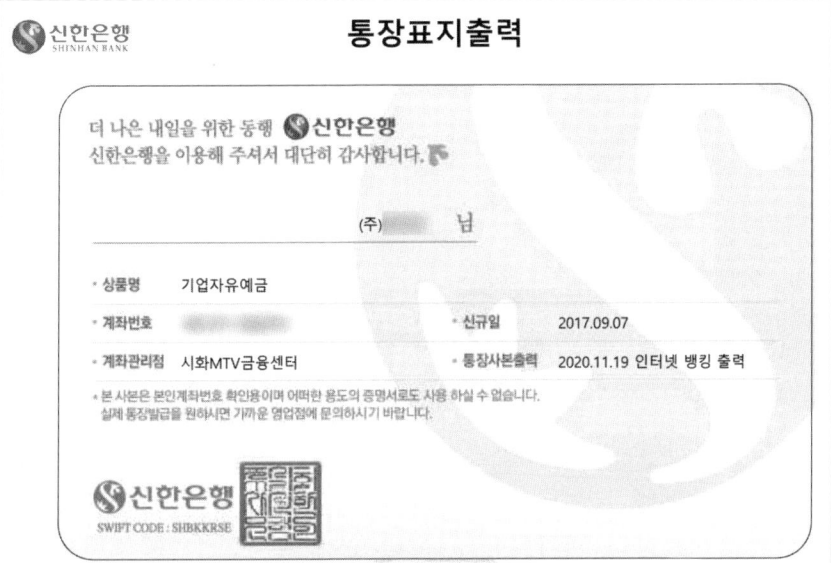

법인 통장 예시

법인 통장 개설, 어떤 은행이 좋을까?

법인 설립을 마친 후에는 필수적으로 법인 명의의 통장을 개설해야 한다. 이때 많은 사람이 고민하는 것이 바로 어느 은행을 선택해야 하느냐는 점이다. 참고로 개인 계좌 개설과 달리 법인 계좌는 은행 측의 심사가 훨씬 까다롭다. 실제로 활동 중인 법인인지, 사업장이 실재하는지 등 다양한 항목을 확인받게 된다. 유리한 은행을 선택하는 기준은 아래와 같다.

1. 대표자의 기존 주거래 은행

대표자가 평소 자주 이용하던 은행이 있다면 그곳에서 법인 통장을 개설하는 것이 유리하다. 같은 은행에서 일정 기간 이상 거래를 해온 경우 내부 신용도 평가에 긍정적인 영향을 줄 수 있으며, 향후 대출 등 금융 서비스를 이용할 때 신용 거래에 도움이 될 수 있기 때문이다.

2. 집이나 사업장 근처 지점

또 다른 기준은 지리적 접근성이다. 법인 운영 과정에서는 각종 서류 제출이나 은행 방문이 빈번히 발생할 수 있다. 이때 너무 먼 지점보다는 대표자의 주거지나 사업장 인근의 가까운 은행을 선택하는 것이 효율적이다. 특히 주거래 은행 지점이 가까운 곳에 있다면, 업무 처리 측면에서 더욱 수월하다.

위와 같이 법인 통장 개설 시에는 대표자의 거래 이력과 은행과의 거리를 함께 고려해 신용도와 편의성 두 마리 토끼를 잡는 것이 좋다.

03
전문가를 활용하면
속도가 달라진다

법인 설립 과정에서는 법무사나 세무사 등 전문가에게 업무를 맡길 수 있다. 보통 설립 등기 업무는 법무사, 사업자등록 절차는 세무사에게 위임하는 방식이다.

물론 전 과정을 직접 셀프로 진행하는 것도 가능하다. 하지만 나에게 두 가지 중 하나를 고르라고 한다면 전문가에게 맡기는 방식을 선택하겠다. 설립 과정에 시간과 에너지를 쏟는 것보다는 그 시간을 다른 중요한 일에 집중하는 편이 더 효율적이라고 생각하기 때문이다.

그렇다고 하더라도, 처음 법인을 세우는 분들은 열정이 넘치고 경우에 따라서는 비용을 아끼는 것이 더 절실할 수 있다. 그래서 어떤 방식이든 상황에 맞게 선택하면 되겠다.

편하게 법인 설립이 가능하다

법무사에게 법인 설립을 의뢰하는 이유는 분명하다. 복잡한 절차를 대신 해주기 때문이다. 덕분에 내 시간과 에너지를 아낄 수 있다. 만약 법인 설립을 위한 기본 준비가 끝난 상태라면 법무사와 상담을 통해 본격적인 절차를 시작하면 된다. 상담 후에는 필요한 서류를 정리해 주고, 등록면허세와 지방교육세 등 세금도 대신 납부해 주며, 등기소에 설립등기 신청까지 완료해 준다.

이처럼 전문가가 모든 과정을 책임지고 처리해 주기 때문에 훨씬 수월하고 간편하다. 복잡하고 생소한 절차에 직접 대응할 필요 없이 법인 설립을 빠르고 안정적으로 마칠 수 있기 때문이다. 이렇게 법인 등기가 완료되면, 사업자등록증을 발급받아야 한다. 이는 직접 세무서를 방문해 처리할 수 있다.

하지만 대부분의 경우 세무사에게 기장 업무를 맡기게 되므로, 사업자등록 신청도 함께 의뢰하는 것이 효율적이다. 전문가가 절차를 잘 알고 있어 보다 빠르고 정확하게 처리할 수 있다.

∵ 등기 변경 시기를 챙길 수 있다

법무사에게 법인 등기를 맡길 때 가장 큰 장점 중 하나는 등기 변경 시기를 놓치지 않는다는 점이다. 법인 설립 후에는 일정 상황에 따라 법인 등기 사항을 변경해야 하는 경우가 생기는데, 셀프로 등기를 진행했을 경우에는 이런 시기를 제때 챙기지 못하고 놓치는 일이 발생할 수 있다.

만약 변경 시기를 넘기게 되면 과태료가 부과되어 예기치 않은 비용이 발생할 수 있다. 반면, 법무사에게 맡기면 이러한 일정들을 체계적으로 관리해 주기 때문에 불필요한 실수를 줄일 수 있다는 점에서 실무적으로 매우 유리하다.

상법 제383조(원수, 임기)

2. 이사의 임기는 3년을 초과하지 못한다.

3. 제2항의 임기는 정관으로 그 임기 중의 최종의 결산기에 관한 정기주주총

회의 종결에 이르기까지 연장할 수 있다.

상법 제635조(과태료에 처할 행위)
다음 각 호의 어느 하나에 해당하는 행위를 한 경우에는 500만 원 이하의 과
태료를 부과한다.
(중략)
8. 법률 또는 정관에서 정한 이사 또는 감사의 인원수를 궐(闕)한 경우에 그
선임절차를 게을리한 경우

많은 사람이 자주 놓치는 부분 중 하나가 바로 임원(대표이사, 사내이사, 감사)
의 임기 만료에 따른 등기 변경이다. 상법에 따르면 임원의 임기는 기본적으로
3년으로 정해져 있으며, 임기 만료 전 중임(재선임) 등기나 변경 등기를 반드시
해야 한다. 이러한 시기를 놓치면 과태료가 부과될 수 있으므로 미리 챙기는
것이 중요하다. 따라서 법무사에게 등기를 맡기면 이런 실수를 사전에 예방할
수 있다는 것이 큰 장점이다.

법인 설립 시 법무사의 보수는 보통 기본 비용이 35~40만 원 선에서 형성
되어 있다. 금액만 보면 부담스럽게 느껴질 수 있지만, 그만큼의 시간 절약과
실수 방지 효과를 고려하면 충분히 투자할 가치가 있다.

또한 법인 설립 이후에도 회계, 세무, 변경 등기 등 전문가의 손길이 필요한
업무들이 계속 발생하기 때문에 처음부터 신뢰할 수 있는 전문가를 알아 두는
것이 장기적으로 현명한 선택이 될 수 있다.

•• 전문가를 가장 잘 고르는 방법

서비스	가격
·전문 지식과 깊이 ·처리 과정과 속도	합리적 가격

전문가 선정의 요소

법인 설립 과정에서 법무사를 선택할 때는 몇 가지 실질적인 기준을 고려해야 한다. 단순히 비용만을 기준으로 삼기보다는 업무의 성격과 정확성을 종합적으로 판단하는 것이 바람직하다.

첫째, 서비스의 질이다. 법무사가 법인 설립에 대한 충분한 경험과 전문성을 갖추고 있는지, 서류 작성과 제출 과정이 신속하고 정확하게 진행되는지 확인할 필요가 있다. 특히 설립 등기 과정은 관할 등기소의 요건에 따라 세부적인 요구가 다를 수 있으므로, 이에 능동적으로 대응할 수 있는 역량이 중요하다. 아울러 의뢰인의 질문에 대한 성실한 응답 여부와 전반적인 소통 태도 역시 중요한 고려 요소다.

둘째, 비용의 합리성이다. 법무사의 수임료는 사무소마다 차이가 있으며, 동일한 업무임에도 불구하고 포함 항목이나 청구 방식이 다를 수 있다. 따라서 의뢰 전에는 등록면허세, 인지세, 수수료 등 비용 항목이 어떻게 구성되어 있는지 꼼꼼히 확인할 필요가 있다. 총액만 비교하는 방식보다는 실제 제공되는 서비스의 범위와 질을 함께 살펴보는 것이 합리적이기 때문이다.

또한 전문가 유형에 따라 선택 기준도 달라질 수 있다. 법무사는 보통 법인 설립 등기와 같은 단발성 업무에 관여하므로 가격과 처리 효율성이 중요한 기준이 된다. 반면, 세무사는 설립 이후에도 기장 업무나 세무 상담 등 지속적인 업무 관계가 이어지기 때문에 장기적인 신뢰 관계를 염두에 두고 선택하는 것이 바람직하다.

법인 설립은 한 번의 절차로 끝나는 일이 아니라, 이후의 운영 과정과도 연결되는 중요한 시작점이다. 따라서 전문가 선택에 있어 신중함과 실질적 기준이 요구된다.

04
법인 설립에
실제 드는 비용은 얼마일까?

법인 설립 시 사업자는 필연적으로 일정한 비용을 부담하게 된다. 이는 단순히 자본금 납입 외에도 법무 행정 비용, 등록세, 공증비, 기타 실비용까지 포함되며, 설립 시점에서의 총 예산을 예측하는 것이 매우 중요하다.

법인 설립 시 발생하는 비용

1. 자본금

공고방법	서울특별시내에서 발행하는 일간 서울신문에 게재한다.		. .
1주의 금액 금 500 원			. .
발행할 주식의 총수 2,000,000 주			. .
발행주식의 총수와 **그 종류 및 각각의 수**		**자본금의 액**	**변 경 연 월 일** **등 기 연 월 일**
발행주식의 총수 보통주식	100,000 주 100,000 주	금 50,000,000 원	
발행주식의 총수 보통주식	200,000 주 200,000 주	금 100,000,000 원	2023.02.06 변경 2023.02.17 등기
발행주식의 총수 보통주식	400,000 주 400,000 주	금 200,000,000 원	2024.02.28 변경 2024.03.06 등기

법인을 설립할 때는 자본금을 설정해야 한다. 자본금이라는 말이 낯설게 들릴 수 있는데, 쉽게 말해 법인의 소유자인 주주가 사업 밑천으로 기업에 제공한 금액을 말한다. 법인은 이 금액을 바탕으로 초기 사업을 시작하게 된다. 밖에서 특정 법인을 볼 때 자본금은 법인의 밑천이다 보니 매우 중요하다.

상법상 최저 자본금 요건이 사라지고(일부 업종에 따라서 개별법에서 정한 최저 자본금은 있다), 이론적으로는 100원의 자본금으로도 법인을 설립 할 수 있지만, 너무 적은 자본금으로 설립하는 것은 추천하지 않는다. 물론 사업자등록증엔 자본금이 표시되지 않는다. 그러나 등기부등본을 발급하면 자본금을 확인할 수 있고, 법인이 각종 계약을 할 때는 등기부등본을 요구하는 경우가 대부분이다. 이 경우 자본금이 너무 적다면 실제 사업을 하기 어렵다고 판단해 금융 거래 등 각종 업무에 제약이 있을 수 있다.

예외로 부동산투자업의 경우 자본금을 적게 설정하더라도 주주가 추가로 자금을 투자하는 경우가 많고, 은행에서 부동산담보대출도 받으니 100만 원의 적은 자본금으로 설립하는 경우가 많다. 이런 특별한 경우가 아니라면 자본금을 너무 적지 않게 설정하는 것이 좋다.

하지만 그렇다고 무작정 큰 금액으로 자본금을 설정하는 것도 바람직하시 않다. 자본금은 사업에 필요한 경비로 써야 하는 돈으로 단순히 주주나 대표이사의 필요로 출금하면 안 되기 때문이다. 따라서 잠깐 예치하고 바로 출금할 생각으로 자본금을 높게 잡으면 낭패를 볼 수도 있다.

처음에 자본금을 적게 설정했더라도 추후 '증자'를 하여 자본금을 늘릴 수 있다. 처음에는 사업 규모가 작을 것 같았으나 사업이 잘되고 규모가 커졌다면 자본금을 늘릴 필요가 있다. 이때 자본금을 늘리는 것도 가능하며, 증자 시 등록면허세 및 법무사 수수료 등 부대비용이 발생한다. 반면, '감자'로 자본금을 줄이는 것도 가능하다. 감소한 자본금은 주주 개인에게 다시 귀속되며, 증자에 비해 훨씬 번거롭고 시간이 오래 걸린다.

2. 세금 및 수수료

견적서 (법무사 　　 사무소)		
적용	금액	비고
등록면허세	₩ 337,500	
지방교육세	₩ 67,500	
증지대	₩ 25,000	
보수료	₩ 270,000	
부가가치세	₩ 27,000	
등본대	₩ 15,000	
정관 의사록작성	₩ 50,000	
법인 도장	₩ 30,000	본인이 제작시 비용차감
송달료	₩ 7,000	
합계	₩ 829,000	

'법무통' 앱 화면

법인 설립 시에는 최초 설립하는 자본금에 따라 등록면허세 및 지방교육세, 각종 등기신청 수수료와 같은 세금과 법무사 수수료, 인지대(증지대) 같은 비용이 추가로 발생한다. 법인 등기 신청 수수료는 등기소에서 직접 할 때 3만 원, 인터넷등기소에서 전자 신청할 때 2만 원으로 인터넷등기소를 이용하는 것이 저렴하다. 법무사 수수료는 직접 비교해 보고 선택해야 한다.

법무사를 이용할 경우 '법무통' 앱을 활용하면 견적을 받아볼 수 있다. 지역별로 견적을 받아볼 수 있으며 앞의 예시는 자본금을 1,000만 원으로 설정했다. 법무사 보수료를 비롯하여 어떤 항목이 있는지 구체적으로 확인해 볼 수 있으니 참고해 보자.

법무사에게 의뢰하지 않고 직접 설립할 때도 세금은 납부해야 한다. 등록면허세 및 지방교육세는 자본금의 0.48%이며, 수도권과밀억제권역에 소재하는 법인의 경우 3배가 중과되어 1.44%의 세금을 부담해야 한다. 이때 수도권과밀억제권역에서 설립하는 법인의 경우 과세 최저금액이 40만 5,000원이므로 해당 금액에 미달하는 자본금을 설정해도 이 금액을 부담해야 한다.

3. 등록면허세 및 교육세

법인을 설립하면서 부담하게 되는 세금 중 대표적인 것이 '등록면허세'이다. 등록면허세는 설립 등기를 할 때 부과되며, 자본금 규모에 따라 차등 적용된다. 세율은 원칙적으로 자본금의 0.4%이고, 여기에 지방교육세 20%가 추가로 붙는다.

다만, 지역별로 등록면허세 부과 방식에 차이가 있을 수 있고, 등록면허세는 반드시 지방자치단체에 납부해야 하며, 등기 접수 전까지 납부가 완료되어야 한다.

4. 공증 비용: 소규모 법인은 생략 가능

정관 공증의 필요 여부는 발기인의 수가 아니라 자본금 규모에 따라 결정된다. 자본금이 10억 원 미만인 경우에는 발기인이 1인이든 2인 이상이든 상관없이 정관 공증을 생략할 수 있다. 공증을 받을 경우 비용은 일반적으로 약 5~10만 원 수준이며, 자본금이 크거나 정관 분량이 많으면 추가 비용이 발생할 수 있다.

공증을 생략하더라도 정관은 반드시 작성해야 하며 신주의 배정으로 인한 주주 간 분쟁, 배당, 대표자 유고 시 문제 등 이슈를 예방하기 위해 전문적인 검토를 받는 것이 좋다. 특히 가족법인이나 1인 법인의 경우에도 사업 구조와 미래 운영까지 고려해 정관을 신중하게 작성하는 것이 바람직하다.

5. 법무사, 세무대리인 비용

법인 설립 절차는 혼자서도 가능하지만, 일반적으로 법무사나 세무사를 통해 진행하는 경우가 많다. 서류 작성, 등기, 사업자등록 등 여러 단계에서 전문지식이 필요하고, 한 번의 오류가 전체 설립 일정에 영향을 줄 수도 있기 때문이다.

앞서 말했듯 법무사를 통한 법인 설립 대행 비용은 통상 35~40만 원 선이며, 여기에 등기 관련 수수료, 납부 세금 등을 합치면 전체 설립 비용은 자본금을 제외하고 약 50~100만 원 정도 소요된다. 세무사에게 법인 설립 후 기장 대행까지 맡기는 경우 초도 기장 계약과 함께 무료로 설립 절차를 도와주는 패키지를 운영하는 곳도 많다.

6. 기타 부대비용

기타 부대비용에는 법인 인감도장 제작비, 인감카드 발급비, 계좌 개설용 인감증명서 발급비 등이 있다. 인감도장은 법인의 공식 서명 수단으로, 설립과 동시에 반드시 제작해야 한다. 일반적으로 법인 인감, 사용 인감, 개인 인감을 포함해 2~3개를 세트로 제작하며, 비용은 약 2~5만 원 선이다.

이 외에도 국세청 홈택스에서 사업자등록을 위한 공인인증서 발급(법인용 공동인증서) 및 사용을 위한 비용도 발생할 수 있다. 또한 설립 직후 필요한 사무기기, 홈페이지 도메인 등록, 간판 제작 등 초기 사업 운영에 필요한 경비까지 고려하면 실제 체감 비용은 더 클 수 있다.

법인 설립에는 단순히 등기까지가 아니라 설립 후 유지 비용까지 포함한 예산 계획이 필요하다. 매월 들어가는 회계 기장료, 4대 보험 신고 비용, 연 1회 법인세 신고 비용, 컨설팅 대응 등까지 장기적인 운영비를 고려해 자금을 준비하는 것이 현명하다.

대부분의 경우 설립만 끝내고 이후 재정 운영은 충분히 고려하지 않는다. 이로 인해 초기에 현금 흐름이 부족해지는 경우가 많다. 따라서 최소 6개월 이상의 운영자금 확보와 정기적인 비용 발생 구조를 사전에 이해하고, 초기 설립 비용뿐만 아니라 유지 비용까지 고려해 예산을 세워야 한다.

05
성공하는 법인은
정관부터 다르다

법인을 운영하려면 기본이 되는 규칙, 즉 정관이 필요하다. 정관은 법인 내부에서 발생하는 중요한 일들을 어떻게 처리할지 정해놓은 문서로, 매우 중요한 역할을 한다. 하지만 대부분의 사람은 정관을 꼼꼼히 읽어보지 않고, 법무사 사무실에서 제공하는 기본 정관을 그대로 사용하는 경우가 많다. 문제는 그 기본 정관이 모든 상황을 대비할 수 있도록 작성된 것은 아니라는 점이다. 그래서 필요한 내용이 정관에 빠져 있을 경우 예상치 못한 불이익을 당하거나 당황하는 상황이 생기기도 한다.

절대적 기재사항

① 상호
② 법인의 설립 목적
③ 법인이 발행할 주식의 총수
④ 주식의 1주당 금액
⑤ 회사 설립 시 발행할 주식의 총수
⑥ 법인 본점 소재지
⑦ 법인 회사의 공고 방법
⑧ 발기인 성명, 주민등록번호, 주소지

정관에는 반드시 포함해야 하는 절대적 기재사항이 있다. 이는 정관이 법적인 효력을 갖기 위해 반드시 기재되어야 하는 내용으로, 기재하지 않거나 법에 위반될 경우 정관 자체가 무효가 될 수 있다. 이러한 사항은 상법 제289조 제1항에 명시되어 있다. 따라서 법인을 설립할 때는 정관에 어떤 내용을 필수로 담아야 하는지 정확히 아는 것이 중요하다.

상대적 기재사항

① 변태설립사항   ④ 이사, 이사회, 감사에 관한 사항
② 주식에 관한 사항   ⑤ 기타 사항
③ 주주총회에 관한 사항

절대적 기재사항은 아니지만 정관에 기재하지 않으면 법률상 효력이 발생하지 않는 사항도 있다. 이러한 내용은 정관의 효력 자체에는 영향을 주지 않지만, 해당 사항의 효력을 인정받기 위해서는 반드시 정관에 기재되어야 한다. 이를 상대적 기재사항이라 한다.

상대적 기재사항의 대표적인 예로는 회사 설립 시 발기인이 자본 충실을 해칠 우려가 있는 변태설립사항이 있다. 변태설립사항이란, 회사를 만들 때 발기인에 의해 남용되어 자본 충실을 해칠 우려가 있는 사항을 말한다. 이런 내용은 꼭 정관에 써야만 효력이 생긴다. 따라서 안 쓰면 효력이 없기 때문에 중요한 내용이다. 대표적인 변태설립사항으로는 '발기인이 받을 특별 이익과 이를 받을 자의 성명'이 있다.

⁘ 임의적 기재사항

① 경업 금지 또는 겸직 금지
② 주주 의결권의 대리행사
③ 주주 또는 이사회의 권리와 의무에 관한 사항
④ 주주총회 또는 이사회의 소집 절차에 관한 사항

임의적 기재사항은 말 그대로 정해진 바 없이 필요에 따라 기재할 수 있는 내용이다. 주식회사의 본질에 반하지 않고, 강행법규에 위반되지 않는 사항이어야 하며 상법이 허용하는 범위 내여야 한다.

예를 들어, 경업 금지나 겸직 금지는 굳이 정관에 기재하지 않더라도 근로계약서나 기타 서면을 통해 근로자와 약정하는 방식으로 체결해도 무방하다. 정관에 이를 기재할 경우 법인 전체를 규제하는 약정이 되므로 개별적으로 계약을 맺는 번거로움을 줄일 수 있다.

또한 주주의결권의 대리 행사는 임의적 기재사항으로 정관에 기재하지 않아도 가능하다. 오히려 주주의 의결권 대리 행사를 금지하는 정관 규정은 효력이 없다. 이를 정관에 명시할 경우, 그 권한을 명확히 공표하는 의미를 가질 수 있다.

⁘ 정관에 반드시 담아야 할 조항

1. 제3자 신주인수권 부여

외부에서 투자를 받을 예정이라면 반드시 확인해야 할 정관 조항이다. 자금을 대여 형태로 빌리는 경우에는 상관없지만, 증자를 통해 지분 투자를 받으려는 경우에는 정관에 '제3자에게 신주를 배정할 수 있다'는 규정이 반드시 포함되어 있어야 한다.

유상 증자의 원칙은 이렇다. 기존 주주들에게 지분 비율대로 신주를 배정한 뒤, 주주가 증자 참여를 포기하면 그 권리는 소멸되거나 다른 주주에게 돌아가는 구조이다.

문제는 정관에 제3자 신주인수권 부여 규정이 없을 경우 외부 투자자에게 직접 신주를 배정할 수 없다는 점이다. 따라서 정관에 해당 규정이 없으면 투자 시기를 놓치거나, 기존 주주와의 협의가 지연되거나, 심지어 투자 자체가 무산되는 상황이 발생할 수 있다. 특히 벤처 투자나 엔젤 투자처럼 타이밍이 중요한 자금 유치 상황에서는 치명적일 수 있다.

결론적으로, 외부 투자를 받을 계획이 있는 법인이라면 사전에 정관에 제3자 신주인수권 부여 조항을 반드시 넣어야 한다. 이미 설립된 법인의 경우에도 미리 정관 변경을 통해 이를 반영해 두는 것이 안전하다.

2. 임원 퇴직금 지급 규정

임원 퇴직금 지급 규정은 정관에 넣을 수 있으나 통상적으로 정관에는 '별도의 퇴직금 지급 규정에 의한다', '이사회 의결을 통해서 정한다', '주주총회의 결의로 정한다' 등으로 규정한다. 법인 정관에 임원의 퇴직금을 규정하는 경우에는 구체적인 퇴직 금액, 지급 대상, 계산 방법, 지급 시기 등을 명확하게 규정해야 한다. 정관에 기재하거나 정관에서 위임한 바에 따라 작성된 퇴직금 지급 규정이 있는 경우에는 효과적인 절세가 가능하다.

퇴직금은 종합과세가 되지 않고 분류과세가 되며 1년간의 소득이 아닌 여러 해에 걸쳐 발생한 소득으로 보기 때문에 소득 공제를 많이 받을 수 있어 세금 부담이 줄어든다. 따라서 소득세법에서 인정해 주는 한도 내에서, 많은 금액을 퇴직금으로 처리할수록 절세 측면에서 유리하다.

〈정관 작성 예시〉

제○조 [임원의 퇴직 급여 산정 및 지급]

① 임원의 퇴직금 지급액 산정은 퇴직 직전 3년간의 총 급여를 기준으로 [퇴직한 날로부터 소급하여 3년 동안 지급받은 총 급여액의 연 평균 환산액 ×1/10×근속연수×지급률]로 한다. 총 급여란, 비과세 근로소득을 제외한 모든 근로소득을 의미한다.

② 2020년 1월 1일 이후 퇴직금에 대한 지급 기준은 다음과 같다.

구 분	2012.1.1.~2019.12.31. 기간의 지급 기준율	2020.1.1.이후의 지급 기준율
대표이사	3	2
이사	2	2
감사	1	2

* 단, 2012년 1월 1일 이후는 세법상 3배수 퇴직소득세를 적용한다.
* 단, 2020년 1월 1일 이후는 세법상 2배수 퇴직소득세를 적용한다.

3. 임원 상여금 지급 규정

퇴직금의 경우, 정관에 규정이 없어도 일정 부분은 인정받을 수 있다. 그러나 임원 상여금은 정관에 규정이 없으면 전혀 인정되지 않는다. 이 경우 법인 입장에서는 돈을 지급하고도 비용으로 인정받지 못하므로, 법인세 측면에서 큰 손해를 보게 된다. 따라서 적절한 상여금 지급 규정을 반드시 마련해 둬야 나중에 불이익을 당하지 않는다.

•• 법인 정관을 변경하려면?

법인 상호가 변경되거나 설립 당시 정한 내용이 부족하여 추가해야 하는 상황이 발생할 수 있다. 이때 정관을 변경하려면 우선 주주총회의 특별 결의 절차를 거쳐야 한다. 구체적으로는 출석한 주주의 의결권 3분의 2 이상, 발행 주식 총수의 3분의 1 이상의 요건을 갖춘 결의가 필요하다.

만약 법인의 주식이 여러 명의 주주에게 분산되어 있다면 주주 간 동의가 필수적이다. 또한 정관의 절대적 기재사항이 변경될 경우에는 반드시 정관 변경등기 신청을 해야 한다. 예를 들어, 상호나 주소지를 변경하는 경우, 정관 변경과 함께 등기 변경도 함께 이루어져야 한다. 이러한 내용은 등기부등본에도 포함되는 사항이므로 변경등기 절차를 반드시 병행해야 한다. 1인 대표, 1인 주주인 법인이라고 하더라도, '주주총회를 생략할 수 있다'는 식의 문장을 정관에 기재하지는 않는다. 주주가 1인인 경우에도 법적으로는 주주총회가 열린 것으로 간주되므로 원칙적으로 주주총회 의사록을 작성해 남기는 절차가 반드시 필요하다.

또한 이사회를 구성하려면 최소 이사 3인이 있어야 한다. 이사 3인에 미달할 경우 이사회 자체가 구성되지 않기 때문에 대표이사가 단독으로 결정을 내린 후 그 내용을 문서로 남겨야 한다. 이때 작성하는 문서는 '이사회 의사록'이 아니라 '이사 결정서'라는 명칭을 사용한다.

만약 정관 변경 시 의결 정족수(참여 인원, 동의 인원) 충족이 문제라면 의결권의 3분의 2, 발행 주식 총수의 3분의 1 이상 요건을 만족해야 한다. 주주가 1인인 경우에는 본인 단독 100% 의결로 갈음할 수 있으며, 이때에도 주주총회를 연 것으로 간주하고 '주주총회 의사록'을 작성해야 한다.

주주가 되는 걸 왜 규제할까?

주주는 단순한 투자자가 아니다. 회사의 의사 결정에 참여하고, 이익을 분배받고, 경영에 영향력을 미칠 수 있는 권리를 가진 사람이다. 따라서 누가 주주가 되느냐는 회사의 지배 구조에 직접적인 영향을 준다. 만약 아무나 쉽게 주주가 될 수 있다면, 경영권이 원하지 않는 방향으로 넘어갈 수 있고, 편법적인 부의 이전이 일어날 수 있으며, 투자자 간 형평성이 무너질 수 있다.

예를 들어, 어떤 법인이 크게 성장해 1주당 가치가 20만 원이 되었는데, 유상 증자를 하면서 대표의 자녀에게 아주 낮은 가격에 신주를 배정한다고 해보자. 이것은 형식적으로는 투자지만, 실질적으로는 자녀에게 회삿돈을 몰래 넘기는 것과 같다. 따라서 세법에서는 이러한 불공정한 주식 배정과 변칙적인 증여를 막기 위해 누가, 어떻게 주주가 되는지를 엄격하게 규제하고, 필요한 경우 증여세를 과세하도록 되어 있다.

신주인수권이란 회사가 새 주식을 발행할 때 그 주식을 받을 수 있는 권리로, 기존 주주가 우선적으로 그 주식을 인수할 권리가 있다. 반면, 제3자 신주인수권은 주주가 아닌 외부인에게 신주를 인수할 수 있는 권리를 부여하는 것이다. 즉 기존 주주의 신주인수권을 제한하고, 제3자에게 주식을 배정하는 방식이다. 구체적인 부여 순서는 다음과 같다.

〈주식 배정 순서〉
① 정관에 규정이 있어야 한다
② 경영상 이유가 정당해야 한다
③ 주식 청약서에 그 내용을 써야 한다(제3자에게 주식을 주는 경우, 청약서에 '주주의 신주인수권이 제한된다'는 내용을 반드시 적어야 함)
④ 기존 주주에게 2주 전에 알려야 한다

06
법인 통장과 공동인증서,
이렇게 준비하자

법인 등기, 임대차 계약, 사업자등록증 발급까지 모든 절차를 마쳤다면 이제 마지막 단계인 법인 통장 개설과 인증서 발급만 남는다.

법인 통장은 은행에 직접 방문하여 개설하고 대표이사가 직접 방문할 수도 있고 대리인을 통해 진행할 수도 있다. 이때 방식에 따라 제출해야 할 서류가 달라지므로, 사전에 필요한 서류 목록을 정확히 확인한 후 방문하는 것이 중요하다. 법인 통장은 사업 운영에 있어 필수적인 기반이 되므로 개설 시점과 절차를 놓치지 않고 준비하는 것이 필요하다.

30만 원 한도 제한을 해결하는 방법

처음 법인 통장을 개설할 때 많은 사람이 예상치 못한 한도 제한에 부딪히곤 한다. 대부분의 시중 은행에서는 신규 법인 계좌에 대해 입출금 한도를 30만 원으로 제한하고 있으며, 이는 자금 세탁 및 대포 통장 방지를 위한 금융 당국의 정책에 따른 것이다.

이러한 한도는 일정 기간이 지나면 자동으로 해제되는 경우도 있으나, 해제조건과 시점은 은행 및 지점에 따라 상이할 수 있으므로 사전에 해당 지점에 문의해 확인하는 것이 바람직하다.

문제는 사업 초기 운영 자금의 유동성이 필요한 경우 30만 원 한도 내에서 법인 운영이 사실상 불가능하다는 점이다. 이에 따라 다음과 같은 우회적 해결 방안을 고려할 수 있다.

첫째, 시중 은행에서 한도 제한 통장을 개설한 후 별도로 온라인 은행(예: 카카오뱅크, 케이뱅크)에서 법인 계좌를 추가로 개설하는 방법이 있다. 온라인 은행은 최대 5억 원 한도의 법인 계좌 개설이 가능하며, 일반적인 법인 운영에 필요한 입출금 거래를 원활히 처리할 수 있다. 이후 실제 사업 활동이 확인되면 기존 시중은행 통장의 한도 제한도 해제할 수 있다. 이때는 계약서, 부가가치세 과세표준 증명원 등 실체를 증명할 수 있는 서류를 제출해야 한다.

둘째, 법인카드를 발급하는 카드사 상담사를 통해 계좌 개설을 진행하는 방식도 있다. 일부 카드사는 카드 발급과 동시에 법인 통장 개설을 지원하며, 이 경우 초기부터 한도 제한 없이 통장을 개설할 수 있는 가능성이 있다. 다만, 은행 및 카드사마다 정책이 다르므로 사전 확인이 필요하다.

이처럼 초기 한도 제한은 불편할 수 있으나 일정한 절차와 방법을 통해 실질적인 대안 마련이 가능하다.

범용 공동인증서 저렴하게 발급받는 꿀팁

법인을 운영하는 과정에서는 다양한 전자 행정 및 금융 업무를 처리하기 위해 공동인증서(구 공인인증서)가 필수적으로 요구된다. 특히 모든 전자 시스템에서 사용 가능한 범용 공동인증서는 활용도가 높아 사업 초기부터 준비해 두는 것이 유리하다.

범용 인증서는 이름 그대로 세금 신고, 전자세금계산서 발행, 공매 입찰, 금융거래 등 다양한 용도에 모두 사용 가능한 인증서다. 다만, 매년 갱신이 필요하며 일정 비용이 발생한다. 일반적으로 연간 4~6만 원 수준의 비용이 들며 이를 절감할 수 있는 방법도 존재한다.

대부분의 경우 법인 계좌를 개설하면서 은행 인터넷뱅킹을 신청할 때 공동인증서(구 공인인증서)는 별도로 발급 신청하고 비용을 지불해야 한다. 특히 세금계산서 발행용 인증서와도 동일하게 처리되며, 별도로 신청하지 않으면 자동으로 발급되지 않는다.

이 외에도 전자세금계산서 발행을 위한 전자세금용 인증서, 공매나 입찰 참여를 위한 범용 인증서를 추가로 발급받는 경우가 많아 하나의 법인에 인증서가 세 개 이상 발급되는 일이 흔하다. 이는 비용 부담은 물론, 인증서 관리 측면에서도 비효율과 혼선을 초래할 수 있다.

이러한 문제를 방지하기 위해서는 범용 공동인증서 하나로 필요한 기능을 통합해 사용하는 방식이 유리하다. 범용 인증서는 다른 인증서들보다 높은 범위의 사용 권한을 가지므로, 전자세금용 인증서와 금융거래용 인증서를 별도로 발급받을 필요 없이 하나의 인증서로 통합 관리할 수 있다.

또한 일부 금융기관에서는 인터넷뱅킹 가입 시 범용 인증서를 할인된 비용으로 제공하거나 일정 조건 하에 무료 발급해 주는 경우도 있으므로, 계좌 개설과 동시에 범용 인증서 발급 조건을 확인하는 것이 효율적이다.

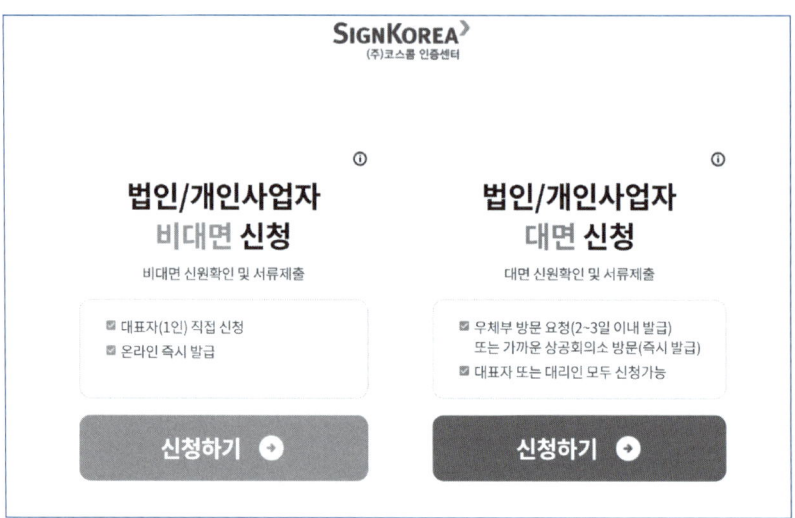

SignKorea에서 저렴하게 범용 공인인증서를 받자

이를 해결하려면 처음부터 범용 공인인증서 하나만 발급받으면 된다. 공인인증서가 하나이니 관리도 편하고 비용도 중복으로 발생하지 않는다. 범용 공인인증서를 발급받을 수 있는 곳은 여러 곳이지만, 그중에서 가장 저렴하고 관리가 편한 곳은 'SignKorea'이다.

만약 은행 사이트에서 범용 공인인증서를 발급을 받는다면 비용이 10만 원 정도 들 것이다. 그러나 'SignKorea'에서는 기존 은행보다 저렴한 4만 원에 범용 공인인증서 발급이 가능한 장점이 있다.[14] 이렇게 되면 매년 6만 원을 절약할 수 있으며 관리도 쉬우니 일석이조다.

---

14 할인 페이지 주소: signkorea.com/service/g2b.htm

기존 법인을 인수할 수도 있다고?

지금까지 법인을 새로 설립하는 방법에 대해 살펴보았다. 그런데 꼭 처음부터 새로운 회사를 만들 필요는 없다. 이미 존재하는 법인을 인수하는 것도 또 다른 선택지가 될 수 있기 때문이다.

상대적으로 쉽고 빠른 설립 절차를 거치지 않기 때문에 인수 과정에 상당한 시간과 비용이 들 수 있다는 단점이 있다.

그러나 휴면 법인이 아닌, 설립된 지 5년 이상 된 법인을 인수하면 취득세 중과 대상에서 제외되기 때문에 부동산 등 취득세 과세대상 자산을 법인 명의로 취득할 때 유리할 수 있다. 이런 이유로 최근에는 신설 법인 설립보다 기존 법인 인수(M&A)에 관심을 두는 창업자들도 많다.

1. 인수 전 점검 사항

법인 인수는 간단하지 않다. 서류상으로 깨끗해 보이더라도 그 이면에는 숨겨진 채무나 세금 체납, 소송 위험이 존재할 수 있기 때문이다. 인수 방법에 따라 차이는 있지만 인수자는 이러한 잠재 리스크까지 함께 떠안게 되므로 반드시 철저한 사전 실사를 해야 한다. 특히 세무, 회계 부분은 일반인이 쉽게 파악하기 어렵기 때문에 세무대리인이나 회계사의 도움을 받는 것이 안전하다.

2. 흑자 법인 vs 적자 법인, 어느 쪽이 유리할까?

또 하나 중요한 판단 기준은 법인의 재무 상태다. 흑자 법인은 일정 수준의 신용도를 유지하고 있기 때문에 인수 후 사업 확장이나 대출 시 유리할 수 있다. 반면, 적자 법인을 인수하면 인수자는 그 적자를 그대로 떠안게 된다. 물론 적자 법인이라도 세무상 결손금을 활용해 향후 세금 절감 효과를 얻을 수 있는 경우가 있다. 다만 이는 전문적인 세무 검토가 반드시 선행되어야 한다.

3. '업종 추가' 전략을 활용하자

기존 법인을 인수한다고 해서 반드시 업종을 바꿔야 하는 것은 아니다. 기존 업종을 유지하면서 새로운 업종을 추가하는 방식으로 운영하면, 기존 사업의 신뢰도와 신규 사업의 성장성을 동시에 확보할 수 있다. 예를 들어, 건설업이나 제조업처럼 업력(사업 연수)이 중요한 분야에서는 설립된 지 오래된 법인일수록 입찰 자격이나 신용평가에서 높은 점수를 받는다. 따라서 업력이 긴 법인을 인수하면 새로 법인을 설립했을 때보다 훨씬 빨리 입찰 시장에 진입할 수 있을 것이다.

또한 이미 사업자등록과 각종 인허가 절차가 완료된 법인을 인수하면 행정적 번거로움을 줄일 수 있다. 다만 인허가 업종의 경우 인수 시 해당 인허가가 양도 가능한지 여부를 반드시 확인해야 한다. 예를 들어, 일부 업종은 대표자 변경 시 인허가가 자동 말소되기도 하므로 관할 기관의 사전 확인이 필요하다.

4. 인수 방식

법인을 인수하는 방법에는 크게 주식 매입, 영업권 양수도, 합병이 있다. 주식 매입은 법인의 지분을 사들여 경영권을 확보하는 방식으로 기존 계약 관계와 법적 지위가 그대로 유지된다는 장점이 있다. 그러나 동시에 기존 법인의 모든 부채와 책임도 승계된다는 점에서 주의가 필요하다.

반면 영업권 양수도 방식은 영업권과 필요한 자산/부채를 선택적으로 인수할 수 있어 리스크는 상대적으로 적지만 양수하는 법인을 온전히 가져오는 개념이 아니기에 위에서 언급한 이점을 누릴 수는 없다.

합병은 두 법인을 통합하는 형태로 적격합병과 비적격합병 중 어떠한 방법으로 합병할지에 따라 세금 혜택을 누릴 수도 있다.

CHAPTER
3

법인 대표가
꼭 알아야 할
경영관리 실무

01
법인 전환으로
세금을 줄이는 전략

개인사업자로 시작해 사업을 열심히 키워온 A 대표는 최근 들어 성실신고 대상 사업자가 눈앞에 다가왔다. 안 그래도 매년 종합소득세로 중형차 한 대 값에 해당하는 세금을 납부했는데, 성실신고 대상이 되면 규제도 많고 세금 부담도 크다고 하니 앞으로가 걱정스럽기만 하다. '열심히 일했을 뿐인데 왜 이렇게 세금을 많이 가져가나' 싶어 억울한 마음도 든다. 하지만 대한민국에 사는 이상 세금을 완전히 피할 수는 없다.

이때 많은 전문가가 조언하는 전략이 있다. 바로 성실신고 대상 사업자가 되기 전에 법인으로 전환하라는 것이다. 여기서 성실신고 대상자란 무엇이고, 법인 전환은 왜 유리하며, 어떻게 준비하면 좋을까? 지금부터 하나씩 살펴보자.

법인 전환은 무엇일까?

법인 전환이란 개인으로 운영하던 사업을 법인 형태로 바꾸는 것을 말한다. 말은 간단하지만 실제로 법인 전환을 하려면 상법, 세법 등 여러 법률과 규정에서 요구하는 절차를 하나씩 밟아야 한다. 사업체의 자산과 부채를 법인 명의로 옮기고, 등기와 세무 신고도 진행해야 한다. 이 과정에서 세금이 많이 발생할 수 있는데, 정부는 개인사업자가 법인으로 전환할 때 불필요한 세금 부담을 줄이기 위해 다양한 세제 지원 제도를 마련해 두었다. 그래서 법인 전환을 잘 활용하면 세금은 줄이고 사업은 더 안정적으로 운영할 수 있는 기회가 될 수 있다.

법인 전환 방법

1. 현물출자

현물출자는 금전이 아닌 재산으로 출자하는 방식이다. 토지나 건물 같은 부동산, 차량이나 기계 같은 동산, 그리고 특허권이나 상표권 같은 무형자산이 그 예다.

주식회사는 원칙적으로 현금출자를 기준으로 하며, 현물출자는 예외적인 경우로 보고 엄격히 제한하고 있다. 하지만 회사의 설립이나 신주 발행 시에는 특별히 현물출자도 허용하고 있다.

문제는 현물출자의 경우 출자자의 의도에 따라 재산 가치를 부풀릴 수 있는 위험이 있다는 점이다. 그래서 법원이 지정한 검사인(변호사, 감정평가사, 회계사 등)이 그 가치를 직접 확인하는 절차가 필요하다. 감정평가를 받고 검사인의 조사 보고서를 바탕으로 법원의 인가까지 받아야 하므로 시간도 오래 걸리고 비용도 많이 든다.

2. 사업양수도 방식

1) 일반 사업양수도

개인사업자로 운영하던 사업의 영업권을 평가하여 이를 법인에게 양도하는 방법도 있다. 여기서 말하는 영업권은 감정평가사가 평가하거나 상속세 및 증여세법에 따른 방식으로 평가할 수 있다. 이렇게 적정하게 평가된 영업권을 개인이 법인에게 유상으로 이전하는 방식으로 진행된다.

이때 영업권 양도로 인해 발생한 소득은 세법상 양도소득이 아니라 기타소득으로 본다. 기타소득으로 과세할 경우 실제로 지출한 경비가 없어도 기본적으로 60%의 필요경비를 인정해 준다. 예를 들어, 5억 원의 영업권을 법인에 양도하면, 전체 금액에 대해 과세하지 않고 60%인 3억 원을 필요경비로 인정받아 나머지 2억 원에 대해서만 소득세가 부과된다. 따라서 이 방법은 상당한 절세 효과를 기대할 수 있다.

2) 포괄적 사업양수도

① 법인 설립일로부터 3개월 이내에 법인에게 사업에 관한 모든 권리와 의무를 포괄적으로 양도할 것
② 소비성서비스업(조세특례제한법 제29조 제3항)을 경영하는 법인이 아닐 것
③ 개인사업장의 순자산가액 이상이 법인의 자본금일 것(재정적 안정성 확보)

포괄적 사업양수도는 일반 사업양수도와 비슷하게 개인사업자의 영업권을 법인으로 이전하는 방식이다. 그러나 가장 큰 차이점은 세법에서 정한 요건을 갖춰 '사업 전체를 한 덩어리로 넘긴다'는 점이다.

일반 사업양수도는 자산, 부채, 계약, 인력 등을 부분적으로 선택해 넘길 수 있고, 과세관청에서도 '새로운 법인 사업의 시작'으로 보기 때문에 업력, 납세이력 등의 연속성은 인정되지 않는다.

반면, 포괄적 사업양수도는 사업 전체를 포괄적으로 한 번에 넘기는 방식이므로 기존 개인사업자의 업력, 거래처, 사업 실적 등이 법인에게도 그대로 이어지는 효과가 있다. 덕분에 입찰, 정부지원사업, 금융 평가 등에서 법인이 처음 시작하는 사업체가 아님을 인정받을 수 있다.

예를 들어, 30년 동안 회사를 운영해 온 B 대표는 학원, 대학교, 공공기관 등에 식자재를 납품해 왔다. 사업 실적이 중요한 업종이었기 때문에 법인을 새로 만들면서 기존 업력을 유지하기 위해 포괄적 사업양수도 방식을 선택했다.

이 방식은 권리와 의무, 자산과 부채, 인적·물적 설비까지 모두 넘겨야 하며, 실제로 이전되는 항목들을 정확히 정리해 두는 것이 매우 중요하다. 또 한 가지 주의할 점은 부가가치세를 납부하지 않기 위해서는 반드시 세법상 '포괄양수도' 요건을 충족해야 한다는 것이다. 이 요건을 충족하지 못하면, 일반 사업양수도로 간주되어 부가세를 납부하게 된다.

한편, 포괄적 사업양수도와 법인의 인수는 비슷해 보이지만 다른 개념이다. 포괄적 사업양수도는 회사가 아니라 특정 사업 부문 전체를 양수도하는 것이고, 인수는 법인 자체를 인수하는 것이기 때문이다.

신설 법인의 설립

엄밀히 말하면 신규 법인을 설립하는 것은 법인 전환이라고 보기는 어렵다. 개인사업자에서 법인사업자로 옮겨지지만 '사업의 존속성'이 인정되지 않기 때문이다.

그러나 기존에 보유하고 있던 사업용 자산이나 영업권이 매우 적거나, 업종 특성상 이전해야 할 자산(비품, 재고 자산 등)이 거의 없다면 신규 법인을 설립한 후 그 법인에서 새로 사업을 시작하는 방법도 고려해 볼 수 있다. 다만, 업력이 중요한 업종이라면 추천하지 않는다. 새로 법인을 설립하는 것이기에 기존 개인사업자의 업력은 전혀 인정되지 않기 때문이다.

신규 법인 설립의 장점은 빠르고 간편하다는 점이다. 보통 영업일 기준 7~10일이면 설립이 가능하며, 법인 전환 방식 중 비용도 가장 저렴하다. 절차도 단순하다. 법인을 설립하고 기존 개인사업자는 폐업신고만 하면 끝이다. 다만, 폐업 후에는 반드시 부가가치세 폐업신고와 그해 종합소득세 신고까지 진행해야 한다.

예를 들어, 인터넷으로 자재를 판매하던 C 대표는 사업한 지 얼마 되지 않았지만, 투자를 유치해 사업 확장을 계획했다. 전반적인 사업 현황을 확인해보니 재고가 거의 없었고, 인터넷 판매 사이트에서 사업자 정보 변경도 간단했다. 이에 따라 기존 사업을 접고 신규 법인을 설립하는 방식으로 전환했다.

이처럼 이전해야 할 자산이 적고 업력 유지가 필수가 아닌 업종이라면 신규로 법인을 설립해 시작하는 방법도 충분히 고려해 볼 수 있다.

•• 법인으로 전환하면서 발생하는 세금

1. 양도소득세

개인사업자가 보유하던 자산을 법인에 넘기는 경우, 해당 자산이 부동산이나 기타 양도소득세 과세 대상이라면 양도소득세가 발생하게 된다. "내가 하던 사업을 계속 이어가는 건데, 왜 세금을 내야 해?"라고 생각할 수 있다. 하지만 법인은 개인과 완전히 별개의 인격체로 간주되기 때문에, 자산을 법인에 넘기는 행위는 법적으로 '양도'로 본다. 따라서 양도소득세가 부과된다.

양도 차익이 크지 않다면 세 부담도 크지 않지만, 보유한 지 오래된 부동산이나 자산이라면 차익이 커져 상당한 세금을 낼 수도 있다. 법인 전환 전 자산의 가치와 양도 차익 규모를 미리 계산해 보고 세금 부담을 검토하는 것이 중요하다.

2. 취득세

개인이 자산을 법인에 넘길 때 양도소득세를 낸다면 반대로 법인은 그 자산을 취득하면서 취득세를 내야 한다. 다만, 모든 자산에 취득세가 부과되는 것은 아니며, 자동차나 부동산처럼 취득세 과세 대상 자산을 법인이 새로 소유하게 될 때에만 취득세가 발생한다. 즉 법인 전환 시 자산의 종류에 따라 법인 측에서도 새로운 세금 부담이 생길 수 있으므로, 사전에 어떤 자산이 포함되는지 확인하고 세금 규모를 계산해 보는 것이 필요하다.

3. 부가가치세

개인사업자가 가지고 있던 재고 자산이나 유형 자산을 개별적으로 법인에 공급하는 경우 부가가치세 납부의무가 발생한다. 물론 부가가치세는 개인이 납부한 만큼 법인에서 매입세액공제를 받아 환급받을 수 있으므로, 결국 부담하는 세액은 0원이 된다.

그러나 이 과정에서 먼저 부가가치세를 납부한 뒤 나중에 환급받는 구조이기 때문에 몇 개월간 현금 흐름에 부담이 될 수 있다. 따라서 자산 이전 규모가 클 경우 미리 자금 계획을 세워두는 것이 필요하다.

●● 법인 전환 방법에 따라 세금을 안 내도 된다

1. 현물출자

법원의 인가를 받아 적법하게 '현물출자'의 방식으로 법인 전환을 하면 자산에 대한 양도소득세를 당장 내지 않아도 된다. 이는 '양도소득세 이월과세' 제도 덕분인데, 나중에 법인이 그 자산을 외부에 양도할 때 양도소득세를 납부하면 되기 때문이다. 개인사업자로 계속 사업하더라도 외부에 자산을 양도할 경우 양도소득세는 부과되기 때문에, 이를 통해 개인에서 법인으로의 존속성을 세법상 인정해 주는 셈이다.

또한 취득세 과세 대상 자산이 있는 경우에도 현물출자를 통해 전환하면 취득세의 50%가 감면된다. 그래서 취득세 과세가액이 큰 부동산을 보유한 경우라면 반드시 현물출자 방식을 통해 감면 혜택을 받는 것이 유리하다. 마지막으로 부가가치세 또한 현물출자의 경우 납부 대상이 아니다.

이처럼 현물출자는 법인 전환 시 발생할 수 있는 양도소득세, 취득세, 부가가치세 등 주요 세금 부담을 한꺼번에 줄일 수 있는 전략적 선택지가 된다.

2. 포괄적 사업양수도

사업의 일반 양수도 방식은 세금 감면 혜택을 받을 수 없지만, 포괄적 사업양수도로 진행하면 현물출자 시 받을 수 있는 세금 혜택을 모두 적용받을 수 있다.

현물출자와 달리 법원의 인가 절차가 없기 때문에 시간과 비용이 덜 들고 부가가치세도 면제되므로 재고 자산이나 기계 장치, 비품 등이 많은 경우에 적합한 전환 방법이다.

하지만 단점도 있다. 포괄적 사업양수도는 개인사업자의 순자산 이상을 자본금으로 출자하여 법인을 설립해야 하므로, 순자산이 큰 사업자일 경우에는 법인의 자본금 부담이 커진다. 따라서 부동산 등 자산 규모가 큰 개인사업자의 경우에는 이 방식이 적절하지 않을 수 있다.

∵ 성실신고 대상 사업자가 되기 전 법인 전환을 해야 하는 이유

성실신고 대상 사업자는 일정 기준 이상의 매출이나 소득을 올린 개인사업자로 세무당국의 관리와 규제가 강화된다. 성실신고 대상 사업자가 되면 세무당국이 세금 신고 및 납부에 대해 더 엄격하게 관리하며, 이로 인해 세무 조사나 감사의 가능성도 커질 수 있다. 열심히 일한 결과, 오히려 부담이 늘어난다고 느끼는 경우도 적지 않다. 성실신고 대상자로 지정되면 장부 작성 기준이 까다로워지고, 매년 세무사에게 성실신고 확인서를 받아야 하며, 이 과정에서 추가 비용도 발생하게 된다.

뿐만 아니라, 성실신고 대상이 아닌 상태에서 법인 전환을 하면 법인은 성실신고 대상이 되지 않지만, 성실신고 대상 개인사업자가 법인으로 전환할 경우 해당 법인은 3년간 성실신고 대상 법인으로 관리된다. 이미 개인으로 성실신고 대상이 된 뒤 법인 전환을 하면 법인도 그 영향을 고스란히 받게 되는 셈이다. 이는 법인의 세무 관리 부담을 높이는 요인이 된다.

따라서 법인 전환을 고려하고 있다면 성실신고 대상 사업자로 지정되기 전, 즉 매출이 기준선에 도달하기 전에 전환을 마치는 것이 유리하다. 그래야만 법인은 처음부터 일반 법인으로 출발할 수 있고, 성실신고 대상 법인으로 분류되지 않아 세무 리스크와 행정 부담을 줄일 수 있다. 법인 전환은 세무 전략이자 사업 성장의 중요한 전환점이기 때문에 시기를 놓치지 않는 것이 매우 중요하다.

업종	매출
농업·임업 및 어업, 광업, 도매 및 소매업, 부동산 매매업 등	15억 원 이상
제조업, 숙박 및 음식점업, 전기·가스·증기 및 공기조절 공급업, 수도·하수·폐기물처리·원료재생업, 건설업, 부동산 개발 및 공급업, 운수업 및 창고업, 정보통신업, 금융 및 보험업, 상품 중개업	7억 5,000만 원 이상
부동산 임대업(부동산 매매업 제외), 전문·과학 및 기술 서비스업, 사업시설관리·사업지원 및 임대서비스업, 교육 서비스업, 보건업 및 사회복지 서비스업, 예술·스포츠 및 여가 관련 서비스업, 협회 및 단체, 수리 및 기타 개인 서비스업, 가구 내 고용 활동, 사업 서비스업	5억 원 이상

성실신고 대상 사업자 기준

구분	법인 전환			법인 신규 설립
	현물출자 방식	사업양수도 방식		
		포괄적	일반	
내용	개인사업자가 갖고 있는 사업용 고정 자산을 법인이 선임한 검사인이 가치를 확인하고 법원의 인가를 받아 법인의 자산으로 출자하여 설립	소멸하는 개인 사업장의 순자산가액 이상을 출자하여 법인을 설립한 후 사업용 자산과 부채를 법인에 포괄적으로 양도	법인을 설립한 후 사업용 자산과 부채 일부를 법인에 양도	개인사업자와의 연관 없이 신설 법인을 설립하여 운영
장점	- 자본금 납입이 없음 - 양도소득세 이월과세, 취득세 감면	양도소득세 이월과세, 취득세 감면	자본금 납입이 적음	설립 비용이 적게 들며 가장 간편하게 설립 가능

| 단점 | - 법원이 선임한 검사인 또는 공인된 감정평가 기관의 조사를 받아야 해서 절차가 복잡하고 비용이 많이 발생
- 법원에서 해당 방법으로 법인 전환 판결이 기각되는 경우도 종종 있음 | - 양도 대금을 결정하는 과정에서 세법상 적절한 양도 대금 평가 과정이 필요함
- 순자산가액 이상 자본금 납입 필요하여 자본금 준비 부담이 있음 | - 양도 대금을 결정하는 과정에서 세법상 적절한 양도 대금 평가 과정이 필요함
- 양도소득세 및 취득세 발생 가능 | - 기존 영업권을 인정받을 수 없음
- 기존에 사용하던 자산을 법인이 양수해야 하는 경우 선택이 어려움 |

법인 전환 방법별 장단점

02
영업권 평가,
타이밍을 놓치면 손해 본다

개인에서 법인으로 전환을 결정했다면 이제 '영업권 평가'라는 다음 과제가 기다리고 있다. 많은 사람이 영업권 평가를 하면 개인소득세를 절세할 수 있다고 말하지만, 정작 영업권 평가가 무엇이고 왜 절세가 되는지 명확하게 설명해 주는 경우는 드물다. 그 부분을 구체적으로 짚어보려 한다.

영업권이란?

영업권이란 쉽게 말해 한 회사가 다른 회사보다 더 많은 이익을 낼 수 있는 '눈에 보이지 않는 가치'를 의미한다. 제품의 제조 비법, 브랜드에 대한 충성도, 우수한 입지 조건 등으로 인해 해당 영업의 가치를 인정받는 경우다.

예를 들어, 어떤 식당이 맛집으로 소문나 사람들이 줄을 서서 기다릴 정도라면, 이 가게는 다른 가게보다 더 많은 수익을 낼 가능성이 높을 것이다. 이런 경우 그 식당은 영업권을 충분히 인정받을 수 있다.

이처럼 영업권이 인정되면 법인 전환 시 해당 영업권을 법인에 유상으로 양도하는 방식으로 처리할 수 있다. 이때 발생하는 소득은 기타소득으로 분류되며, 세법상 60%의 필요경비가 인정되어 실제 과세되는 금액이 줄어든다. 결과적으로 정당한 절차를 거쳐 영업권을 평가하고 양도하면 개인이 부담해야 할 세금을 크게 줄일 수 있다.

·· 영업권 매각으로 노후 자금을 마련할 수 있다고?

법인 전환 시 영업권 평가가 중요한 이유는 개인사업자 시절 쌓아온 영업권을 법인에 매각할 수 있기 때문이다. 개인사업자로서의 영업권 가치가 높다면, 이를 법인에 유상으로 이전하면서 그 대금을 노후 자금으로 활용하는 것도 충분히 가능하다.

예를 들어, 음식점을 운영하던 60대 A 대표는 오랫동안 성실신고 대상 사업자로 사업을 해왔지만, 법인 전환에 대한 설명을 들어본 적이 없어 계속 개인사업자 상태를 유지하고 있었다. 이후 상담을 통해 감정평가 법인에 영업권 평가를 의뢰한 결과 영업권 평가액이 무려 13억 원에 달했다. 이에 따라 A 대표는 영업권 매각 방식으로 법인 전환을 진행했고, 이 자금을 3~4년에 걸쳐 분할 출금해 노후 자금으로 사용할 계획이다.

이처럼 개인사업자를 법인으로 전환하면서 영업권을 법인에 매각하면, 실제로는 사업의 주체만 바뀌는 것 같아 보여도 법적으로는 별개의 거래로 인식되어 자산을 확보할 수 있게 된다. 영업권 평가는 단순한 절차를 넘어 개인에게 실질적인 자산 이전의 기회를 제공하는 유용한 전략이 될 수 있다.

●●● 영업권 평가 방법

그렇다면 영업권은 누가, 어떻게 평가하는 걸까? 법인세법은 일정한 평가 기준에 따라 영업권을 산정하고, 그 평가 금액을 기준으로 영업권을 양도, 양수한 경우에만 해당 금액을 인정해 준다. 여기서 말하는 적절한 평가 방법이란 다음과 같은 방식을 말한다.

1. 시가

법인세법[15]에서 말하는 '시가'란 건전한 사회 통념과 상거래 관행에 따라 특수관계가 아닌 자들 사이에서 실제로 적용되었거나 적용될 것으로 판단되는 정상적인 거래 가격을 의미한다. 즉 합리적인 판단 아래 자유롭게 형성된 거래 가격을 말하며, 예를 들어 상장 주식처럼 매일 자유롭게 거래되는 자산이나 구조와 면적이 유사한 아파트처럼 거래가 자주 이루어지는 자산의 경우 시가를 산정하기가 비교적 쉽다.

하지만 그 외의 자산은 시장에서의 거래가 드물거나 명확한 비교 기준이 없어 시가를 산정하기 어려운 경우가 많다. 이에 따라 세법에서는 이러한 경우를

---

15 법인세법 제52조에서 정하고 있는 시가와, 상속세 및 증여세법 제60조 내지 제66조에서 정하고 있는 시가는 크게 다르지 않기 때문에 법 적용 시 어떤 법을 따를지 면밀히 검토해야 한다.

대비해 시가를 대신할 수 있는 다양한 평가 방법을 마련해 두고 있다.

2. 감정평가액

영업권 평가에서 두 번째로 인정되는 방법은 감정평가 법인 등이 산정한 감정평가액이다. 만약 두 곳 이상에서 평가를 실시해 금액이 서로 다를 경우 해당 감정가액들의 평균값을 기준으로 삼는다.

3. 상속세 및 증여세법에 따른 평가액

상속세 및 증여세법의 규정을 준용하여 평가한 가액을 말한다. 개인사업자가 법인 전환 시 영업권을 평가하려고 해도, 사실상 시장에서의 시가를 확인하기 어렵다. 따라서 실무에서는 감정평가 법인에 의뢰하여 평가를 받는 것이 일반적이다. 간혹 세무사를 통해 '상속세 및 증여세법'에 따른 평가를 진행해 양도하는 경우도 있다.

∷ 영업권으로 절세하는 방법

개인이 법인에 영업권을 양도하면 이 소득은 기타소득으로 분류된다. 이때 발생한 기타소득에 대해서는 별도의 지출 증빙이 없어도 필요경비를 60%까지 인정받을 수 있다. 예를 들어, 1억 원의 영업권을 양도할 경우 60%인 6,000만 원은 필요경비로 공제되고, 실제 과세 대상이 되는 소득은 4,000만 원만 남게 된다.

한편, 법인 입장에서는 영업권을 금전을 주고 취득한 것이므로, 이를 무형자산으로 계상하여 세법상 자산으로 인정받을 수 있다. 이후 해당 영업권은 5년간 감가상각을 통해 비용처리가 가능하다. 결과적으로 개인은 소득세를 절세하고 법인은 법인세를 절세할 수 있어 영업권 평가는 양측 모두에게 유리한 전략이 될 수 있다.

영업권 양도 시 주의할 사항

영업권을 양도할 때 종종 놓치는 중요한 부분이 있다. 바로 원천징수 신고 및 납부이다. 대부분 영업권을 양도한 직후에는 법인의 자금 사정이 여유롭지 않아 영업권 대금을 천천히 지급하거나 나중에 출금하는 일이 흔하다. 하지만 원천징수는 대금 지급일이 포함된 다음 달 10일까지 반드시 신고하고 납부해야 한다.

또한 소득세 신고 시, 기타소득의 수입 시기는 대금이 모두 청산된 날, 자산을 인도한 날 또는 사용·수익일 중 가장 빠른 날로 간주된다. 따라서 영업권을 매도한 해에 소득세를 신고하고 납부해야 한다는 점을 꼭 기억해야 한다.

예를 들어, 영업권을 2024년에 양도하고 5년에 걸쳐 대금을 분할 지급하기로 한 경우, 기타소득의 귀속 시기는 2024년이 된다. 이처럼 분할로 대금을 지급받더라도 전체 양도 대금에 대한 종합소득세는 2024년에 한 번에 납부해야 한다. 따라서 영업권 양도 대금을 분할로 받더라도 세금은 한 번에 부담해야 하므로 예상되는 세금을 납부할 수 있는 현금 흐름을 미리 확보해 두는 것이 중요하다.

03
자본금 증자를 위한
실전 가이드

    법인 설립 상담을 하다 보면, 대표들이 자본금에 대해 깊이 고민하지 않고, 다른 법인의 평균적인 금액 수준에 맞춰 달라고 요청하는 경우가 많다. 물론 법인을 처음 설립할 때 자본금이 사업에 결정적인 영향을 주는 것은 아니다. 그러나 자본금을 너무 적게 설정하면 향후 법인 계좌 개설이나 대출과 각종 거래에서 제약을 받을 수 있다.

    자본금 증자란 주식을 새로 발행해 회사의 자본금을 늘리는 것을 말한다. 회사가 발행할 수 있는 주식의 총수는 정관에 정해져 있으며, 신주를 발행하기 위해서는 이사회의 결의가 필요하다. 자본금 증자의 반대 개념은 감자로, 이는 주식 수를 줄여 자본금을 감소시키는 것을 의미한다.

    사업이 성장하고 시간이 흐르다 보면 여러 이유로 자본금을 높여야 하는 상황이 생긴다. 예를 들어, 누적된 결손금으로 인해 대출이 어려워질 경우 자본금을 증자하여 재무 구조를 개선하거나, 투자를 유치하거나 사업을 확장하기 위해 자본금을 높이는 경우가 있다. 제3자에게 신주를 배정해 경영 참여를 유도하는 방식도 가능하다.

증자 방법	장점	단점	적용 대상
유상 증자	절차 간단	대표(주주)의 실제 자금 필요	일반적인 법인 증자
무상 증자	추가 자금 없이 등본상 자본금 증가 가능	자본 총액은 변하지 않아 실질적 자본 증가 효과 없음	자본금 증액이 필요하지만 신규 자금 투입이 어려운 경우
출자 전환	추가 자금 투입 없이 자본금을 높일 수 있음. 신용도 개선	가수금이 있어야 가능	가수금이 있는 법인

자본금 증자 방법

자본금 증자의 방법은 다양하다. 현금을 실제로 투입해 자본금을 늘리는 유상 증자가 있고, 기존 자본잉여금이나 이익잉여금을 활용해 증자하는 무상 증자도 있다. 또한 회사가 빌린 돈인 가수금을 주식으로 전환하는 출자 전환 방식도 자본금을 높이는 데 활용할 수 있다.

자본금을 증자하는 가장 간단한 방법

자본금을 증자하는 가장 간단한 방법은 유상 증자다. 유상 증자는 새 주식을 발행해 투자자로부터 돈을 받고 자본금을 늘리는 방법이다. 비상장 법인은 주로 기존 주주에게 신주를 배정하며, 대표 또한 주주로서 자기 자본을 사용해 유상 증자에 참여할 수 있다. 경우에 따라 외부 투자자에게 제3자 배정 방식으로 진행하기도 한다.

법인에 가수금이 많이 쌓여 있다면?

법인을 운영하다 보면 대표가 개인 자금을 많이 투입해 가수금이 쌓이는 경우가 있다. 가수금이란 법인 운영 중 자금이 부족할 때 대표나 주주가 법인에 빌려준 돈으로, 법인의 부채로 분류된다. 이럴 때는 출자 전환을 고려해 볼 수 있다. 출자 전환이란 법인이 갚아야 할 채권(가수금)을 주식으로 바꾸는 것을 말한다. 가수금은 법인이 대표나 주주에게 빚진 금액이기 때문에, 이를 주식으로 전환하여 부채를 줄이고 자본을 늘릴 수 있다.

일반 유상 증자의 경우 증자 금액만큼 실제로 주주의 자금이 법인 통장에 입금돼야 한다. 그런데 대표가 법인에 자금을 빌려준 상황이라면 가수금을 활용해 유상 증자를 할 수 있는 것이다. 가수금은 법인에 빌려준 돈이기 때문에 법인에서 그 금액을 받을 권리가 있다. 대표가 법인에 유상 증자 대금을 현금으로 입금하지 않고, 자신이 법인에 빌려준 돈(채권)과 유상 증자 대금을 맞바꾸는 것이다.

대표가 유상 증자할 대금을 법인에게 현금으로 입금하고, 대표의 가수금을 현금으로 출금한 다음 주식 발행에 사용하는 과정을 간소화한 것이라고 볼 수 있다. 이 과정에서 법인의 부채인 가수금은 줄어들고, 자본금은 늘어나니 법인의 부채 비율이 상당히 개선되는 효과가 있다.

출자 전환의 가장 큰 장점은 추가 자금 투입 없이 자본금을 늘릴 수 있다는 점이다. 즉 법인에게 빌려준 돈을 주식으로 바꾸어 법인의 재무 구조를 개선하고 신용도를 높이는 데 도움이 될 수 있다.

⠿ 이익잉여금 등 사내유보금이 많다면?

유상 증자와 달리 무상 증자도 있다. 무상 증자는 기업이 보유하는 자본을 활용하여 주식을 추가로 발행하여 기존의 주주들에게 무료로 나눠주는 것을 말한다. 무상 증자는 자본금을 새로 납입하지 않고 재무상태표상의 자본 항목을 조정해 자본금을 늘리는 방식이며 '형식적 증자'라고도 한다.

무상 증자는 이익준비금, 재평가 적립금, 자본잉여금 등 사내에 남아 있는 유보금을 활용해 신주를 발행하는 방식으로 진행된다. 만약 자본잉여금이나 이익잉여금 등 잉여금이 많다면 무상 증자를 고려할 수 있다.

다만, 무상 증자는 자본 항목을 자본금으로 이전하는 것이기 때문에 자본금은 늘어나도 자본 총액 자체는 변하지 않는다. 실질적인 자본 증가가 중요한 경우에는 효과가 없으며, 등기부등본상의 자본금을 높여야 하는 상황에서만 유용하다. 또한 비상장 법인에서 무상 증자를 하는 경우는 매우 드물다. 이 점을 염두에 두고 활용 여부를 신중히 검토해야 한다.

∷ 주주의 지분율대로 증자하지 않는 경우

유상 증자든 무상 증자든 기본적으로 기존 주주의 지분 비율에 따라 증자를 진행하는 것이 원칙이다. 이렇게 하면 새로 발행하는 주식의 가격(발행가액)이 높거나 낮더라도 문제가 없다. 지분 비율에 맞게 나눠지기 때문에 주주 간 재산이 이동하지 않는다.

그러나 각자의 지분율에 따라 증자하지 못할 때가 있다. 예를 들어, 일부 주주가 추가로 주식을 사는 것을 원하지 않는 경우다. 이 경우 지분율대로 증자하지 않아도 되나 주주 간 이해관계나 세금 문제가 발생할 수 있기에 꼼꼼히 확인해야 한다.

특히 비상장 법인에서는 주주 대부분이 가족 등 특수관계인인 경우가 많다. 이런 경우 발행가액이 공정하지 않으면 주주 간 재산 이동이 생길 수 있고, 증여세 문제가 발생할 수 있으니 주의해야 한다.

•• 기존 주주가 아닌, 제3자 배정도 가능

한편, 기존 주주가 아니지만 새로 주주를 추가할 수도 있다. 자녀를 주주로 하거나 법인 사업에 꼭 필요한 사람을 영입하는 경우이다. 이 경우 기존에 주주가 아니었지만 증자하면서 제3자를 주주로 하는 것도 가능하다. 다만, 정관에 제3자 배정이 가능하다는 내용이 꼭 있어야 한다.

또한 이 경우는 앞에서 설명한 것처럼, 기존 주주의 지분 비율대로 증자하지 않는 경우에 해당한다. 따라서 제3자 배정 시점에 주식 가치를 반드시 확인해 보고 증자해야 나중에 세금 등의 문제가 없다.

세법에서 정한 특수관계인이 아닌 제3자에게 유상 증자할 경우 발행가액의 자유도는 훨씬 높아진다. 세법에서는 제3자 간 거래에 있어서는 발행가액이 '통상적으로 성립된다고 인정되는 가액'이라면 자유롭게 결정할 수 있다고 되어 있다(상속세 및 증여세법 제60조 제2항).

외부에서 투자를 유치할 경우, 최대 주주 지키는 법

법인을 설립할 때 반드시 정해야 하는 항목 중 하나가 바로 '1주당 액면가액'이다. 이 액면가액은 첫 번째 주주가 주식을 얼마에 취득할지를 결정하는 기준이 된다. 일반적으로 액면가액은 1주당 5,000원으로 설정하는 경우가 많다. 예를 들어, 5,000원의 액면가액으로 1,000주를 발행하면, 법인 자본금은 500만 원이 되고 첫 주주는 이 전액을 출자해 100% 지분을 보유하게 된다.

문제는 외부에서 투자를 받을 때 발생한다. 만약 외부 투자자에게도 액면가액 그대로 주식을 발행하면 어떤 일이 벌어질까? 예를 들어, 외부 투자자가 2,000만 원을 투자하면 액면가액 기준으로는 4,000주가 발행된다. 이 경우 전체 주식 수는 5,000주(기존 1,000주+신규 4,000주)가 되고, 기존 주주의 지분율은 20%, 신규 투자자는 80%가 된다. 결국 대표가 최대 주주 자리를 내주게 되는 것이다. 법인 설립 초기에 500만 원으로 100% 지분을 가지고 시작했지만, 겨우 2,000만 원의 외부 투자금에 지분 대부분을 빼앗기게 되는 셈이다.

따라서 외부 투자 유치를 할 때는 '배수'를 적용하는 것이 일반적이다. '배수'란 기업의 가치를 반영해 액면가보다 높은 가격으로 주식을 발행하는 방식이다. 예를 들어, 5배수를 적용하면 1주당 5,000원에 5배인 25,000원에 주식을 발행한다. 10배수라면 1주당 50,000원이 된다. 이렇게 하면 외부 투자자가 같은 금액을 투자하더라도 훨씬 적은 수의 주식을 받게 되어 기존 주주의 지분 희석을 막을 수 있다.

정리하면 다음과 같다.

기존
- 액면가액: 5,000원
- 기존 대표 지분: 100%(1,000주)
- 투자금: 500만 원

외부
투자자
- 적용 배수: 10배
- 주식 발행가액: 1주당 50,000원
- 신규 발행 주식 수: 100주(500만 원÷50,000원)
- 전체 주식 수: 1,100주(1,000주+100주)
- 지분율: 기존 대표 91%, 외부 투자자 9%

이처럼 투자 배수를 적용하면 소액 투자에도 불구하고 대표의 경영권을 지킬 수 있는 구조가 된다. 외부 투자 유치를 고려한다면 배수를 통한 주식 발행 방식을 반드시 이해하고 준비해야 한다.

04
소홀히 하기 쉬운
비상장 주식 평가

비상장 주식 평가란 말 그대로 상장되지 않은 주식의 가치를 산정하는 것을 말한다. 비상장 주식은 시장에서 자유롭게 거래되지 않기 때문에 평가하는 과정에 어려움이 있다. 많은 경우 법인을 설립한 후 적절한 주식 평가를 하지 않아 나중에 자녀에게 주식을 증여할 때 세금을 많이 내곤 한다. 그만큼 주식 평가는 상속과 절세를 위해 미리 챙겨야 하는 부분이다.

비상장 주식 평가는 어떻게 할까?

1. 사업개시일로부터 3년 이하

사업개시일로부터 3년 이하인 법인은 순자산 가치로 평가한다. 순자산 가치는 법인 자산에서 부채를 차감해 계산하며, 순자산 가치를 발행 주식 총수로 나누어 1주당 가치를 계산한다.

$$1\text{주당 가치} = \frac{\text{순자산 가치(법인 자산-부채)}}{\text{발행 주식 총수}}$$

이때 순자산 가치는 장부상 가액이 아니라 세법상 가액으로 계산해야 한다. 장부상 가액이란 장부에 기록된 자산이나 부채를 말한다. 그러나 세법상의 계산 기준으로 할 때는 장부에 기록된 수치와 다를 수 있기 때문에, 세법 및 예규에서 자산이나 부채 평가를 어떻게 하는지 정확하게 검토해 평가해야 한다.

2. 사업개시일로부터 3년 경과한 법인

사업개시일로부터 3년이 지나면 회사 가치를 계산할 때 순자산 가치(자산-부채)와 순손익 가치를 합쳐 평가한다. 이때 순자산 가치와 순손익 가치를 각각 2:3의 비율로 계산한다. 다만, 부동산을 많이 가진 회사는 해당하지 않는다.

순손익 가치는 회사가 지난 3년 동안 벌어들인 돈을 기준으로 계산한다. 이를 계산할 때 최근 1년의 성과가 가장 중요하고, 그다음 2년 전, 3년 전 순서로 평가된다. 쉽게 말해, 가장 최근의 성과가 가장 많이 반영되는 것이다.

이때 만약 회사의 주식을 자녀 등 가족에게 증여한다면 회사의 가치가 낮을 때 주식을 넘기는 게 좋다. 예를 들어, 회사가 큰 손해를 봤을 때 주식을 넘기면 그 손해 때문에 주식 가치가 낮게 평가될 것이고, 저렴하게 주식을 타인에게 넘길 수 있을 것이다. 따라서 손실이 크게 발생한 다음 해는 주식 가치가 매우 낮게 산정되기에 주식 이전의 적기라고 할 수 있다.

3. 부동산 과다 법인

부동산 평가액이 법인 전체 자산의 80% 이상인 법인은 사업개시일과 상관없이 순자산 가치로만 평가한다. 부동산 평가액이 법인 전체 자산의 50% 이상인 법인은 순자산 가치와 순손익 가치를 3:2로 가중 평균하게 된다.

부동산의 가액은 상대적으로 크기 때문에 부동산이 많은 법인은 순자산 가치가 크지만 순손익 가치가 적은 경우가 많다. 따라서 일반 가중 평균으로 계산하면 주식 가치가 매우 낮게 산정된다. 이 때문에 예전에는 부동산을 모두 법인으로 이전하고, 주식을 자녀에게 증여하는 방법으로 증여세를 절감했다. 그러나 지금은 부동산 과다 법인의 경우 평가 방법을 다르게 하고 있어 절세가 어렵다.

4. 그 외 순자산 가치로만 평가하는 경우

휴업, 폐업 중이거나 평가 기준일 현재 존속 기한이 3년 이내인 법인이라면 순손익 가치가 의미 있는 정보가 아니다. 어차피 법인을 폐업하면 남은 순자산만 회수하면 되기 때문이다. 이럴 경우 순자산 가치로만 평가하면 된다.

5. 증자 또는 감자가 있어 주식 수에 변동이 있다면?

유·무상 증자 또는 유·무상 감자가 있어 주식 수가 변동되었다면 이 역시 주식 가치 평가에 반영한다. 1만 주의 자본금으로 발생한 손익과 5,000주의 자본금으로 발생한 손익이 동등할 순 없을 것이다. 이런 부분까지 주식 평가 방법에서 상세히 고려하도록 되어 있다.

❧ 주식 평가는 언제 필요한가?

특수관계인 간에 주식을 거래할 때 예상치 못한 증여세를 피하려면 비상장 주식 평가를 꼭 해야 한다. 만약 회사가 설립된 지 얼마 안 되었고 매출도 별로 없다면 액면가액으로 거래해도 큰 문제가 없다. 그러나 회사가 오래되었고 이익이 쌓여 있다면 비상장 주식 평가를 꼭 해야 한다.

특히 회사가 설립된 지 3년 이하라면 주식을 조정하기 가장 좋은 시기다. 처음 주주 구성이 마음에 들지 않아도 3년이 되기 전에 주식 가치를 한번 점검해보는 것이 좋다. 3년 이하일 때는 순자산 가치로만 주식을 평가하니 이익이 많이 나는 회사라면 3년 이전에 주식을 이전하는 게 유리할 수 있다.

반면, 이익이 적어 순손익 가치가 낮을 가능성이 있는 회사라면 3년 차쯤 되면 가중 평균을 통해 주식 가치를 계산해 봐야 한다. 순자산 가치로만 평가할지 3년 후 가중 평균으로 평가할지 고민해 봐야 하기 때문이다.

이익이 계속 쌓이면 주식 가치는 급격히 올라간다. 예를 들어, 처음에 1주당 5,000원에 출자했는데 몇 년 후 1주당 가치가 수십만 원으로 오를 수도 있다. 그럴 때는 주식을 이전하고 싶어도 가치가 너무 올라 이전하기 어려워질 수 있다.

❧ 주식 가치를 조정할 수 있을까?

3년이 경과하면 주식 가치는 순자산 가치와 순손익 가치의 가중 평균으로 계산한다. 이때는 법인의 손익 시기를 조정하기 어렵다. 따라서 순자산 가치를 관리하는 방법을 주로 추천한다. 구체적인 방법으로 이익잉여금을 계속적으로 분배하는 것이다. 매년 일정 금액을 배당하고, 법인에서 손금으로 인정받을 수 있는 다양한 비용을 적극적으로 활용한다. 이렇게 가파르게 증가하는 이익잉여금을 조절해야 주식 가치의 급상승을 막을 수 있다.

〈상속세 및 증여세법 사무처리규정 개정〉

상속세 및 증여세법 사무처리규정은 세법에 해당하지는 않지만, 국세청 훈령으로서 상속세 및 증여세 업무 전반에 관한 기본 사항과 사무처리 절차를 규정하고 있다.

이 상속세 및 증여세법 사무처리규정이 2025년 6월 11일자로 개정안이 공표되었는데 이 개정으로 인해 비상장주식을 상속/증여할 때 영향을 받는 대표님들이 꽤 있을 것으로 보인다.

이 개정안에서 주식 평가를 할 때, 부동산을 갖고 있는 회사의 경우 '부동산과다보유법인'이 아니더라도 부동산 감정평가를 할 수 있도록 감정평가 대상이 확대되었다. 개정 전에는 '부동산과다보유법인'만 부동산 감정평가 대상이 되었기 때문에 일반 법인들은 감정평가의 걱정 없이 주식 평가를 진행할 수 있었는데, 이 개정안으로 인해 증여 시 이 부분을 반드시 고려하여 진행해야 한다.

지분 조정이 늦은 사례

A 대표는 9년째 운영 중인 법인의 주식을 자녀들에게 증여하려 했다. 그러나 주식 가치를 평가해 보니 1주당 30만 원에 달했고, 예상보다 높은 주식 평가액으로 인해 증여세 부담이 커지는 문제가 발생했다. A 대표의 법인은 한 번도 배당을 진행하지 않았고, 급여도 최소한만 가져간 상태였다. 법인이 안정기에 접어들면서 추가 투자도 활발하지 않았고, 그 결과 법인 내부에 이익잉여금이 30억 원 이상 쌓여 있었다. 또한 매년 꾸준히 순이익이 발생하여 법인의 가치는 지속적으로 상승하고 있었다.

미성년 자녀에게 증여할 경우 10년 동안 2,000만 원까지 증여세 없이 증여할 수 있다. A 대표가 보유한 주식의 1주당 평가액이 30만 원이었기 때문에 현재 증여한다면 2,000만 원에 해당하는 약 66주 정도만 비과세로 증여할 수 있다. 이는 전체 지분의 1%에도 미치지 못하는 수준에 불과한 것이라 원하는 만큼 지분 이전을 할 수 없게 된 것이다. 다만, 자녀가 성년이 되면 10년 동안 5,000만 원까지 비과세가 되기 때문에 3,000만 원을 추가해서 증여할 수 있다.

결국, A 대표는 배우자에게 우선 증여하는 방법을 선택했다. 배우자는 6억 원까지 비과세 혜택을 받을 수 있기 때문에 A 대표는 배우자에게 상당한 지분을 먼저 이전한 후 자녀들에게 점진적으로 증여할 계획을 세웠다. 하지만 여전히 주식 가치가 높아 자녀들에게 원하는 만큼 증여하는 데는 한계가 있었다.

∙∙ 지분 조정을 적기에 진행한 사례

3년째 법인을 운영하는 B 대표는 처음에 대표자 100% 주주로 법인을 설립했다. 그러다가 자녀들에게 일부 지분을 주려고 결정했다. 3년째 법인을 운영했지만, 초기에 B 대표의 투자금이 많아 순자산 가치가 높지 않은 상태였다. 그래서 세금 부담 없이 원하는 지분율을 모두 자녀에게 이전할 수 있었다. 이렇게 자녀들이 주주로 참여하니 매년 배당소득도 지급할 수 있었고, 추후 자녀들의 소득 금액증명도 가능했다. 또한 자녀들에게도 배당이 지급되므로 배당소득에 대한 세금이 줄어드는 효과가 있어 장기적으로 세금 부담을 분산시킬 수 있었다.

예를 들어, 이자소득이 없다고 가정해 보자. 배당소득은 2,000만 원까지 14%(지방세 포함 시 15.4%)의 세율이 적용된다. 만약 대표자 한 명이 100% 지분을 보유한 경우에는 2,000만 원까지만 이 낮은 세율을 적용받을 수 있다. 그러나 대표자와 배우자, 자녀 1, 자녀 2가 각각 25%씩 지분을 나누어 갖고 있다면 각자 2,000만 원씩 배당을 받을 수 있다. 이 경우 총 배당소득은 8,000만 원이 되며 전원이 15.4%의 낮은 세율을 적용받게 된다. 따라서 세후 소득으로 보면 상당한 차이가 발생할 수 있다.

05

유보자금, 법인에서 개인으로
안전하게 옮기는 법

개인사업자와 달리 법인을 운영할 때 장점은 재투자의 기회가 생긴다는 것이다. 법인은 사업에서 얻은 이익을 주주들에게 배당하지 않고, 다시 사업에 투자하여 성장할 수 있다. 이렇게 재투자를 하면 회사는 더 많은 자산을 축적할 수 있고, 장기적으로 성장할 수 있는 기반을 마련할 수 있다.

그런데 어디에 재투자를 할지 몰라 잉여금이 계속 쌓이는 법인이 많다. 이렇게 잉여금이 계속 쌓이게 되면 필연적으로 발생하는 두 가지 문제가 있다. 바로 가지급금과 이익잉여금의 처분이다.

잉여금이 쌓이는 것과 가지급금은 무슨 상관일까?

가지급금이란 법인의 자금을 대표가 사업과 무관하게 사용하거나 그냥 출금한 금액을 말한다. 즉 대표가 개인적으로 법인의 자금을 사용하려면 법인에서 급여, 상여, 배당 등으로 소득 신고를 하고 출금해야 하는데 법인 통장에 예금 잔액이 충분하다고 해서(잉여금이 충분해서) 그냥 출금하는 것이다. 이걸 '가지급금'이라고 한다.

이 외에도 대표가 법인카드를 사업과 무관하게 개인적으로 사용하는 경우나 영업이나 리베이트 목적으로 현금을 출금하는 경우도 전부 가지급금이 된다. 법인 운영 초기에는 법인 자금을 인출하는 경우가 드물고, 오히려 법인에 대표 개인 자금이 투입되는 경우가 많다. 그러다가 사업이 안정화되고 이익이 나기 시작하면 법인에 현금이 쌓이게 된다. 이때 대표는 개인적인 목적으로 법인 자금을 쉽게 사용하는 경우가 많다. 소득으로 신고하고 인출하자니 세금이 아까워 급할 때마다 조금씩 쓰다 보면 어느새 가지급금이 눈덩이처럼 쌓이게 된다.

∵ 가지급금이 있으면 단점은 뭘까?

가지급금은 대표가 법인에게 자금을 빌린 것과 같다. 그래서 원금을 대표가 법인에게 상환해야 하며, 세법상 연간 4.6%의 이자를 부담해야 한다. 4.6%의 이자를 법인에 입금하지 않으면 이 금액이 다시 가지급금으로 쌓여 걷잡을 수 없이 증가하게 된다.

실제 중소기업으로 10년 이상씩 운영한 법인들은 가지급금이 10억 원 이상인 경우가 많다. 가지급금이 1,000~2,000만 원일 때는 급여 신고를 일시적으로 올려 쉽게 해소할 수 있다. 그러나 가지급금이 10억 원이 넘으면 처리하기가 쉽지 않다.

또한 가지급금이 있으면 은행에서 대출을 신청하거나 국가지원금을 신청할 때 좋지 않은 영향을 줄 수 있다. 대표자가 법인의 자금을 자유롭게 유용하고 있다는 뜻이기 때문이다.

가지급금을 정리하는 방법

1. 개인 자산을 법인에 입금

가장 쉽게 가지급금을 정리하는 방법은 개인 자금을 법인에 입금하는 것이다. 다만, 가지급금이 오랫동안 누적되어 금액이 클 경우 개인 자산으로 처리하는 것이 상당히 어려워진다.

2. 급여 인상 및 상여금 지급

급여 또는 상여 같은 근로소득으로 신고하고, 그 금액으로 가지급금을 상계[16]할 수 있다. 다만, 세율 구간이 높을 경우 고액의 세금을 부담해야 하고, 국민연금, 건강보험료까지 오르게 된다. 따라서 가지급금이 많으면 단순히 급여, 상여 인상만으로 해결하기가 어렵다. 장기간에 걸쳐 해결하거나 단기간에 해결할 경우 큰 금액의 세금 부담을 감수해야 한다.

3. 배당 활용

금융소득(이자, 배당금 등)이 2,000만 원 이하면 지방소득세를 포함해 15.4%로 분리과세가 된다. 즉 종합소득세로 6~45%의 세율을 과세하지 않고, 15.4%를 내고 종결하게 되는 것이다. 세율 구간이 높은 사람일수록 배당 활용을 잘해야 하는 이유다. 35%보다 높은 세율을 적용받을 경우 배당을 잘 활용하면 반도 안 되는 소득세를 부담하고 자금을 가져올 수 있다. 이렇게 대표가 배당을 받아서 그 돈으로 가지급금을 상계할 수 있다.

---

16 서로 갚아야 할 금액을 맞춰서 따로 돈을 주고받지 않고 계산상 처리하는 것

4. 퇴직금 활용

국내 비상장 법인은 대부분 가족 법인이다. 가족 모두가 해당 사업에 종사하는 경우가 많으므로, 퇴사 예정인 가족 구성원이 있다면 퇴직금을 활용해 가지급금을 처리하는 것도 하나의 방법이다.

A 법인은 부부가 같이 사업에 종사하고 있었다. 업력이 8년에 이르며 법인은 어느 정도 안정화되었다. 그런데 시간이 갈수록 가지급금이 쌓여 걱정이 이만저만이 아니었다. 마침 아내는 사업이 안정화되었으니 사업에서 손을 떼고 자녀 교육에 더 전념하려고 했다. 그래서 퇴직을 계획했고, 아내는 법인에서 퇴직금을 받은 후 남편에게 그 금액을 증여했다. 배우자 간에는 6억 원까지 증여 공제가 되어 증여세 부담은 없었다. 남편은 이 금액을 받아 법인에 입금하여 가지급금을 상계했다. 이렇듯 가족 법인이라면 가족의 퇴직금을 활용하는 것도 좋은 방법이다.

∷ 이익잉여금이 쌓이면 어떤 단점이 있을까?

미처분 이익잉여금이 법인에 쌓이면 법인의 순자산 가치는 상승하게 된다. 이때 순자산 가치는 자산 총액에서 부채를 뺀 것을 의미하고, 기업 가치에 영향을 준다. 이렇게 주식 가치가 계속 상승하면 추후 상속이나 주식 증여, 양도 시에 과도한 세금을 부담하게 된다.

상속, 증여, 양도하지 않고 법인을 청산하게 되는 경우에도 미처분 이익잉여금은 일시에 주주에게 배당한 것으로 간주된다. 따라서 누적된 이익잉여금 전액에 대한 세금을 부담하게 된다.

이익잉여금을 처분하는 방법

1. 자사주 매입 후 이익 소각

그렇다면, 법인에 이익잉여금이 남았을 때 어떻게 해야 할까? 먼저 자사주를 매입해 해결할 수 있다. 쉽게 말해, 법인의 돈으로 가지급금이 발생한 주주의 주식을 사는 것이다. 이것을 법인이 매입한 자기 자신의 주식이므로 '자사주'라고 한다. 이때 매입한 주식을 소각할 목적이라면 판매한 주주의 배당소득세로 과세가 되고, 보유 목적이라면 양도소득세로 과세가 된다.

이익잉여금이 많이 쌓여 있는 경우는 주식 가치가 매우 높은 경우가 대부분이다. 이럴 경우 대표의 주식을 법인에 매각하면서 매각 차익이 크게 발생해 소득세를 많이 부담하게 될 수도 있다. 따라서 이 방법은 다음에 소개하는 방법과 비교해 세금을 더 적게 내는 방법을 선택하는 게 좋다.

2. 근로소득, 배당소득, 퇴직소득 등

근로소득, 배당소득, 퇴직소득을 지급하는 것은 법인에서 손금 처리가 가능하므로 이익잉여금을 낮출 수 있는 방법이다. 다만 근로소득, 배당소득, 퇴직소득을 어떻게 책정할지에 따라 종합과세, 분리과세, 분류과세로 세금에 많은 영향을 미치게 된다. 따라서 다방면으로 고려해 금액을 결정해야 한다.

3. 장기 재고 손실 처리

장기 재고 중 손상이 있거나 더 이상 판매가 불가능해 폐기해야 할 재고가 있는 경우, 감모 손실이나 폐기 손실 등으로 처리하여 재고 자산의 장부 가치를 감액하고 손실로 인식할 수 있다. 이는 기업이 실제로 사용할 수 없는 자산을 장부에서 정리함으로써 재무제표를 보다 현실적으로 반영하게 한다는 점에서 중요한 의미가 있다.

4. 장기 매출채권 대손 처리[17]

매출채권이란 회사가 제품을 팔거나 서비스를 제공하고 그 대금을 받을 권리를 말한다. 보통 장기 매출채권은 1년 이상 시간이 걸릴 것으로 예상되는 큰 돈일 가능성이 크다. 따라서 중간에 고객이 파산하거나 더 이상 돈을 갚을 수 없을 경우 대금 회수가 불가능하게 된다.

이때 매출 채권을 대손 처리하는 것도 하나의 방법일 수 있다. 그러나 법인세법에서 정한 대손의 요건이 매우 엄격하여 사실상 적용하기 어렵다. 따라서 대손 요건에 해당하는지를 꼼꼼히 확인해야 추후 손금으로 인정받은 대손이 부인되지 않을 수 있다.

5. 사내근로복지기금 활용

사내근로복지기금에 기금을 출연하면 기부금으로 인정되어 법인세에서 손금 처리가 가능하다. 사내근로복시기금에 대해서는 뒤에서 더 자세히 살펴보겠다.

---

17 폐업, 사망 등 채무자의 상환 능력이 없거나, 청구권이 소멸되어 회수가 불가능한 채권에서 발생한 손실을 말한다. 세법에서는 일정한 비율을 손해금으로 사용하는 것이 인정된다.

 **종합·분리·분류과세, 어떻게 다를까?**

우리나라의 과세 체계는 종합과세, 분리과세, 분류과세로 나뉜다. 이렇게 나누는 이유는 모든 소득을 한데 묶어 과세하면 공평하지만 비효율적이고, 모두 분리하면 효율적이지만 불공평하기 때문이다. 그래서 형평성과 효율성의 균형을 맞추기 위해 세 가지 방식이 공존한다.

1. 종합과세

과세표준	기본 세율
1,400만 원 이하	6%
1,400만 원 초과 5,000만 원 이하	15%
5,000만 원 초과 8,800만 원 이하	24%
8,800만 원 초과 1억 5,000만 원 이하	35%
1억 5,000만 원 초과 3억 원 이하	38%
3억 원 초과 5억 원 이하	40%
5억 원 초과 10억 원 이하	42%
10억 원 초과	45%

종합과세는 말 그대로 모든 소득을 하나로 합산해서 과세하는 방식이다. 종합과세 대상 소득은 근로소득, 이자소득, 배당소득, 사업소득, 연금소득, 기타소득이 있다. 근로소득은 사업소득, 기타소득 등 타 소득과 함께 합산하여 과세하므로 종합과세이다.

2. 분리과세

	세율
이자소득/배당소득	2,000만 원 이하: 14% 분리과세 2,000만 원 초과: 종합과세 대상
주택임대소득	2,000만 원 이하: 14% 이하 분리과세 선택 가능
기타소득	300만 원 이하: 분리과세 선택 가능

분리과세는 특정 소득을 다른 소득과 분리해서 별도로 과세하는 방식을 말한다. 분리과세는 다른 소득과 합산되지 않아 누진세율 적용을 피할 수 있다는 장점이 있다.

3. 분류과세

분류과세는 특정 소득에 대해 별도의 과세 방식을 적용하는 것이다. 주식 및 부동산의 양도소득이 이에 해당한다. 퇴직소득은 다년간에 걸쳐 형성되는 소득이므로, 종합과세에 산입하지 않고 별도로 과세하는 분류과세에 해당한다. 이처럼 분류과세는 소득의 종류별로 구분하여 과세하는 것을 말하며, 양도소득과 퇴직소득이 분류과세에 해당한다. 이 소득들은 장기에 걸친 이익이기에 종합과세로 적용할 경우 소득세 부담이 커지기 때문에 합리적인 과세를 위해 종합소득과는 별도로 분류하여 과세하고 있다.

06
임직원의 퇴직금,
효율적으로 준비하기

퇴직하는 사람에게 지급하는 돈을 '퇴직금'이라고 한다. 즉 퇴직을 해야 지급하게 되며, 세법에서는 법에서 정한 몇 가지 요건을 제외하고는 퇴직금을 미리 지급할 수 없게 하고 있다. 그렇기에 법인을 운영하는 대표더라도 퇴직 전까지 퇴직금을 미리 받지 않는다.

•• 임원의 퇴직금은 규정에서 정한다

임원의 퇴직금은 지급하는 대로 다 법인에서 손금 처리를 할 수 없다. 정관에 임원 퇴직급여가 정해져 있는 경우 그 금액을 한도로 하고, 정관에 규정이 없는 경우 '지난 1년 동안 임원에게 지급한 총 급여액의 10%×근속연수'를 퇴직금 손금 한도로 하고 있다.

그런데 많은 법인 자료를 보면 정관에 '임원 퇴직금은 별도 규정으로 정한다'라고 기재해 놓고 별도 규정이 없는 경우가 많다. 따라서 정관에 퇴직금 규정이 있는지 꼭 확인해야 한다.

◌◌ 임원 퇴직금의 퇴직소득 한도는 어떻게 될까?

소득세법에서 정하고 있는 임원의 퇴직소득 한도는 '퇴직한 날부터 소급하여 3년간 지급받은 총 급여의 연 평균 환산액×10%×근속연수×2(2020년 이전까지는 3)'이다. 앞서 설명한 손금 한도와 다르다고 의문이 들 수 있다. 앞에서 설명한 손금 한도는 법인에서 손금 처리가 되는 한도를 말하고, 퇴직소득 한도는 임원이 받는 돈을 퇴직소득으로 인정받는 한도를 말한다. 따라서 분류가 다르다. 전자는 법인에게 귀속되는 비용이므로 법인세를 따르고, 후자는 개인에게 귀속하는 소득으로 소득세법을 따른다.

퇴직소득 한도를 초과하여 지급하는 금액은 근로소득으로 보아 종합소득에 포함되어 과세된다. 소득 금액에 따라 차이는 있겠지만, 부담하게 될 종합소득세의 차이는 상당하다.

소득세법상 퇴직소득의 인정 한도는 다음과 같다.

2019년 이전 근무 기간: 연 평균 환산액×10%×근속연수×3배수
2020년 이후: 연 평균 환산액×10%×근속연수×2배수

예를 들어, 최근 3년간 평균 급여가 5,000만 원이고 근속연수가 3년(2021~2024년까지) 근무했다면 퇴직소득의 인정 한도는 어떻게 될까?

연 평균 환산액 5,000만 원×10%×3×2배수= 3,000만 원

즉 3,000만 원을 초과한 금액은 근로소득으로 과세된다. 다시 정리하면, 법

인이 퇴직금 지급 규정에 따라 임원에게 5,000만 원을 지급한 경우, 해당 금액 전액은 법인 측에서 손금으로 인정받을 수 있다. 반면, 임원 개인 입장에서는 세법상 퇴직소득으로 인정되는 금액은 3,000만 원에 불과하며, 나머지 2,000만 원은 근로소득으로 간주되어 합산 과세된다.

왜 퇴직소득이 근로소득보다 유리한가?

	항목	내용
①	퇴직소득 금액	퇴직급여액-비과세소득
②	근속연수 공제	근속연수에 따른 공제
③	환산급여	(①-②)÷근속연수×12
④	환산급여 공제	환산급여에 따른 공제
⑤	퇴직소득 과세표준	③-④
⑥	퇴직소득 산출세액	(⑤×세율)÷12×근속연수

퇴직소득 계산법

근로소득은 기타소득 등 타 소득과 합산해 종합소득세로 과세표준에 따라 6~45%에 이르는 세율로 과세된다. 최고세율 구간에 해당하는 사람의 경우 지방소득세까지 49.5%를 세금으로 낼 수도 있다. 추가로 1억 원을 벌어도 남는 돈은 5,000만 원 남짓이 된다. 여기에 소득 증가로 인한 건강보험 증가까지 고려하면 벌써 속이 쓰리다.

반면, 퇴직소득은 분류과세라고 하여, 다른 소득과 합산하지 않고 단독으로 과세된다. 퇴직소득은 오랫동안 근로한 것에 대한 대가이므로, 근로 기간 전체에 발생한 것으로 보아 근속연수를 고려해 과세한다.[18] 따라서 적용되는 세율이 같음에도 불구하고 근로소득에 비해 세금을 훨씬 덜 부담할 수 있다.

- 퇴직소득 금액: 1억 원(비과세 소득 없음)
- 근속연수 공제: 4,000만 원 (20년 근속)
- 환산급여: (1억 원−4,000만 원)÷20×12= 3,600만 원
- 환산급여 공제: 800만 원+(3,600만 원−800만 원)×60%= 2,480만 원
- 퇴직소득 과세표준: 3,600만 원−2,480만 원= 1,120만 원
- 퇴직소득 산출세액: (1,120만 원×6%)÷12×20= 112만 원
- 근로소득 산출세액: 678만 원
- 최종 부담 세액: 790만 원

예를 들어, A씨가 한 회사에서 20년 동안 근무하다가 2025년 1월에 퇴직하면서 1억 원의 퇴직금을 수령했다고 가정해 보자. A씨는 2025년 한 해 동안 기존 급여로 5,000만 원의 근로소득도 함께 있었다고 하자.

- 총 근로소득: 1억 5,000만 원
- 근로소득 공제: 1,575만 원
- 근로소득 금액: 1억 3,425만 원
- 기본 공제(본인 1인): 150만 원
- 종합소득 과세표준: 1억 3,275만 원
- 산출세액: 약 3,102만 2,500원
- 세액공제: 33만 원(근로소득 세액공제 20만 원, 표준 세액공제 13만 원)

---

18 퇴직소득세 과세 구조= {(퇴직소득 금액−근속연수 공제)×12/근속연수−퇴직소득 공제}×세율×근속연수/12

– 최종 부담세액: 3,069만 2,500원

지방소득세 10%를 포함하면 총 납부 세액은 약 123만 2,000원이다. 반면, 동일한 1억 원을 근로소득으로 받았다고 가정하면 상황은 전혀 다르다. 근로소득세는 해당 연도 전체 근로소득을 기준으로 종합과세가 된다. 따라서 A씨가 기존 급여 5,000만 원에 추가로 1억 원을 근로소득으로 수령했다면 총 근로소득은 1억 5,000만 원이 된다. 이에 따른 종합소득세 산출은 위와 같다.

즉 같은 금액을 수령하더라도 퇴직소득으로 받을 경우 약 123만 원의 세금만 내면 되지만, 근로소득으로 받는다면 3,000만 원 이상을 세금으로 납부하게 되는 것이다.[19] 이처럼 퇴직소득은 분리과세가 적용되기 때문에 세금 부담이 상대적으로 낮으며, 근로소득과 비교할 때 절세 효과가 매우 크다.

퇴직금을 미리 지급받을 수 있는 요건

① 무주택자인 근로자가 본인 명의로 주택을 구입할 경우
② 무주택자인 근로자가 주거를 목적으로 전세금 또는 주택 보증금을 부담할 경우, 한 사업장에 근로하는 동안 1회로 한정
③ 근로자가 본인, 배우자 또는 근로자, 배우자의 부양가족이 6개월 이상 요양을 필요로 하여 의료비를 부담하는 경우. 이때 부담하는 의료비는 근로자 연간 임금 총액의 12.5%를 초과해야 한다.

---

19 물론 종합소득세의 경우 다양한 공제, 감면 혜택이 있으므로 개개인의 상황(부양가족 유무, 신용카드 사용액, 의료비 지출액, 교육비 지출액 등)에 따라 최종 부담세액이 낮아질 수 있다. 그렇더라도 퇴직소득과 차이는 크다.

④ 중간 정산을 신청하는 날부터 거꾸로 계산하여 5년 이내에 근로자가 파산 선고를 받은 경우

⑤ 중간 정산을 신청하는 날부터 거꾸로 계산하여 5년 이내에 근로자가 개인 회생 절차 개시 결정을 받은 경우

⑥ 사용자가 기존의 정년을 연장하거나 보장하는 조건으로 근속 시점 또는 임금액을 기준으로 임금을 줄이는 제도를 시행하는 경우(임금피크제)

⑦ 사용자가 근로자와 합의하여 소정 근로시간을 1일 1시간 또는 1주 5시간 이상 단축함으로써 단축된 소정 근로시간에 따라 근로자가 3개월 이상 계속 근로하기로 한 경우

⑧ 근로시간의 단축으로 근로자의 퇴직금이 감소할 경우

⑨ 재난으로 피해를 입은 경우로서, 고용노동부 장관이 정하여 고시하는 사유에 해당할 경우

⑩ '근로자퇴직급여보장법'에 따라 퇴직연금 제도가 폐지되는 경우

근로자들은 다양한 사정으로 퇴직금을 미리 받기를 원한다. 회사에서도 한 번에 퇴직금을 지급하기가 부담스럽기 때문에 과거에는 퇴직금을 매년 정산하는 관행이 있기도 했다. 그러나 퇴직금을 미리 정산하다 보니 근로자의 노후가 불안해지는 문제가 발생하여 세법상 정해진 요건을 충족해야만 퇴직금으로 인정받을 수 있도록 하였다. 그렇지 않으면 퇴직금이 아닌 가지급금으로 처리되어 예상치 못한 불이익이 생긴다.

따라서 퇴직소득의 절세 혜택을 제대로 누리기 위해선 퇴직금 중간 정산이 가능한 법정 요건을 반드시 확인해야 한다. 대표나 임원이 퇴직금을 미리 지급받을 수 있는 가장 현실적인 방법은 무주택자로서 주택을 구입, 전세 보증금을 부담하는 경우, 본인이나 가족의 고액 의료비가 발생한 경우, 재난 피해를 입는 경우 정도라고 할 수 있다.

퇴직금을 미리 지급받을 수 없는데 받았다면?

세법에서는 요건을 충족하지 않고 미리 지급한 퇴직금은 자금의 대여로 본다. 즉 가지급금으로 보아 법인에 연간 4.6%의 이자를 부담해야 하고 원금도 상환해야 하는 채무가 된다. 법인에서 일시 지급이 부담스럽고, 직원들 역시 중간 정산을 원할 경우 미리 지급하는 사례가 있다. 그건 퇴직금으로 보지 않으니 주의해야 한다.

퇴직금의 부담을 덜기 위한 방법

퇴직금은 근로자의 노후를 보장하기 위한 중요한 자산이지만, 회사 입장에서는 적지 않은 부담이 될 수 있다. 특히 자금 사정이 여의치 않을 경우 퇴직금 지급 시점에 이를 감당하지 못하는 일이 발생할 수 있다. 이처럼 퇴직금을 회사 내부에 유보해 둘 경우 발생할 수 있는 리스크를 줄이기 위해 정부는 퇴직금을 외부 기관에 예치하는 제도를 적극 장려하고 있다.

그 대표적인 방식이 바로 DC형 퇴직연금 제도다. DC형 제도를 도입하면 회사는 퇴직금을 금융기관에 예치하면서 해당 금액을 예치하는 시점에 비용으로 처리할 수 있어 법인세 절감 효과도 누릴 수 있다. 또한 퇴직 시점에는 금융기관이 퇴직자에게 직접 잔금을 지급하므로, 회사가 자금 집행에 대해 고민하거나 관리할 필요가 줄어든다.

앞서 설명한 것처럼 정당한 사유 없이 퇴직금을 미리 지급하면 세법상 가지급금으로 간주되어 세금 부담이 커질 수 있다. 이를 방지하고 장기적인 재무 부담을 줄이기 위해서라도 퇴직금을 사내에 쌓아두기보다는 외부 예치 방식으로 관리하는 것이 바람직하다.

07
직원과 기업 모두를 위한
사내근로복지기금 운영법

최근 법인을 운영하는 대표들이 가장 관심을 갖는 제도를 꼽으라면 사내근로복지기금을 들 수 있다. 대기업은 많은 자본을 활용해 높은 급여와 다양한 복지를 제공하기에 좋은 인재를 구하기가 쉽다. 반면, 중소기업은 상대적으로 혜택이 적어 좋은 인재를 구하는 데 어려움을 겪는다. 이때 활용할 수 있는 게 사내근로복지기금이다.

●● 사내근로복지기금이란 무엇일까?

사내근로복지기금이란, 기업 내 복지 제도의 일종이다. 기업 이익의 일부를 기금으로 출연하여 회사와 별개로 사내근로복지기금 법인을 설립하고, 그 기금을 관리 운영하여 근로자의 복지에 사용하는 제도다. 기금을 설치하는 사업장 및 근로자에 대하여 세제상의 혜택을 주고, 기금의 운영 관리를 효율적으로 할 수 있도록 법으로 지원하고 있다. 따라서 노사 모두에게 이익이 되는 좋은 제도라고 할 수 있다.

⠿ 사내근로복지기금의 혜택

1. 법인

사내근로복지기금 법인에 기금을 출연할 경우 출연금은 법인세 신고 시 경비로 전액 인정된다. 법인 대표 입장에서는 매년 특별 상여금을 지급하기 부담스럽기 때문에, 혹시 당기순이익이 많이 나와 법인세가 높을까 우려된다면 사내근로복지기금에 출연하는 것이 절세하는 데 많은 도움이 될 것이다.

초반에는 사내근로복지기금 출연금을 기부금으로 보아 기부금 한도 내에서만 경비 처리를 했기 때문에 법인에서 비용처리가 되는 효과가 매우 적었다. 그러나 2021년 법이 개정되면서 기부금이 아닌 전액 경비로 인정해 주는 것으로 바뀌었다. 이후 중소기업에서도 사내근로복지기금을 설립하는 회사가 폭발적으로 늘었다.

또한 회사가 벌어들인 소득을 쌓아두기만 했을 때 '미환류소득'이라고 하는데, 대기업은 이 금액을 사용하지 않으면 법인세를 많이 내게 된다. 이러한 정책은 회사가 벌어들인 돈을 사회에 더 많이 쓰도록 유도하기 위한 것으로, 직원들에게 보상하거나 사회에 투자하라는 의미다. 따라서 대기업이 협력 중소기업의 사내 또는 공동 근로복지기금에 출연하면 미환류소득에서 차감하게 된다.

2. 근로자

근로자 입장에서는 근로소득 외 추가적인 복지 수혜가 가능하다. 예를 들어, 우리사주 구입비(회사 주식을 사는 것)나 주택 구입 임차 자금 지원을 통해 근로자의 재산 형성에 기여할 수 있다. 그리고 사내근로복지기금 법인으로부

터 받은 일정한 금품에 대해서는 증여세를 비과세한다. 즉 근로자가 사내근로
복지기금에서 받은 이익에는 세금을 부담하지 않는다. 또한 기금에서 지급하
는 금품은 임금이 아니기 때문에, 소득세와 4대 보험의 부담 없이 오롯이 복지
를 누릴 수 있다.

3. 기금 법인

사내근로복지기금 법인이 출연받은 재산은 증여세로 비과세가 된다. 법인
이 원래 타인 또는 다른 법인으로부터 자산을 무상으로 받으면 그에 대해 세
금을 부담해야 하지만, 출연 재산에 대해서는 세금을 부담하지 않는다.

⦂ 사내근로복지기금 설립 절차

개요	비고
① 설립 합의	노사협의회 의결 필요. 노사협의회가 없는 경우 사업주 결정으로 설립
② 설립준비위원회 구성	노사 각 2명 이상~10명 이하 동수로 구성
③ 준비위원회 개최	- 정관 및 사업계획서 작성 - 이사 및 감사 선임 - 기금 조성을 위한 출연금 협의 및 결정
④ 설립인가 신청	-
⑤ 설립인가증 수령	고용노동부 심사 후 20일 이내 인가 여부 결정
⑥ 설립 등기	설립인가증 수령 후 3주 이내 등기
⑦ 사업자등록 신청 또는 고유번호증 발급	설립 등기 후 20일 이내
⑧ 기금 법인 명의 예금계좌 개설	-

사내근로복지기금 설립 절차는 법인의 설립 절차와 비슷하다. 다만, 준비위원회 구성에 제한이 있고, 고용노동부 심사가 필요하다는 점에서 차이가 있다. 구비 서류를 갖춰 기금의 주사무소를 관할하는 지방 고용노동관서의 근로개선지도과(노사상생지원과)에 신청하면 된다. 사내근로복지기금도 법인인 만큼 설립 등기는 물론 사업자등록신청이나 고유번호증 발급이 꼭 필요하다는 점을 확인해야 한다.

∷ 출연금은 어떻게 결정할까?

최초 출연금은 법인에서 직전 사업연도의 법인세 또는 소득세 차감 전 순이익의 5%를 기준으로 설립준비협의회에서 협의해 결정한다. 다만, 출연금의 상·하한은 정해져 있지 않으므로 5% 이하의 금액 또는 이상의 금액으로도 출연할 수 있다. 해당 출연금 전액을 손비로 인정한다.

사업주가 설립준비협의회에서 결정한 금액 외에도 임의로 유가증권, 현금, 업무 수행상 필요한 부동산 등을 출연할 수 있다. 법인, 사업주 외에 제3자도 출연 가능하나 제3자의 출연은 사업주의 기금 설치 이후에 가능하다.

∷ 기금의 수익으로는 무엇을 할 수 있을까?

사내근로복지기금을 운용하다 보면 수익이 발생하는데, 이때 수익으로 근로자의 복지를 위한 다양한 활동을 할 수 있다. 저소득 근로자의 생활안정자금 대부는 물론, 근로자의 주택 구입이나 임차 자금을 보조할 수도 있고, 직원과 그 자녀의 장학금 지급도 가능하다. 다만, 근로자의 복지를 위해 폭넓게 사용할 수 있지만, 허용되는 범위 내에서 사용해야 한다.

구분	허용되는 경우	허용되지 않는 경우
근로자 주택 구입·임차 자금 보조	- 무주택 근로자를 대상으로 국민주택규모 이하 주택 우선으로 주택 구입·임차 자금 지원 또는 대부 - 유주택자의 경우 수혜 자격 지원 한도 등에 대한 기준을 엄격하게 정해야 함	전 직원에게 일률적으로 주택 구입·임대 자금의 명목으로 금품 지급
저소득 근로자의 생활안정자금 대부	소정 자격 요건을 갖춘 저소득 근로자의 신청을 받아 심사 후 생활안정자금을 대부	자격 요건과 관계없이 전 직원을 대상으로 생활안정자금 명목으로 지급
장학금 지급, 대부	근로자와 그 자녀의 장학금, 입학금의 지급 및 대부	직원이 아닌 불우이웃 등에게 장학금 지급
재난구호금 지급	- 천재지변이나 돌발 사고를 당한 근로자에게 재난구호금 지급 - 전 직원을 대상으로 코로나19 등 재난극복 지원금 지급	회사에서 지급할 의무가 있는 재난구호금
체육·문화 활동 지원	- 연극, 영화, 공연, 스포츠게임 관람료 지원 - 문화상품권, 스포츠/레저 장비 구입비 지원 - 헬스클럽, 수영장, 테니스장 등 체육시설 이용료 지원 - 시내동호회 운영비 지원 등 실제 체육·문화활동에 소요된 경비	전 직원에게 일률적으로 체력단련비 또는 복리후생비 등의 명목으로 소정의 금품을 지급
근로자복지시설에 대한 출자·출연 또는 구입·설치 및 운영	- 기숙사, 사내구판장, 보육시설 등 - 사내 휴게실, 구내식당 운영 지원 - 소득세법에 따른 사택 운영	- 일반인을 대상으로 하는 사내구판장, 자판기, 구내식당의 운영 - 사원 주택 - 일반 아파트를 구입하여 기숙사로 활용하는 경우
우리사주 구입비 지원	우리사주 조합을 통한 근로자의 우리사주 구입비 지원 또는 대부	- 우리사주 조합과 관계없이 근로자로 하여금 자사 주식을 매입하도록 지원 - 우리사주 조합이 없는 사업장에서의 자사 주식 매입 시 지원금 - 우리사주 조합 운영비 지원

주로 지출할 범위의 예시는 앞과 같다. 앞의 예시 외에도 기타 근로자의 재산 형성 및 생활 원조를 위한 사업으로 정관이 정하는 사업도 허용되는 범위가 상당히 넓다. 따라서 사내근로복지기금을 처음 설립할 때에는, 정관에 어떤 혜택을 제공할지 구체적으로 명시해 두는 것이 매우 중요하다.

사내근로복지기금 활용 방법

구분	월 급여 500만 원	월 급여 400만 원 +기금 100만 원
월 급여	5,000,000	4,000,000
국민연금	225,000	180,000
건강보험	177,250	141,800
장기요양	22,950	18,360
고용보험	45,000	36,000
소득세	335,470	195,960
지방소득세	33,540	19,590
실수령 소계	4,160,790	3,408,290
추가 복지	0	1,000,000
복지 후 실수령	4,160,790	4,408,290

사내근로복지기금을 활용할 시 사업자와 근로자에게 어떤 이점이 있는지 예시를 통해 확인해 보자.

위 표를 보면 월 급여를 500만 원 받을 경우 실수령 금액이 4,160,790원이다. 그런데 만약 월 급여를 400만 원을 받고 기금을 통해 복지 혜택을 100만 원 받는다면 실수령 금액이 4,408,290원이 된다. 이는 실수령 금액이 247,500원 증가하는 효과가 있다.

사업자 입장에서는 사업장에서 부담하는 4대 보험비가 1인당 96,540원 이상 절감되는 효과가 있다. 만약 근로자가 20명이 있다면, 회사가 부담하는 4대 보험료는 월 193만 원 이상 절감이 가능하다.

사내근로복지기금 설립을 위한 참고 자료

사내근로복지기금의 정관은 기금 운영의 방향과 원칙을 정하는 핵심 문서이다. 정관을 작성할 때는 법령에 규정된 필수 사항을 모두 포함해야 하며, 각 항목의 의미와 필요성을 충분히 이해하고 기재하는 것이 중요하다. 이를 위해 다음의 체크리스트를 확인하도록 하자.

항목	체크
목적, 명칭	
기금 법인의 주된 사무소와 분사무소 소재지	
기금의 조성, 관리 방법, 출연 시기, 회계에 관한 사항	
복지기금협의회, 이사·감사에 관한 사항	
이사의 대표권 행사 방법	
기금 법인의 사업 및 수혜 대상	
선택적 복지 제도 운영 시 그에 관한 사항	
정관 변경에 관한 사항	
기금 법인의 사업과 다른 복지 사업과의 통합 운영에 관한 사항	
기금 법인의 업무 수행에 필요한 부동산 소유에 관한 사항	
회의에 관한 사항	
기금 법인의 관리, 운영 사항의 공개 방법	
기금 법인의 해산에 관한 사항	
기금의 증식 방법	

① 설립인가 신청서 1부

② 정관 1부

③ 기금설립준비위원회 위원의 재직증명서 또는 근로계약서 1부

④ 기금출연확인서 또는 재산 목록 1부

⑤ 사업계획서 1부

⑥ 예산서 1부

또한 사내근로복지기금 법인 설립 신청을 하려면, 위와 같은 서류를 구비해야 한다.

08
스톡옵션으로 인재를
붙잡는 법

뉴스를 보면 스톡옵션 부여와 관련된 기사가 종종 등장한다. 제약회사나 IT기업 등 스타트업의 임직원들이 상장 후 스톡옵션을 행사해 큰 부를 얻었다는 내용이다. 이처럼 스톡옵션은 기업의 성장과 함께 임직원에게도 큰 기회를 제공하는 제도다. 하지만 막상 스톡옵션이 무엇인지, 또 어떻게 부여되는지에 대해서는 잘 모르는 경우가 많다.

그렇다면, 스톡옵션은 어떤 절차를 통해 부여할 수 있을까? 그리고 스톡옵션을 주는 것과 실제 주식을 주는 것은 어떤 차이가 있을까?

스톡옵션이란?

스톡옵션 제도란 임직원이 일정 기간이 지난 뒤 미리 정해진 가격(행사가격)으로 회사의 주식을 살 수 있는 권리를 말한다. 말 그대로 권리이기 때문에, 행사가 가능한 시점에 주식 가치가 낮아지면 행사하지 않아도 된다.

이러한 스톡옵션 제도는 임직원들이 회사의 주식을 보유함으로써 회사의 성공을 공유할 수 있는 기회를 부여하고, 동시에 회사에 대한 주인 의식을 갖도록 유도한다. 회사가 성장할수록 직원이 갖고 있는 주식 가치가 증가하니 열심히 일할 동기부여가 된다.

또한 자금 여력은 부족하나 성장 가능성이 큰 스타트업들은 스톡옵션을 제공해서 좋은 인재를 영입하기도 한다.

•• 스톡옵션 진행 과정

스톡옵션을 부여하기로 했다면 몇 가지 사항을 확인해야 한다. 우선 법인의 정관에 스톡옵션을 부여할 수 있다는 내용이 있어야 한다. 정관에 스톡옵션을 부여할 수 있다는 내용이 없으면 정관을 수정해야 한다. 그 이후 스톡옵션의 중요한 사항들을 결정해야 한다.

1. 부여 대상자 결정

구분	상법	벤처법
부여 대상자	회사의 이사, 집행 임원, 감사 또는 피용자	① 벤처기업의 임직원 ② 벤처기업이 인수한 기업[20]의 임직원 ③ 해당 기업이 필요로 하는 전문성을 보유한 자로서 대통령령으로 정하는 자

스톡옵션에서 가장 중요한 요소 중 하나는 '누구에게 부여할 것인가'를 결정하는 일이다. 스톡옵션은 아무에게나 부여할 수 있는 것이 아니라, 법률이 정한 특정 대상에게만 부여할 수 있다. 이와 관련된 법률은 상법과 벤처기업육성에관한특별조치법(이하 '벤처법')이며, 상법은 일반법, 벤처법은 특별법의 지

---

[20] 해당 기업 발행 주식 총수의 30%를 초과하는 주식을 가진 벤처기업의 경우에만 해당한다.

위를 가진다. 법 적용에 있어 특별법 우선의 원칙이 적용되므로, 회사가 벤처기업에 해당하는 경우에는 벤처법이, 그렇지 않은 경우에는 상법이 적용된다.

상법과 벤처법이 규정하는 스톡옵션 제도는 대부분 유사하지만, 일부 항목에서 차이가 존재한다. 그중에서도 특히 중요한 차이는 '부여 대상'에 있다. 상법은 회사 또는 자회사의 임직원을 스톡옵션 부여 대상으로 제한하는 반면, 벤처법은 이에 더해 전문성을 가진 외부인에게도 스톡옵션을 부여할 수 있도록 허용하고 있다.

2. 부여 방법

스톡옵션을 부여하는 방식은 크게 세 가지로 나눌 수 있다.

첫째, 신주를 인수할 수 있는 권리를 부여하는 방식이다. 이는 스톡옵션 행사 시 회사가 신주를 발행하고, 해당 신주를 행사권자(예: 임직원)에게 배정하는 방식으로, 가장 일반적으로 사용된다. 이 경우 회사의 총 발행 주식 수가 증가하고, 신주가 기존 주주가 아닌 제3자에게 배정되기 때문에 기존 주주의 지분율은 희석되는 효과가 있다.

둘째, 회사가 보유한 자기주식을 매수할 수 있는 권리를 부여하는 방식이다. 회사가 이미 보유 중인 자기주식이 있을 경우 이를 행사권자에게 스톡옵션으로 지급할 수 있다. 이 방식은 신주를 발행하지 않기 때문에 총 발행 주식 수에는 변화가 없으며, 기존 주주의 지분율도 희석되지 않는다. 또한 자기주식을 처분하는 수단으로도 활용할 수 있다.

셋째, 차액 보상 방식이다. 이는 행사 시점의 주가와 스톡옵션 행사 가격의 차액을 현금으로 지급하거나, 그에 상당하는 자기주식으로 지급하는 방식이다. 이 방법은 앞서 언급한 두 번째 방식과 유사하나 중요한 차이점은 행사권자가 대금을 납입할 필요 없이 차액만큼의 보상을 받는다는 점이다. 반면, 자기주식 매수 방식은 행사권자가 행사 가격만큼의 대금을 회사에 납입해야 한다.

3. 부여할 주식 수

구분	상법	벤처법
부여 한도	발행 주식 총수의 10%	발행 주식 총수의 50%. 다만, 기업이 필요로 하는 전문성을 가진 자에게 지급한 스톡옵션은 10%를 초과할 수 없음.

실제로 스톡옵션 부여에 대해 상담을 진행하다 보면 대표님들이 가장 어려워하는 부분 중 하나는 각 직원에게 얼마만큼의 주식을 부여할지 결정하는 일이다. 이때 기준을 잡는 좋은 방법은 향후 목표로 하는 기업 가치를 고려하는 것이다. 예를 들어, 향후 기업 가치를 200억 원으로 예상한다면, 직원에게 스톡옵션으로 1%의 지분을 부여할 경우 이는 약 2억 원의 가치를 지닌 주식을 제공하는 셈이 된다. 결국 스톡옵션을 부여할 직원에게 어느 정도의 대가를 지급할 것인지 가늠한 뒤, 이에 맞춰 지분율을 산정하면 된다.

다만 여기서 중요한 점은 스톡옵션을 아무리 많이 주고 싶더라도 법적으로 한계가 존재한다는 점이다. 스톡옵션이 과도하게 부여될 경우 기존 주주의 지분율이 희석되어 주주에게 실질적인 피해를 초래할 수 있기 때문이다. 이러한 이유로 법은 스톡옵션 부여 한도를 제한하고 있으며, 회사는 이 범위 내에서 신중하게 판단해야 한다.

4. 의무 재직 기간

스톡옵션이 부여되었다고 해서 곧바로 권리를 행사할 수 있는 것은 아니다. 상법은 스톡옵션 행사 요건으로 최소 2년의 재직 기간을 규정하고 있다. 즉 스톡옵션을 부여받은 임직원은 부여일로부터 2년 이상 재직해야 행사할 수 있으며, 이 기간은 회사와의 약정을 통해 더 길게 설정할 수 있다.

만약 임직원이 2년을 채우지 못하고 퇴사하거나 퇴임할 경우 부여된 스톡옵션은 원칙적으로 효력을 상실한다. 다만, 상장회사와 벤처기업의 경우에는 예외가 있다. 장애, 사망, 비자발적인 퇴직 등 불가피한 사유로 고용 관계가 종료된 경우, 의무 재직 기간을 채우지 않았더라도 정해진 행사 기간 내에 스톡옵션을 행사할 수 있는 것이다. 상장회사와 벤처기업이 아닌 일반 비상장 회사의 경우 대법원 판례로 임직원의 귀책 사유가 아닌 사유로 퇴임, 퇴직한 경우에도 2년 재직 요건을 채워야 스톡옵션을 행사할 수 있다고 판시하고 있다.

또한 스톡옵션은 임직원의 사기 진작을 위한 제도인 만큼 행사 전에 타인에게 양도할 수 없다. 다만, 스톡옵션을 부여받은 임직원이 사망한 경우에는 법정 상속인이 그 권리를 승계하여 스톡옵션을 행사할 수 있다.

5. 행사 가능 기간

스톡옵션의 행사 기간은 부여일로부터 의무 재직 기간이 경과한 이후부터 시작된다. 통상적으로 행사 기간은 무기한으로 설정하지 않으며, 회사는 일정 기간을 정해 그 안에서만 권리를 행사할 수 있도록 제한한다.

또한 회사와의 약정에 따라 스톡옵션은 한 번에 일괄 행사할 수도 있고, 일정 기간에 걸쳐 분할 행사할 수도 있다. 이는 기업의 정책이나 인사 전략에 따라 유연하게 설계된다. 임직원이 행사 가능 기간 내에 권리를 행사해 주식을 취득한 경우 해당 주식은 일반 주식과 동일하게 자유로운 매도, 이전, 증여가 가능하다.

스톡옵션 취소 사유

– 스톡옵션을 부여받은 임직원이 본인의 의사에 따라 퇴임 또는 퇴직한 경우
– 스톡옵션을 부여받은 임직원이 고의 또는 중대한 과실로 회사에 중대한 손해를 끼친 경우
– 회사가 파산하거나 해산되어 스톡옵션 행사가 불가능한 경우
– 그 밖에 스톡옵션 부여 계약에서 정한 취소 사유가 발생한 경우

위의 각 호의 어느 하나에 해당하는 경우 회사는 스톡옵션의 부여를 취소할 수 있다.

스톡옵션 행사 가격

구분	상법	벤처법
행사 가격	① 신주 인수 방법: 둘 중 큰 값(부여일 기준 주식의 실질가액, 해당 주식의 권면액) ② 자기주식 지급 방법: 부여일 기준 주식이 실질가액	① 신주 인수 방법: 둘 중 큰 값(부여일 기준 주식의 시가, 해당 주식의 권면액) ② 자기주식 지급 방법, 차액 지급 방법: 부여일 기준 주식의 시가 *다만, 회사의 임직원 및 회사가 인수한 회사의 임직원에게 신주인수 방법으로 부여하는 경우로서 대통령령으로 정하는 요건을 갖춘 경우 시가보다 낮은 가격으로 발행 가능(권면액 이상인 경우).

스톡옵션 행사 가격이란 의무 재직 기간 경과 후 스톡옵션 행사자가 주식을 취득할 수 있는 가격을 말한다. 스톡옵션 제도에서는 부여 시점에 행사 가격을 미리 확정하며, 해당 가격은 법령에 따라 최소 기준 금액이 정해져 있다. 따라서 스톡옵션을 부여할 때는 적용 법률(예: 상법 또는 벤처법)에 따른 최소 행사 가격 이상으로 설정해야 한다.

이때 주식의 권면액이란, 주식의 액면가액을 말한다. 따라서 최소한 권면액보다는 크게 행사 가액이 정해져야 한다.

각 시점의 납세 의무

구분	임직원 행사 주식	납세자
스톡옵션 부여 시	과세 문제 없음	
스톡옵션 행사 시	– 근로소득세 과세 – 벤처기업의 경우 양도소득세 과세로 이연 가능	임직원
배당금 수령 시	금융소득 2,000만 원 이하인 경우 원천징수로 납세의무 종결 금융소득이 2,000만 원 초과인 경우 종합소득세 신고, 납부	임직원
주식 매도 시	양도소득세 및 지방세, 증권거래세 신고, 납부	임직원

벤처기업의 과세 특례

1. 행사 이익 비과세 특례

벤처기업 또는 벤처기업이 인수한 기업의 임원 또는 종업원이 해당 벤처기업으로부터 2027년 12월 31일 이전에 부여받은 스톡옵션을 행사하여 얻은 이익 중 연간 2억 원 이내의 금액에 대해서는 소득세를 과세하지 않는다. 다만,

소득세를 과세하지 않는 벤처기업 주식매수선택권 행사 이익의 벤처기업별 총 누적 금액은 5억 원을 초과하지 못한다. 연간 2억 원 이내의 금액이 비과세가 된다니 만약 과세되었다면 절반은 세금으로 그대로 납부했을 것이다. 세전 2억 원과 세후 2억 원의 차이는 정말 크다.

2. 행사 이익 납부 특례

벤처기업 임원 등이 2027년 12월 31일 이전에 부여받은 스톡옵션을 행사하여 발생한 행사 이익에 대한 소득세는 5년에 걸쳐 납부가 가능하다. 즉 5년간 분납이 가능하다는 것인데, 이 또한 굉장한 특례이다. 이때 소득세를 산정하는 행사 이익에 비과세되는 금액은 당연히 포함되지 않으며, 행사 차익을 현금으로 받는 경우에는 이 납부 특례를 적용하지 않는다.

3. 과세이연[21] 특례

벤처기업 또는 대통령령으로 정하는 바에 따라 벤처기업이 인수한 기업의 임원 또는 종업원으로서 2027년 12월 31일 이전에 스톡옵션을 부여받은 경우, 스톡옵션을 행사하여 발생한 이익에 대한 세금을 행사 시점에 근로소득이나 기타소득으로 과세하지 않고 양도 시점에 양도가액과 행사가액의 차액을 양도소득세로 과세할 수 있다. 다만, 스톡옵션 행사 당시 매수가액이 해당 주식매수선택권 부여 당시의 시가보다 낮은 경우 그 차액은 스톡옵션 행사 시에 근로소득 혹은 기타소득으로 과세한다.

과세 특례를 받지 못하면 스톡옵션을 행사하는 시점에 스톡옵션을 행사함

---

21 세금을 나중에 내는 제도

으로써 얻은 이익을 근로소득 혹은 기타소득으로 보아 세금을 납부해야 한다. 행사권자가 스톡옵션을 행사한 뒤 즉시 주식을 매도했다면 매도 대금으로 세금을 납부할 수 있다. 그러나 향후 주가 상승을 기대해 주식을 계속 보유한다면 손에 쥔 이익이 없는 상태에서 먼저 세금을 납부해야 하므로 세금 부담이 크게 느껴질 수 있다. 이때 벤처기업 특례를 받아 과세이연을 할 경우 주식을 매도하여 실제 수익이 나는 시점에 세금을 납부할 수 있고, 종합소득세율(6~45%)에 비해 낮은 주식 양도세율을 적용받을 수 있다.

다만, 이 특례를 받기 위해서는 벤처법에 따른 스톡옵션으로서 대통령령으로 정하는 요건을 갖추고, 스톡옵션 행사일로부터 역산하여 2년이 되는 날이 속하는 과세 기간부터 해당 행사일이 속하는 과세 기간까지 전체 행사가액의 합계가 5억 원 이하여야 특례 규정을 적용받을 수 있다.

A씨는 벤처기업에 다니면서 회사로부터 스톡옵션을 부여받았다. 스톡옵션은 일정 기간이 지나면 실제 주식을 살 수 있는 권리인데, A씨는 2년 이상 재직 요건을 채웠기 때문에 행사할 수 있는 상황이 된 것이다. 그리고 2023년 3월 2일, A씨는 행사 가격 1억 원어치의 스톡옵션을 실제로 행사하였다.

이제 중요한 문제는 세금을 당장 내야 하는가 아니면 나중으로 미룰 수 있는가 하는 것이다. 벤처기업에 다니는 사람에게는 세금을 이연할 수 있는 특례가 있다. 하지만 아무 조건 없이 다 되는 것은 아니고, 두 가지 요건을 충족해야 한다. 하나는 2년 이상 재직해야 한다는 것이고, 다른 하나는 일정 기간 동안 행사한 금액의 합계가 5억 원 이하여야 한다는 것이다.

그렇다면, '일정 기간'이란 구체적으로 언제부터 언제까지일까? A씨의 행사일은 2023년 3월 2일이다. 이 날짜를 기준으로 2년 전은 2021년 3월 2일이고, 세법에서는 이 날짜가 속한 해의 1월 1일부터 계산을 시작한다. 즉 2021년 1월

1일부터 2023년 12월 31일까지가 해당 기간이 되는 것이다. 이 기간 동안 행사한 스톡옵션 금액을 모두 합쳐서 5억 원 이하면 세금을 이연할 수 있다.

다시 돌아가 보자. A씨가 2021년 5월 2일에 이미 3억 원어치를 행사했고, 이번 2023년 3월 2일에 1억 원을 행사했다면, 해당 기간 동안 총액은 4억 원이 된다. 이 금액은 5억 원 이하이므로 세금을 당장 내지 않고 나중으로 미룰 수 있는 것이다.

이처럼 스톡옵션 세금 이연 여부는 행사한 날을 기준으로 '앞뒤 기간을 어떻게 잡느냐'와 '그 기간 동안 행사한 금액의 총합이 5억 원을 넘느냐'로 결정되는 것이다.

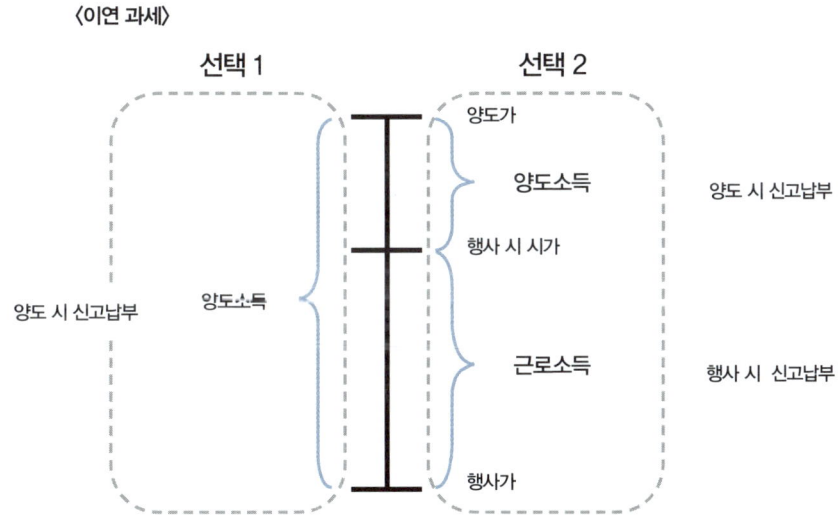

이렇게 조건을 충족하면 세금이 부과되는 시점도 달라진다. 위 그림은 벤처기업 행사 이익 과세이연 특례에 대한 설명이다. 원래 행사하는 시점에 근로소득 혹은 기타소득으로 과세되어야 하나, 이연 과세를 선택하면 양도 시점에 양도소득으로 과세될 수 있다.

예를 들어, 스타트업으로 이직하면서 해당 기업의 스톡옵션 1%를 부여받은 임원 B씨가 있다고 하자. 스톡옵션을 받은 시점에는 아직 행사 여부가 확정되지 않았기 때문에 세금 문제는 발생하지 않는다. 그러나 이후 행사 당시 시가가 행사가보다 높으면 B씨는 권리를 행사하게 되고, 이때 시가와 행사가의 차액이 근로소득으로 과세된다. 문제는 세금이 일반적으로 이익이 실제로 실현된 시점에 부과된다는 점이다. 주식이 팔리기 전까지 과세되지 않는 것처럼, 스톡옵션도 행사 후 주식을 보유만 하고 매각하지 않았다면 현금이 들어온 것이 아니다. 그럼에도 불구하고, 차액에 대해 세금을 먼저 내야 한다는 점에서 부담이 발생한다.

그런데 스톡옵션은 행사하는 경우 B씨는 스톡옵션을 행사하여 회사의 주식을 얻었을 뿐, 그 매각 차익을 이익으로 실현한 것이 아님에도 근로소득으로 과세하게 된다. 그러므로 B씨는 당장 손에 얻은 이익은 없는데 세금만 먼저 납부해야 하는 것이다. 근로소득으로 과세가 되니 시가와 행사가 차익이 클수록 세금 부담도 어마어마하다.

벤처기업 과세이연 특례를 적용받을 수 있다면, 스톡옵션 행사 시점이 아니라 실제로 주식을 외부에 매각한 시점에 양도소득세를 납부하면 된다. 이 경우에는 주식 매각으로 실제 이익이 발생했을 때 세금을 내게 되므로, B씨 입장에서는 세금 납부로 인한 현금흐름 부담이 훨씬 줄어든다.

또한 스톡옵션을 행사하면 회사의 주주가 되므로 주주총회에서 배당을 결정하면 지분율에 따라 배당금을 받을 수 있다. 이때 받은 배당금은 금융소득에 해당하며, 금액에 따라 분리과세 또는 종합과세 대상이 된다. 이후 B씨가 스톡옵션 행사로 취득한 주식을 매각하면, 일반 기업 스톡옵션과 벤처기업 과세이연 특례 적용 여부에 따라 과세 방식이 달라진다.

일반 기업의 경우 행사 시점에 이미 '시가'와 '행사가' 차액에 대해 근로소득세를 냈으므로 매각 시에는 '양도가'와 '행사 시 시가' 차액에 대해서만 양도소득세를 낸다. 반면, 벤처기업 과세이연 특례를 받은 경우 행사 시 세금을 내지 않았으므로 '양도가'와 '행사가' 전체 차액에 대해 양도소득세를 내야 한다.

지금까지 살펴본 과세 체계를 한눈에 정리하면 다음과 같다.

시점	내용
부여 시점	과세 없음
행사 시점	근로소득 또는 기타소득 과세(행사 이익= 행사 시 시가-매수가액)
매도(실현) 시점	– 양도소득 과세(양도 차익= 매도 가격-행사 시 시가) – 대주주 또는 비상장 주식 양도 등 일정한 경우에만 과세

주식매수선택권 관련 기본 과세 체계

구분		특례 적용 전	특례 적용 후
과세 시점	행사 시	'행사 시 시가-행사 가격'으로 과세	과세 없음
	양도 시	'매도 가액- 행사 시 시가'로 과세	'매도 가액-행사 가격'으로 과세
과세 소득	행사 시	근로소득 또는 기타소득	과세 없음
	양도 시	양도소득	양도소득

적용 세율	행사 시	6~45%(지방세 별도)	과세 없음
	양도 시	10~30%	10~30%

*비상장주식 양도 또는 상장주식 대주주, 상장주식 장외 양도 등 특정한 경우에만 과세

과세특례 개요

CHAPTER
4

법인 대표를 위한
절세 핵심 노하우

01
법인을 운영하며
꼭 알아야 할 세금

　사업을 하다 보면 납부해야 할 세금이 생각보다 많다는 사실을 체감하게 된다. 법인의 경우 매월 원천세, 분기마다 부가가치세, 연 1회 법인세 등 다양한 세금을 정기적으로 납부해야 한다. 이처럼 세금 납부가 반복되다 보면 매번 '이 돈을 꼭 내야 하나?'라는 생각이 들기도 하고, 아깝게 느껴지는 것이 사실이다.

　그러나 세금이 왜 부과되는지, 어떤 항목에 대한 세금인지 정확히 아는 것만으로도 불필요한 지출을 줄이고 합리적으로 절세할 수 있는 여지가 생긴다. 따라서 세금을 납부할 때는 단순히 금액을 보지 말고, 해당 세금의 성격과 부과 근거를 이해하는 것이 중요하다.

원천세

　법인은 소득을 지급한 경우 지급일이 속한 달의 다음 달 10일까지 원천세를 신고·납부해야 한다. 원천세란 소득을 지급하는 자가 해당 소득에 대한 세금을 미리 징수하여 국가에 납부하는 제도로 주로 근로소득, 사업소득, 이자소득, 배당소득 등에 적용된다. 법인은 이러한 소득을 지급할 때 세금을 원천징수하고 정해진 기한 내에 세무서에 납부해야 한다.

정부가 소득을 지급하는 사업자(또는 법인)에게 원천세를 징수하도록 한 것은 세금의 누락과 탈루를 방지하고 세수의 효율적인 확보를 위한 것이다. 불특정 다수의 개인으로부터 일일이 세금을 징수하는 것보다 소득 발생 시점에서 한 번에 징수하는 방식이 더 간편하고 확실하기 때문이다. 이는 조세 행정의 효율성과 투명성을 높이는 데도 기여한다.

일반적으로는 근로소득과 사업소득 지급 시 원천세가 발생하지만 그 외에도 기타소득, 이자소득, 배당소득 등을 지급하는 경우에도 원천세 신고가 필요하다. 만약 원천세를 제때 신고·납부하지 않으면 원천징수 의무 불이행에 따른 가산세가 부과되므로 각별한 주의가 필요하다. 특히 기타소득의 경우 경품도 과세 대상에 포함되므로 이를 놓치지 말고 꼼꼼히 확인해야 한다.

최근에는 온라인상에서 광고 이벤트를 통해 기프티콘이나 경품을 제공하는 사례가 많아지고 있으므로, 이러한 경우도 원천세 신고 대상이라는 점을 반드시 인지하고 있어야 한다.

⠿ 부가가치세

1. 과세 사업자

부가가치세는 '부가가치'가 창출되는 사업에 대해 부과되는 세금이다. 여기서 말하는 부가가치란 제품이나 서비스가 생산·제공되는 과정에서 원자재나 기초적 서비스에 가치를 더하는 활동을 의미한다. 예를 들어, 원자재를 구입해 이를 가공하거나 단순한 서비스에 전문성을 더해 고객에게 제공하는 경우, 그

가치가 상승한 만큼이 바로 부가가치가 된다.

우리나라에서는 부가가치세율로 10%를 적용하고 있으며, 납부 세액은 일반적으로 '매출세액(매출×10%)-매입세액(매입×10%)'으로 계산된다. 이때 매입액이 매출액보다 많으면 부가가치세를 환급받을 수 있다.

주의할 점은 부가가치세에서 공제되는 매입세액의 범위와 법인세에서 비용으로 처리되는 항목의 범위는 서로 다르다는 점이다. 같은 거래라 해도 부가가치세 공제는 안 되지만 법인세 비용처리는 되는 경우가 있으므로 두 제도의 차이를 정확히 이해하고 관리하는 것이 중요하다.

2. 면세 사업자

과세 사업과 면세 사업은 사업자가 임의로 선택할 수 있는 것이 아니다. 면세 여부는 세법에서 명확히 규정한 업종에 한해 적용된다. 일반적으로 면세 사업은 조세 정책적 목적에 따라 정해지며, 국민 생활과 밀접한 공익적 서비스나 필수재에 해당하는 경우가 많다.

예를 들어, 부동산 주택임대업이나 의료 용역은 소비자에게 세금을 부과할 경우 가격 상승으로 이어질 수 있으므로, 물가 안정과 서민 보호를 위해 면세로 규정되어 있다. 이 외에도 교육 서비스, 도서 및 신문 발행, 사회복지 서비스, 장애인 보조기기 판매 등 공익적 성격이 강한 사업들이 면세 대상으로 지정된다.

면세 사업자는 매출에 대해 부가가치세를 부담하지 않기 때문에 관련 비용을 지출하더라도 매입세액공제를 받을 수 없으며, 당연히 환급도 불가능하다. 즉 부가가치세 체계 밖에서 운영되는 사업 구조이므로, 면세 사업자는 세금계산서를 발행할 수 없고[22] 세금계산서를 수취하더라도 그 부가가치세는 비용으로 처리될 뿐 공제 대상이 되지 않는다. 당연히 면세 사업자는 매출세액이 없기 때문에 부가가치세 공제를 받지 못하더라도 납부할 부가가치세는 0원이 된다.

구분	신고 기한
1~3월	4월 25일
4~6월	7월 25일
7~9월	10월 25일
10~12월	다음 해 1월 25일

법인의 경우, 기본적으로 1년에 네 번 부가가치세 신고를 한다. 법에서 정한 소규모 법인의 경우 개인과 동일하게 1년에 두 번 부가가치세를 신고하기도 한다.

법인세

법인세는 법인이 1년간 벌어들인 이익에 내해 납부해야 하는 세금이다. 우리나라의 경우 대부분의 법인은 1월 1일부터 12월 31일까지를 사업연도로 설정하고 있기 때문에 통상적인 법인세의 신고·납부 기한은 매년 3월 31일이다. 다만, 법인세법에서 정하는 성실신고 법인과 연결 납세제도를 적용하고 있는 법인은 4월 30일까지가 신고 기한이다.

법인세는 소비자가 부담하는 부가가치세와 달리 법인이 직접 부담하는 세

---

22 면세 사업자들은 세금계산서 대신 계산서를 발행한다.

금이므로, 사업을 운영하는 사람이라면 누구나 절세 전략에 관심을 갖게 된다. 법인세를 줄이기 위해 가장 기본적으로 중요한 것은 영수증과 각종 증빙을 철저히 관리하는 것이다. 이를 소홀히 하면 지출이 제대로 입증되지 않아 가지급금으로 처리되거나 비용으로 인정받지 못하는 상황이 발생할 수 있다.

또한 각 법인의 업종·규모·특성에 따라 적용 가능한 세액공제나 감면 제도가 존재하므로, 이를 사전에 잘 파악하고 활용하면 합법적으로 법인세 부담을 줄이는 절세가 가능하다.

〈내가 받을 수 있는 감면, 공제가 있는지 확인하는 법〉
① 작년 대비 연 평균 고용 인원이 증가했다. → 통합고용세액공제
② 최초 창업 후 5년 이내 법인, 개인사업장이다. → 창업중소기업, 청년창업 중소기업 감면
③ 중소기업으로 조세특례제한법 제7조에서 정한 업종을 하고 있다.→ 중소기업특별세액감면
④ 수도권과밀억제권역 외 기업으로 최근 기계설비 등 구매가 있다(중고×, 리스×) → 투자세액공제

4대 보험

- 국민연금: 9%(사업주와 근로자가 절반씩 부담)
- 건강보험: 7.09%(사업주와 근로자가 절반씩 부담)
- 장기요양보험: 건강보험료의 12.95%

세금은 아니지만 때로는 세금보다 더 부담스럽게 느껴지는 지출이 바로 '4대 보험'이다. 사업장에서 근로자를 고용하면 사업주는 다음의 4대 보험료를 부담해야 한다. 국민연금, 건강보험(장기요양보험 포함), 고용보험, 산재보험이 바로 그것이다.

고용보험과 산재보험도 별도로 요율이 적용되며, 전체적으로 보면 세전 급여의 약 10%에 약간 못 미치는 정도가 4대 보험료로 추가 지출된다. 이처럼 부담이 크다 보니 실제로는 4대 보험 가입 대상인 근로자임에도 불구하고 '3.3% 사업소득자'로 신고하는 사례도 종종 발생한다. 특히 음식점업 등 일부 업종에서는 사업주가 인건비를 줄이기 위한 목적으로 '세후소득을 높여준다'는 명목 하에 근로자를 위장 프리랜서로 처리하는 경우가 많다.

그러나 최근에는 공단의 현장 실사와 관리 감독이 강화되면서 과거에 누락되었던 4대 보험료가 소급 부과되는 사례도 늘고 있다. 이 경우 예상하지 못한 수백만 원의 보험료와 가산금이 한꺼번에 청구되기도 하므로 각별한 주의가 필요하다. 근로자라면 4대 보험 가입은 법적 의무이며, 사업주 역시 고용 구조에 맞게 정직하게 신고하는 것이 장기적으로 안전한 경영을 위한 지름길이다.

근로자와 프리랜서의 차이

근로자와 프리랜서의 가장 큰 차이는 고용 관계에서 비롯되는 법적 보호 여부에 있다. 근로자는 고용주의 지시와 감독 아래 업무를 수행하며, 이를 근거로 근로기준법 등 다양한 법적 보호를 받는다. 예를 들어, 고용주가 업무를 구체적으로 지시하고 회사의 내부 규정에 따라 일하는 경우라면, 형식적으로는 사업소득자로 계약되어 있더라도 실질적으로는 근로자로 간주된다. 이는 4대 보험 가입 여부와 관계없이, 고용주의 지휘·감독 아래 업무를 수행했는지를 기준으로 판단된다.

반면, 프리랜서는 일정한 고용 관계 없이 독립적으로 계약을 체결하고, 고용주의 직접적인 지시 없이 특정 업무나 프로젝트를 수행하는 인력을 말한다. 프리랜서는 대부분 근로기준법상의 보호를 받지 못하며 임금, 퇴직금, 연차 휴가, 시간 외 수당 등의 법적 혜택이 보장되지 않는 경우가 많다.

그러나 실무에서 가장 중요한 판단 기준은 형식이 아닌 '실질'이다. 즉 프리랜서로 계약했더라도 실제로는 정해진 시간에 출근하고 고용주의 지시 아래 업무를 수행한다면 법적으로 근로자로 인정될 가능성이 높다.

한 디자인 업체에서 3년간 프리랜서로 계약하고 일한 A씨는 정해진 출퇴근 시간을 따랐고, 업무 지시도 고용주의 감독 아래 이루어졌다. 계약서상 '프리랜서'로 되어 있었지만 실질적으로는 정규직 근로자와 다름없는 형태였다. 이에 A씨는 퇴직금을 청구했고, 법원은 고용주의 지휘·감독 아래 근무했다는 점을 들어 근로자로 인정하고 퇴직금 지급 판결을 내렸다.

결론적으로 계약 형태만으로 근로자와 프리랜서를 구분할 수 없으며, 실제 업무 방식과 고용주의 지휘·감독 여부에 따라 법적 책임이 달라질 수 있다.

02
비용처리,
어디까지 가능할까?

처음 법인을 설립하면 "이 비용은 법인에서 비용처리가 될까요?"란 질문을 많이 한다. 매출이 증가하고 이익이 커질수록 그에 비례해 법인세 부담도 커지기 때문에 대부분의 대표님은 가능한 모든 지출을 비용처리하여 절세하고자 한다.

그러나 현실에서는 어디까지가 비용처리 가능한 항목인지 판단하기가 쉽지 않다. 어떤 사람은 "이건 충분히 비용처리가 된다"고 말하지만, 또 다른 사람은 "그건 안 된다"고 말한다. 도대체 누구의 말을 믿어야 할까?

이처럼 세무에 정답이 없어 보이는 이유는 지출의 성격뿐 아니라 그 사용 목적과 증빙 방식에 따라 판단이 달라질 수 있기 때문이다. 결국 중요한 것은 지출이 회사의 업무와 명확히 관련되어 있는지, 그리고 이를 객관적으로 입증할 수 있는지다.

법인카드는 어떻게 사용하면 좋을까?

기본적으로 법인에서 비용처리가 가능한 지출은 해당 법인의 사업과 관련된 비용이어야 한다. 하지만 여기서 주의할 점은 '사업과 관련된'이라는 표현이 생각보다 자의적이고, 해석의 여지가 많다는 점이다.

예를 들어, 일반 기업에서라면 미용실 이용료나 의류 구매 비용은 사업과 무관한 사적 지출로 판단되어 비용처리가 불가능할 수 있다. 그러나 엔터테인먼트 업계에서는 이야기가 다르다. 소속 아티스트의 활동을 위해 미용실, 메이크업, 의류 구매는 필수적인 사업비용으로 간주되며 당연히 비용처리가 가능하다. 주말의 법인카드 사용 여부도 비슷한 맥락이다. 일반 주 5일제 사무직 회사에서는 주말에 법인카드를 사용할 일이 드물지만, 주말이 영업의 핵심인 외식업, 카페, 유통업 등에서는 오히려 주말 법인카드 사용이 매우 자연스럽다.

또한 의료기기 판매업체의 경우도 마찬가지다. 병원장들과의 저녁 접대, 골프 모임 등은 단순한 사교가 아니라 실제 매출과 직결된 영업활동의 일환이다. 이 경우 접대비로 비용처리가 가능하다. 심지어 무속업을 하는 법인의 카드 사용 내역을 보면 마트에서 과자 등을 구매한 기록이 많은 경우가 있다. 이를 확인해 보면 신당에 올리는 과자나 정기적으로 교체해야 하는 제물이라는 설명이 따른다. 또한 굿 의식에 필요한 한복, 제물(과일, 고기 등) 역시 이들의 사업과 밀접하게 관련되어 있어 비용처리가 가능하다.

결국 핵심은 하나다. 사업의 성격에 맞는 지출인지, 사업과 직접적인 관련성이 있는지, 그 내역을 증빙할 수 있는지가 중요하다. 그러므로 법인카드는 반드시 '사업 관련 지출'에만 사용하는 습관을 들이는 것이 바람직하다. 그것이 곧 법인세 절세의 출발점이기 때문이다.

∴ 업무용 승용차

1. 비용처리 방법

세법상 업무용 승용차란, 개별 소비세가 과세되는 일반 승용차를 의미하며 경차, 트럭, 화물차, 공사용 차량 등은 제외된다. 업무용 승용차는 사업용과 개인용의 구분이 불명확하기 때문에 세법에서는 감가상각 방식과 비용 인정 한도 등 여러 규제를 두고 있다.

우선 업무용 승용차는 무조건 5년 정액법으로 감가상각해야 한다. 이는 차량 가격을 5년에 걸쳐 매년 일정한 금액으로 나누어 비용처리해야 한다는 의미다. 예를 들어, 차량 가격이 5,000만 원이라면, 장부상에는 매년 1,000만 원씩 5년에 걸쳐 감가상각하게 된다.[23]

그러나 여기서 주의할 점은 세법상 연간 손금으로 인정되는 감가상각비는 800만 원까지만 허용된다는 것이다. 즉 회계상으로는 1,000만 원을 비용처리했더라도 세무상으로는 그중 800만 원만 인정되며 나머지 200만 원은 초과액으로 남게 된다는 것이다. 이처럼 매년 초과된 금액은 바로 비용처리되지 않고 이월되어 다음 해 이후에 순차적으로 처리된다.

따라서 차량 가격이 클수록 실제로 세법상 모든 비용을 처리하는 데는 5년을 초과하여 6년 혹은 그 이상이 걸릴 수 있다. 회계 처리와 세법상 손금 인정 사이에 이런 차이가 있다는 점을 반드시 인지해야 한다.

---

23 정확하게는 5년 동안 매년 동일하게 상각하는 것이 아니고, 월할 계산을 하게 된다. 즉 첫 해 7월에 취득하여 6개월만 사용했다면 '5,000만 원/5년×6개월/12개월= 500만 원'이 감가상각 비용이 된다.

운행일지 양식(출처: 국세청)

또한 업무용 승용차 관련 비용(감가상각비, 유류비, 보험료 등)을 모두 합산했을 때 그 총액이 연간 1,500만 원을 초과할 경우 초과분까지 비용처리를 하려면 운행일지를 반드시 작성해야 한다. 운행일지는 차량이 실제로 업무에 사용되었음을 입증하는 자료로, 정식 양식을 사용해 날짜별 운행 목적과 사용 거리를 기록해야 세무상 인정된다.

이처럼 업무용 승용차는 구매 시점부터 감가상각 방식, 연간 비용 한도, 운행일지 작성 여부까지 고려해야 하며, 단순히 차량을 구매했다고 해서 모두 비용처리가 되는 것이 아니라는 점을 유의해야 한다.

2. 구매할까, 빌릴까?

업무용 승용차를 사용하려고 마음먹을 때 구매할지, 리스할지, 렌트할지 고민하게 된다. 답부터 말하자면 아무 상관이 없다. 구매, 리스, 렌트 모두 감가상각비 부분은 연간 800만 원까지만 비용처리가 된다. 구매의 경우 법인 자산이 되므로 감가상각이 가능하지만 리스나 렌트는 다른 회사의 자산이기 때문에 왜 감가상각이 되는지 의문이 생길 수 있다. 이에 대해 세법은 리스·렌트 차량에 대해 '감가상각비 상당액'이라는 개념을 두어, 승용차 가격에 해당하는 부분은 연간 800만 원까지만 비용처리할 수 있도록 규정했다.

보통 리스는 보험을 따로 들어야 하고, 렌트는 렌트료에 보험료까지 포함되어 있다. 리스와 렌트의 감가상각비 상당액을 계산하는 계산식에도 차이가 있다. 리스는 리스 이용료에서 이용료에 포함된 보험료, 자동차세 및 수선 유지비를 차감한 금액을 감가상각비 상당액으로 한다. 그리고 그 금액을 별도로 구하기 어려운 경우 리스료의 93%를 감가상각비 상당액으로 본다. 렌트의 경우 70%를 감가상각비 상당액으로 본다. 통상 렌트료에 보험료 등 더 많은 비용이 포함되어 있어 이 부분까지 고려한 것이다.

그 외에 유류대, 세차비 등 유지비 역시 구매, 리스, 렌트 모두 동일하게 적용되니 이 세 가지 방법은 차이가 없다고 볼 수 있다.

∵ 접대비

접대비란, 거래처와의 원활한 관계를 위하여 지출하는 비용을 말한다. 사업을 하다 보면, 매출 거래처 또는 매입 거래처가 생기는 것은 당연하고, 거래처들과 돈독한 관계를 다지고자 선물도 하고 식사도 하게 된다. 이 비용들도 접대비로 비용처리가 가능하다. 대표적으로 거래처와 식사를 하거나 차를 마시는 비용, 거래처와 골프를 치는 비용, 거래처에게 기프티콘을 보내는 비용이 모두 여기에 해당한다.

주의할 점은 접대비는 꼭 적격증빙(세금계산서, 계산서, 현금영수증, 법인카드)으로 사용한 경우에만 가능하다는 것이다. 임직원의 개인카드로 사용한 접대비는 비용처리가 불가능하다. 또한 상품권을 거래처에 지급하는 경우 반드시 상품권 대장을 작성해 구비해야 나중에 세무조사 시 탈이 없다. 상품권의 경우 현금처럼 사용이 가능하기에 대표자가 상품권을 개인적으로 사용했는지 여부를 점검할 수 있다. 따라서 귀찮더라도 상품권대장을 필수적으로 관리해야 한다.

국가에서는 접대비의 과다한 지출을 막기 위해 한도를 두고 있고, 한도를 초과하는 접대비는 손금으로 인정되지 않는다.

∷ 법인세 계산 시 반영되는 비용 항목

계정 과목	상세 내용
인건비	지급한 급여, 3.3% 프리랜서
복리후생비	직원 식대, 커피대 등
4대 보험료	4대 보험 회사 부담분
교통비	주유비, 택시비, 주차비, 톨게이트비 등
접대비	거래처에 선물한 비용, 거래처와 식사한 비용 등
보험료	사업장 화재보험, 업무용 승용차 및 기타 차량 보험료
교육 훈련비	회사의 사업과 관련된 직원 업무 훈련비 및 교육비
지급 임차료	사업장 임차료, 차량 또는 각종 비품의 리스/렌탈료
지급 수수료	변호사 수임비, 세무사 수수료, 컨설팅 수수료, 금융기관 수수료 등
광고 선전비	회사를 홍보하기 위한 메타(구 페이스북) 광고, 네이버 광고 등 각종 광고비, 불특정 다수에게 지급하는 선전 물품 등
세금과 공과	사업소분 주민세, 법인이 부동산을 소유하고 있는 경우 재산세 등
소모품비	사무실에서 사용하는 각종 사무용품 및 소모품비

접대비 한도

법인세법상 접대비로 인정받을 수 있는 금액에는 한도가 정해져 있다. 총 접대비 한도는 다음 세 가지 항목을 합산하여 계산한다.

첫째, 기본 한도 금액은 기업 규모에 따라 다르다.

- 중소기업: 연 3,600만 원
- 중소기업 외 일반 기업: 연 1,200만 원

이 금액은 사업연도 기준으로 월할 계산되며, 예를 들어 사업연도가 6개월이라면 중소기업은 1,800만 원이 기본 한도가 된다(기본 한도 금액×사업연도 개월 수÷12).

둘째, 수입 금액별 추가 한도가 적용된다.

- 연 수입 금액 100억 원 이하: 수입 금액의 0.3%
- 100억 원 초과~500억 원 이하: 초과분의 0.2%
- 500억 원 초과분: 초과분의 0.03%

셋째, 문화접대비 한도로, 일반 접대비와 별도로 인정받을 수 있다. 다만, 인정 금액은 아래 중 더 적은 금액까지만 허용된다.

- 실제 지출한 문화접대비 금액
- 일반 접대비 한도×20%

문화접대비는 공연·전시 후원, 문화예술 관련 비용 등 특정 목적의 지출에 해당하며, 세부 요건을 충족해야 한다.

구분	계산식	금액
기본 한도	중소기업: 연 3,600만 원	3,600만 원
수입 금액별 추가 한도	5억×0.3%= 150만 원	150만 원
총 접대비 한도	3,600만 원+150만 원 = 3,750만 원	3,750만 원
문화접대비 한도	3,750만 원×20%= 750만 원 (또는 실제 지출액 중 적은 금액	750만 원
최대 인정 한도	3,750만 원+750만 원 = 4,500만 원	4,500만 원

예를 들어, 연간 매출이 약 5억 원 정도 되는 1인 법인을 가정해 보자. 이 경우 법인세법상 중소기업에 해당하므로 기본 접대비 한도는 연 3,600만 원이다. 여기에 수입금액별 추가 한도가 더해지는데, 매출이 100억 원 이하라면 매출액의 0.3%가 계산된다. 따라서 5억 원 매출이라면 150만 원이 추가되어 총 3,750만 원까지 접대비로 인정받을 수 있는 것이다.

또한 일반 접대비와는 별도로 문화접대비가 허용된다. 다만 이 경우에도 제한이 있어서 일반 접대비 한도의 20%에 해당하는 금액과 실제 지출한 문화접대비 금액 중더 적은 쪽만 인정된다. 위 사례에서는 일반 접대비 한도가 3,750만 원이므로, 문화접대비는 최대 750만 원까지 세법상 인정이 가능하다.

결국 일반 접대비 한도가 3,750만 원이므로 일반 접대비만 사용했을 때는 3,750만 원이 접대비 한도가 된다. 그런데 문화 접대비 추가 한도가 있어 일반 접대비 외에 문화 접대비를 750만 원 추가 지출했다면 일반 접대비와 문화 접대비를 합하여 최대 4,500만 원까지 접대비로 비용처리가 가능하다.

03
부가가치세, 작은 차이가 큰 절세를 만든다

사업을 하다 보면 부가가치세 부담에 대해 걱정하는 경우가 많다. 부가가치세는 본래 최종 소비자가 부담할 세금으로, 공급자가 이를 대신 징수하는 방식이다. 이론적으로는 최종 소비자가 부담하는 세금이지만, 사업자 입장에서는 그렇게 느껴지지 않는다. 실제로 소비자들도 부가가치세를 포함한 최종 금액을 기준으로 구매 결정을 내리기 때문에 사업자는 부가가치세를 부담스러워하게 된다.

문제는 부가가치세에서 공제되는 항목이 소득세나 법인세를 세산할 때보다 훨씬 적다는 점이다. 특히 요즘은 많은 업종에서 인건비가 가장 큰 비용을 차지하는데, 인건비는 부가가치세 매입세액공제 대상이 아니기 때문에 매출의 10%에 해당하는 부가가치세를 대부분 납부해야 할 때가 많다. 이로 인해 부가가치세로 중대형차 한 대 값을 납부하는 셈이 되어 억울함을 느낄 수 있다.

☷ 부가가치세란 무엇일까?

부가가치세는 재화의 거래나 용역의 제공에 있어 거래 단계별로 새로 창출

되는 부가가치에 과세되는 세금이다. 정책적으로 면세되는 경우가 아니라면 우리가 생활 속에서 거래하는 재화에는 대부분 부가가치세가 붙는다고 보면 된다. 우리나라는 통상 부가가치세가 거래 대금에 포함되어 있는 것이 일반적이다. 그래서 평소에는 잘 느끼지 못하나 우리가 거래하는 모든 순간에 부가가치세가 포함되어 있다.

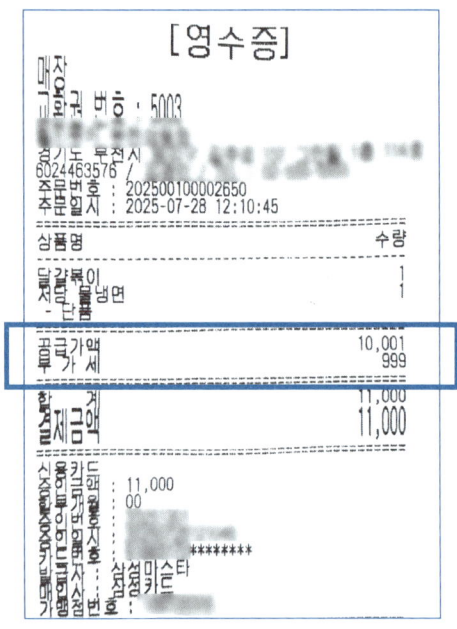

예를 들어, 위 영수증에서 '부가세'라고 표시된 부분이 바로 부가가치세다. 사업자는 소비자가 부담한 부가가치세 999원을 갖고 있다가 부가가치세를 신고할 때 납부해야 한다. 따라서 사업주의 매출은 11,000원이 아니라 10,001원이다.

∴ 부가가치세 매입세액이 왜 중요할까?

부가가치세는 재화와 용역이 공급되는 각 단계에서 추가로 발생하는 부가가치에 부과되는 세금이다. 따라서 과세의 핵심은 각 거래 단계에서 공급자가 창출한 부가가치를 정확히 측정하는 것이다. 이를 측정하는 방법에는 세 가지가 있다.

첫째, 각 단계에서 새롭게 더해진 부가가치를 직접 계산한 후 세율을 적용하는 방법이다. 즉 한 단계에서 새로 발생한 가치를 따로 구한 후, 여기에 세금을 부과하는 방식이다.

둘째, 판매 가격에서 원재료나 구입 비용을 빼고 남은 금액에 세율을 적용하는 방법이다. 즉 사업자가 물건을 팔아 받은 돈에서 원가를 뺀 후, 그 차액에 세금을 부과하는 방식이다.

셋째, 사업자가 납부해야 할 세금(매출세액)에서 이전 단계에서 이미 납부한 세금(매입세액)을 빼는 방법이다. 즉 최종적으로 부담해야 할 세금을 계산할 때, 이전 단계에서 낸 세금은 제외하고 납부하는 방식이다. 우리나라는 세 번째 방법인 '전단계 세액공제법'을 사용하고 있다.

부가가치세 과세 구조에서 매입세액공제는 사업사가 판매히면서 징수한 매출세액에서 공제 가능한 매입세액을 차감하고, 그 차액을 부담하는 방식이다. 따라서 매입세액공제가 가능한지 여부에 따라 사업자가 부담해야 할 부가가치세가 크게 달라질 수 있다.

- A가 판매한 제품에 대한 매출세액: 500원×10%= 50원
- A가 구매한 제품에 대한 매입세액: 300원×10%= 30원
- A가 부담해야 할 부가가치세: 50원-30원= 20원

예를 들어 보자. 화장품을 만들어 판매하는 A(일반과세자)가 화장품 원료를 200원에, 화장품 포장용기를 100원에 구매하여 개당 500원에 판매한다고 가정해 보자. 이때 A가 부담해야 할 부가가치세는 세 번째 방법에 따르면 앞과 같다.

∙∙ 매입세액공제가 안 되는 항목이 있다고?

① 필요적 기재사항 누락된 금액: 세법에서는 세금계산서에 필수적인 기재사항이 빠져 있으면 공제를 인정하지 않기 때문에, 기재사항이 누락된 금액에 대해서는 매입세액공제가 이뤄지지 않는다.

② 사업과 직접 관련 없는 지출: 부가가치세는 사업 활동과 관련된 거래에 대해서만 공제받을 수 있다.

③ 비영업용 승용차 관련 비용: 비영업용 승용차는 사업에 중요한 수단으로 사용되더라도 매입세액공제를 받을 수 없다. 여기서 비영업용 승용차라는 말은 업무와 무관하다는 뜻이 아니다. 다만, 영업용 승용차와 구별되는 개념으로, 영업용 승용차란 사업상 수익을 얻기 위해 직접 사용하는 차량을 말한다. 예를 들어, 자동차운전면허시험장의 시험용 자동차, 자동차 임대업의 임대자동차 같은 차량을 말한다.

④ 접대비: 접대비는 사업을 위해 필수불가결한 항목이지만, 국가 차원에서 장려할 항목은 아니다. 또한 접대비는 거래처와의 관계를 원활하게 해주기 위해 사용하는 비용이므로 사적인 목적인지 정말 순수하게 사업을 위해서인지 구분하기가 곤란한 경우가 많다. 따라서 정책적인 목적으로 매입세액공제를 하지 않는다.

⑤ 면세 사업과 관련된 매입: 면세 사업은 부가가치세의 대상이 아니므로 공제가 불가능하다.

⑥ 토지의 자본적 지출: 토지의 자본적 지출은 토지의 가치를 증가시키거나, 토지의 용도를 변경하거나, 토지를 장기적으로 사용할 수 있도록 하는 지출을 말하는데, 토지는 부가가치세가 부과되지 않기 때문에 이에 대한 공제가 인정되지 않는다.

⑦ 사업자등록 전 매입세액: 부가가치세는 사업 활동에 의해 발생한 세금이기 때문에 사업자등록 전에 발생한 매입세액은 공제되지 않는다. 다만, 공급 시기가 속하는 과세 기간 종료 후 20일 이내에 사업자등록을 신청한 경우에는 등록 신청일부터 공급 시기가 속하는 과세 기간의 시작일까지 거슬러 올라간 기간에 해당하는 매입분은 매입세액공제를 받을 수 있다. 예를 들어, 부가가치세 과세 기간은 1기(1~6월), 2기(7~12월)로 나누므로 2025년 6월 23일에 재화를 공급하고 2025년 7월 20일까지 사업자등록을 신청한 경우 2025년 1월 1일부터 매입세액공제가 가능하다.

⑧ 금, 구리 스크랩(Scrap) 거래 계좌 미사용 관련 매입세액: 금, 구리 스크랩은 재활용 가능한 금속 조각을 의미하며, 이에 대한 거래는 법적으로 특정 계좌를 통해서만 처리되어야 한다. 따라서 이 계좌를 사용하지 않으면 공제가 불가능하다.

부가가치세를 많이 내게 되는 이유는 공제되는 항목이 적기 때문이다. 기본적으로 세법에서 부가가치세에서 공제되지 못하는 항목을 위와 같이 규정하고 있다.

❖ 매출 대금을 못 받았는데 부가가치세를 내야 하나요?

실제 사업을 하다 보면, 재화나 용역의 공급은 완료되었지만 매출 대금이 늦어지는 경우를 종종 겪게 된다. 이 경우 법인 대표는 억울할 수 있지만, 세금계산서는 재화나 용역의 공급이 끝난 시점에 발행해야 하므로 매출 대금을 받았는지 여부와 관계없이 세금계산서를 발행하고 부가가치세를 납부해야 한다.

〈대손 세액공제의 요건〉

① 채무자의 파산, 강제집행, 형의 집행, 사업의 폐지, 사망, 실종 등
② 상법, 어음법, 수표법, 민법상의 소멸시효가 완성된 경우
③ 부도 발생일로부터 6개월 이상 지난 수표, 어음 및 외상매출금. 다만, 채무자의 재산에 대해 저당권을 설정하고 있는 경우는 제외
④ 법원의 회생 계획인가 결정 또는 법원의 면책 결정에 따라 회수 불능으로 확정된 채권
⑤ 채무 조정을 받아 신용회복 지원협약에 따라 면책으로 확정된 채권
⑥ 민사집행법에 따라 채무자의 재산에 대한 경매가 취소된 압류 채권
⑦ 중소기업의 외상 매출금 및 미수금으로서 회수기일이 2년 이상 지난 외상 매출금 등

그러나 만약 대금 지급이 일시적으로 지연되는 것이 아니라 부도 등으로 인해 받지 못할 상황이라면 다르다. 이럴 때는 대손 세액공제를 통해 부가가치세를 납부하지 않거나 차감받을 수 있다. 대손 세액공제는 사업자가 외상 매출금을 회수하지 못했을 때 해당 부가가치세를 차감해 주는 제도이다. 다만, 그 적용 요건이 엄격하게 정해져 있어 사업자가 가능한 한 매출을 회수하도록 유도하고 있다.

대손 세액공제 요건에 해당하는 경우는 매우 까다롭다. 또한 사업자가 재화나 용역을 공급한 후 공급일로부터 10년이 경과한 과세 기간의 확정신고 기한까지 대손이 확정되어야 공제가 가능하다. 이 기한이 지나면 대손 세액공제

를 받을 수 없다. 예를 들어, 2023년 9월 23일에 공급이 완료되었다면, 10년 후인 2034년 1월 25일까지 대손이 확정되어야만 공제가 가능하다.

•• 세금계산서를 발행해 주지 않는다면?

원칙적으로 세금계산서는 매출자가 발행해야 한다. 그러나 매출자가 발행해 주지 않을 경우 매입자가 매입자 발행 세금계산서를 통해 공제받을 수 있다. 원래 세금계산서는 재화, 용역을 공급한 자가 발행해 줘야 한다. 그러나 아직도 세금계산서를 발행하는 것을 꺼려 하는 사업자들이 더러 있다. 이럴 때 매입자는 관할 세무서장에게 '거래 사실 확인 신청'을 하고, 공급자 관할 세무서장의 확인을 받아 매입자 발행 세금계산서를 발행할 수 있다. 물론 이 경우 세금계산서를 발행해 주지 않은 사업자는 여러 법적 불이익을 받을 수 있다.

•• 부가가치세를 일찍 돌려받는 방법

- 사업자가 수출 등의 사유로 영(0)세율을 적용받는 경우
- 사업사가 대동령령으로 정하는 시업 설비를 신설, 취득, 확장, 증축하는 경우
- 사업자가 대통령령으로 정하는 재무구조 개선 계획을 이행 중인 경우

매출세액보다 매입세액이 크면 부가가치세를 환급받을 수 있다. 일반적인 경우 매입이 매출보다 크다는 것은 사업이 부진한 경우 또는 해당 과세 기간에 투자를 많이 하는 등 특정한 사유가 있는 경우다. 투자 등으로 자금이 많이 들었는데 세금 환급마저 늦는다면 사업자들의 현금 흐름이 경색되고 자금 부담이 클 것이다. 이를 위해 부가가치세를 일찍 돌려받을 수 있는 조기 환급 제

도가 있다. 모든 사업자가 조기에 환급받을 수 있는 것은 아니고 앞에 사유에 해당되면 신청이 가능하다.

예를 들어보겠다. B 기업은 해외로 제품을 수출하는 중소기업으로, 부가가치세 영세율(0%)이 적용되었다. 하지만 생산을 위해 원재료를 대량으로 구매하면서 매입세액이 많이 발생했다. 이 경우 조기 환급을 신청하면 일반적인 부가가치세 신고 기간(6개월)보다 빠르게 세금을 돌려받을 수 있다. B 기업은 조기 환급을 통해 빠른 현금 유동성을 확보하고, 이후 추가 원자재 구매와 설비 확장에 활용할 수 있었다. 이처럼 수출을 많이 하거나 사업 확장을 위한 투자 비용이 클 경우 조기 환급 제도를 활용하면 자금 부담을 줄일 수 있다.

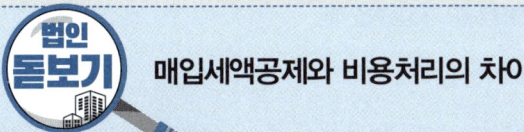
법인 돋보기 **매입세액공제와 비용처리의 차이**

매입세액이란 부가가치세에 관련된 개념으로 사업자가 상품이나 서비스를 구매할 때 지불한 부가가치세를 매출세액에서 공제받는 제도이다. 이 공제는 사업자가 부가가치세를 세무서에 납부할 때 적용된다.

매입세액공제 가능한 항목	매입세액공제 불가능한 항목
매입세액공제가 불가능한 항목 외에 사업과 관련된 일반적인 다음 비용 - 복리후생비, 지급수수료, 소모품비 등 각종 비용 - 사무실 인테리어, 유형자산 취득 등 비용	- 업무용 승용차 취득 및 관리 비용 - 사업과 무관한 비용 - 인건비(4대 보험, 3.3% 프리랜서 불문) - 접대비 - 토지 취득과 관련된 비용 - 면세 사업과 관련된 비용

매입세액공제는 적격증빙(세금계산서, 계산서, 현금영수증, 신용카드 전표)을 받아야만 공제가 가능하다. 매입세액공제 가능한 항목은 부가가치세 부분을 제외하고는 비용처리 또한 가능하다.

예를 들어, 330만 원의 비품을 구매했다면 30만 원(300만 원의 부가가치세)은 부가가치세 매입세액공제로 차감되고, 300만 원은 법인세 계산 시 비용처리가 가능하다. 반면, 330만 원 상당의 업무용 승용차 수리비가 발생했다면 부가가치세 매입세액공제 없이 330만 원 법인세 계산 시 비용처리가 가능하다.

그렇다면 어느 쪽이 더 세액 절감 효과가 크다고 할 수 있을까? 부가가치세 매입세액공제는 실제 납부해야 할 부가가치세에서 차감되는 것이고, 법인세의 비용처리는 과세 금액을 낮춰서 나중에 지불해야 할 세금을 낮춰주는 것이다.

위 예시에 따르면 매입세액공제를 받을 수 있을 때가 비용처리만 하는 경우보다 절세 효과가 더 크다고 할 수 있다. 이 경우 매입세액공제를 통해 부가가치세를 바로 줄이는 동시에 법인세 절세까지 더해지기 때문에 총 세금 절감액은 927,000원으로, 단순히 비용처리만 했을 때의 689,700원보다 훨씬 크다. 따라서 사업자는 가급적 적격증빙을 확보하여 매입세액공제를 받는 것이 유리하다고 할 수 있다.

04
배당으로 절세를
완성하는 법

법인 대표가 법인에서 급여를 받아갈 경우 고민이 클 수밖에 없다. 급여를 무작정 올리면 종합소득세 부담이 커지기 때문이다. 급여가 올라가면 종합소득세뿐만 아니라 4대 보험 부담도 커지게 된다. 분명 세금을 아끼기 위해 법인을 설립했는데, 법인을 운영해도 세금 부담은 여전히 무겁게 느껴진다. 그러나 무작정 법인을 운영하는 게 아니라 법인의 장점을 다 살리고 있는지 다시 한번 체크해 볼 필요가 있다.

배당이란 무엇인가?

배당이란 기업이 일정 기간에 영업활동을 해 발생한 이익 중 일부를 주주들에게 나눠주는 것을 말한다. 즉 법인에서 발생한 이익을 주주에게 다시 돌려주는 것이다. 급여와 다른 점은 급여는 주주가 아니더라도 회사를 위해 일했다면 지급받을 수 있지만, 배당은 주주만 지급받을 수 있다는 점이다. 주주이기만 하면 회사를 위해 근무하지 않았더라도 배당을 받을 수 있다.

이런 이유로 대표자의 자녀나 배우자 등 가족이 주주로 되어 있으면 합법적으로 적은 세금을 부담하고 부의 이전이 가능하다. 미성년 자녀이거나 일을 하지 않는 자녀나 배우자도 주주라면 배당을 받을 권리가 있다. 또한 급여는 회사를 위해 근무했다면 매출이 없어도, 이익이 나지 않아도 지급할 수 있다. 하지만 배당은 상법에서 정한 배당가능이익이 있을 때만 할 수 있다.

배당의 종류는 무엇이 있을까?

보통 배당이라고 할 때 떠오르는 것은 '현금 배당'이다. 가장 흔한 형태이며, 말 그대로 배당을 '현금'으로 지급하는 것이다. 이 외에는 주식 배당이 있다. 결의한 배당을 지급하면서 현금 대신 주식을 나눠주는 것이다. 주주 입장에서는 자금의 추가 출자 부담 없이 보유하는 주식 수가 늘어난다는 장점이 있다. 한편 회사 입장에서는 배당 지급에 소요되는 자금 유출을 막고, 주식 배당을 한 것과 동일한 효과를 낼 수 있다. 또한 주식 배당을 함으로써 회사 자본금이 증가되어 자본 비율 등 재무 구조를 더욱 건전하게 바꿀 수 있다.

배당을 하면 뭐가 좋을까?

소득이 많은 사람은 배당을 선호하는 경향이 있다. 세금을 덜 낼 수 있기 때문이다. 보통 수입이 들어오면 종합소득세를 내야 하는데, 소득이 많을수록 세율이 높아져서 세금을 더 많이 내게 된다. 그런데 배당소득은 일정 금액(연 2,000만 원)까지는 15.4%의 세율로 정해진 만큼만 세금을 내면 된다. 다른 소득(월급, 사업소득 등)과 합쳐 더 높은 세금을 내지 않아도 되는 것이다.

예를 들어, 어떤 사람이 1,000만 원을 월급과 배당으로 받는다고 생각해 보자. 만약 1,000만 원을 월급으로 받는다면, 세금을 떼고 실제 500~580만 원 정도를 받을 것이다. 그러나 만약 1,000만 원을 배당으로 받는다면, 세금을 떼고도 846만 원을 받을 수 있다. 따라서 같은 1,000만 원을 받더라도 배당으로 받으면 더 많은 돈을 받을 수 있는 것이다.

배당의 절차

배당은 하겠다는 결정만으로 가능한 게 아니라 상법상 요구하는 절차를 갖춰야 한다. 일단 배당 기준일을 설정하고 2주 전 공고를 진행해야 한다. 그리고 이사회의 결의 및 주주총회 결의도 이뤄져야 한다. 다만, 우리나라 중소기업의 특성상 이사회와 주주 구성원이 대부분 특수관계인이나 가까운 지인들로 이루어져 있으므로, 형식적인 절차만 잘 갖추면 되는 경우가 많다.

요식행위를 갖추더라도 배당은 회사에서 부를 유출하기 때문에 상법에서는 정기 결산에 의한 배당 1회, 중간 배당 1회로 엄격하게 횟수를 규정하고 있다. 즉 아무리 이익잉여금이 많이 남았다고 해도 배당은 연 최대 2회만 가능하다.

배당금은 어떻게 결정할까?

배당은 하고 싶다고 무조건 할 수 있는 게 아니라 배당가능이익 내에서 힐 수 있다. 배당은 회사 외부로 자금이 유출되는 것이기 때문에 상법에서는 회사의 부실을 막기 위해 배당을 할 수 있는 이익을 규정하고 있다. 배당가능이익은 재무상태표상의 순자산에서 자본금, 자본 준비금 및 이익잉여금 등을 차감한 금액이다. 배당가능이익이 있다면 그 안에서는 자유롭게 주주총회에서 결정이 가능하다.

05
창업 초기 반드시
챙겨야 할 감면 혜택

법인의 세금을 절약하는 가장 안전하고 확실한 방법은 무엇일까? 바로 많은 세액감면과 세액공제 중 챙길 수 있는 혜택을 꼼꼼히 체크하고 감면, 공제를 받는 것이다. 다만, 각종 감면과 공제는 항목도 많고, 요건도 까다로워 직접 챙기기 어려울 때가 많다. 그래서 대부분 이런 세액감면이 있는 줄 몰랐다고 말할 때가 많다.

모든 혜택을 챙기면 좋겠지만, 그중 설립한 지 얼마 안 된 법인이라면 반드시 챙겨야 할 감면 혜택이 있다. 바로 창업중소기업 감면이다. 그렇다면 창업중소기업 감면은 어떤 경우에 받을 수 있고 그 혜택은 무엇일까? 지금부터 창업중소기업과 청년 창업중소기업 위주로 설명해 보겠다.

창업중소기업

1. 감면 요건

창업중소기업 감면은 중소기업으로서 창업 감면 대상 업종에 해당해야 하고, 2027년 12월 31일 이전에[24] 해당 업종으로 창업해야 한다. 조세특례제한법은 세금 특례를 제공하는 특성상 대부분 감면/공제 기한이 규정되어 있으므로 해당 기한을 잘 체크할 필요가 있다. 이때 중소기업은 중소기업법이 아닌 조세특례제한법에서 규정한 요건을 충족해야 한다.

2. 감면율

1) 2025년 12월 31일 이전에 창업한 경우

창업 중소기업은 수도권 과밀억제권역 외의 지역에서 창업한 경우 소득세(개인사업자) 또는 법인세(법인사업자)의 50%를 감면받을 수 있다. 다만, 수도권 과밀억제권역 지역에서 창업한 경우에는 감면받을 수 없다.

2) 2026년 1월 1일 이후 창업한 경우

- 수도권 외의 지역 또는 수도권의 인구감소지역에서 창업한 창업중소기업: 50%
- 수도권(수도권과밀억제권역과 인구감소지역은 제외)에서 창업한 창업중소기업: 25%

3. 감면 한도

2024년 12월 31일 세법 개정에 따라 2025년 1월 1일 이후 창업분부터는 감면받는 세액의 합계액이 5억 원을 초과하면 초과분에 대해서는 감면을 받을

---

24 2025년 7월 기준이며, 조세특례제한법 항목들은 일몰되지 않고 계속 개정으로 기한이 연장되는 경우가 많다. 일반인에게 익숙한 연말정산 시 적용해 주는 신용카드 등 소득공제 또한 여러 번 기한이 연장되고 있다.

수 없게 되었다.

추가로 세법에서는 조세 특례를 적용할 때 최저한세 대상이 되는 감면/공제가 있고 최저한세 대상이 되지 않는 감면/공제가 있으므로 이 부분을 꼭 신경써야 한다. 창업중소기업 감면 50% 적용 시 최저한세 대상이므로 감면 대상 금액이 있더라도 최저한세만큼은 법인세 또는 소득세를 부담해야 한다.

4. 감면 기간

최초 소득이 발생한 기수	감면 적용 기간	비고
3기	3~7기	
7기	6~10기	6기에 소득 발생한 것으로 봄

최초로 소득이 발생한 과세연도와 그 다음 과세연도의 개시일로부터 4년 이내에 끝나는 과세연도까지, 쉽게 말하자면 총 5년간 감면이 적용된다. 이때 중요한 점은 '최초로 소득이 발생한' 과세연도부터 감면이 적용된다는 사실이다. 따라서 최초 창업으로부터 첫 1~2년간 소득이 발생하지 않았다면, 1~2년의 감면 기간이 소멸되고 남은 3년만 감면을 적용받을 수 있는 것이 아니라 5년 전부 감면받을 수 있다.

다만, 사업개시일로부터 5년이 되는 날이 속하는 과세연도까지 소득이 발생하지 않은 경우 5년이 되는 날이 속하는 과세연도부터 감면 기간으로 본다.

∴ 청년창업중소기업

1. 감면 요건

청년창업중소기업 감면은 우선 창업중소기업의 요건을 갖추고, 창업 당시 대표가 청년에 해당해야 한다. 이때 청년이란 만 15세 이상부터 만 34세 이하인 사람을 말한다. 이때 병역의무를 이행한 남성의 경우 최대 6년까지 병역을 이행한 기간이 반영된다. 보통 2년의 병역의무를 이행하였다면 만 36세 전에 창업한 남성의 경우 청년 창업에 해당한다.

개인사업자의 경우 사업주가 나이 요건을 갖추면 되며, 공동사업자의 경우 손익 분배 비율이 가장 큰 사업자의 나이 요건이 맞아야 한다. 만일 손익 분배 비율이 가장 큰 사업자가 두 명 이상이라면 모두 청년 나이 요건에 해당해야 한다. 법인사업자라면 개인사업자의 요건을 갖추고, 해당 청년이 지배 주주 등에 해당해야 한다.

2. 감면율

1) 2025년 12월 31일 이전에 창업한 경우

수도권과밀억제권역 외의 지역에서 창업한 경우 100% 감면된다. 수도권과밀억제권역 내에서 창업한 경우 50% 감면된다.

2) 2026년 1월 1일 이후에 창업한 경우

- 수도권 외의 지역 또는 수도권의 인구감소지역에서 창업한 청년창업중소
  기업: 100% 감면
- 수도권(수도권과밀억제권역과 인구감소지역 제외)에서 창업한 청년창업중소

기업: 75% 감면

- 수도권과밀억제권역에서 창업한 청년창업중소기업: 50% 감면

3. 감면 한도

청년창업중소기업 감면 역시 2024년 12월 31일 세법 개정으로 2025년 1월 1일 이후 창업분부터는 감면받는 세액의 합계액이 5억 원을 초과하는 경우, 그 초과하는 금액은 감면받을 수 없게 되었다.

위에서 설명한 최저한세의 경우 청년창업중소기업이 100% 감면되는 경우 최저한세 제외 대상이므로 최저한세와 무관하게 100% 감면 효과를 온전히 볼 수 있다.

4. 감면 기간

감면 기간도 창업중소기업 감면과 동일한데 최초로 소득이 발생한 과세연도와 그 다음 과세연도의 개시일부터 4년 이내에 끝나는 과세연도까지 감면이 적용된다.

5. 사후관리

수도권과밀억제권역 외 지역에서 창업한 청년창업중소기업의 대표가 법인사업자 요건을 충족하지 못하거나 개인사업자로서 손익 분배 비율이 가장 큰 사업자가 아니게 된 경우, 해당 사유가 발생한 날이 속하는 과세연도부터 남은 감면 기간 창업중소기업 감면율이 적용된다. 즉 100% 감면에서 50% 감면으로 변경된다.

한편 수도권과밀억제권역에서 창업한 청년창업중소기업의 대표자가 감면

기간 중 법인사업자 요건을 충족하지 못하게 되거나 개인사업자로서 손익 분배 비율이 가장 큰 사업자가 아니게 된 경우, 해당 사유가 발생한 과세연도부터 남은 감면 기간 동안 감면을 적용하지 않는다.

∵ 창업벤처중소기업

1. 감면 요건

벤처기업육성에관한특별법 제2조의2에 따른 벤처기업 중 창업 후 3년 이내에 2027년 12월 31일까지 벤처기업으로 확인을 받은 기업인 경우 감면이 적용된다.

2. 감면율

해당 사업에서 발생한 소득세 또는 법인세의 50%를 감면한다.

3. 감면 한도

2024년 세법 개정으로 인해 동일하게 2025년 1월 1일 이후 벤처기업으로 확인받는 경우부터는 감면받는 세액의 합계액이 5억 원을 초과하는 금액에 대해서는 감면받을 수 없다.

4. 감면 기간

창업벤처중소기업은 벤처기업으로 확인받은 후 최초로 소득이 발생한 과세연도와 그 다음 4년간 감면 적용이 가능하다. 이때 창업중소기업 감면과 동일하게 벤처기업으로 확인받는 날부터 5년이 되는 날이 속하는 과세연도까지 해당 사업에서 소득이 발생하지 아니하는 경우에는 5년이 되는 날이 속하는 과세연도를 최초 소득 발생 연도로 본다.

창업중소기업 감면 또는 청년창업중소기업 감면을 받는 도중에 벤처 인증을 받게 된 경우의 감면 기간은 벤처 인증을 받은 때부터 5년간 추가가 되는 것이 아니라, 잔여 기간 동안만 감면을 적용받을 수 있는 것이다.

5. 사후관리

벤처기업 확인이 취소된 경우 취소일부터, 유효 기간이 만료된 경우 유효 기간 만료일부터 감면을 적용하지 않는다.

기타 특례 사항

① 2025년 12월 31일 이전에 창업한 경우
- 수도권과밀억제권역 외 지역: 100% 감면
- 수도권과밀억제권역 내 지역: 50% 감면
② 2026년 1월 1일 이후에 창업한 경우
- 수도권 외 지역 또는 수도권의 인구감소지역: 100% 감면
- 수도권 일반지역(과밀억제권역 및 인구감소지역은 제외): 75% 감면
- 수도권과밀억제권역: 50% 감면

※ 수입 금액 기준은 1년 미만 과세 기간인 경우 1년 기준으로 환산하여 판단한다.

2024년 12월 31일 이전에 수도권과밀억제권역 외의 지역에서 창업한 창업중소기업(청년창업중소기업은 제외), 그리고 같은 날짜 이전에 벤처기업 확인을 받은 창업벤처중소기업이나 에너지신기술 중소기업에 해당하는 경우에는 추

가적인 감면 혜택이 있다.

이들 기업이 대통령령으로 정한 신성장 서비스업에 해당하는 업종을 영위하는 경우, 최초로 세액감면을 받은 과세연도와 그 다음 과세연도의 시작일부터 2년 이내에 끝나는 과세연도까지는 소득세 또는 법인세의 75%를 감면받는다. 그리고 그 다음 2년 이내에 끝나는 과세연도에는 소득세 또는 법인세의 50%를 감면받을 수 있다. 즉 소득이 발생한 해와 그 다음 1년 동안은 75% 감면, 이후 2년 동안은 50% 감면을 받는 것이다. 이 신성장서비스업 우대도 2024년 12월 31일까지 창업한 경우 적용되며, 2025년 1월 1일 이후 창업분부터는 신성장서비스업 우대 규정은 종료되었다.

또한 2027년 12월 31일 이전에 창업한 창업중소기업(청년창업중소기업은 제외)의 경우, 연간 수입 금액이 8,000만 원 이하인 과세연도에는 감면율이 다르게 적용된다.

감면을 잘한 사례 vs 잘못한 사례

A 대표는 기존에 음식점을 운영한 경험이 있었지만, 이번에는 처음으로 도·소매업 법인을 창업했다. 청년이면서 수도권과밀억제권역 외 지역에서 법인을 설립한 그는 상담 과정에서 '청년창업중소기업 감면' 요건에 해당된다는 사실을 확인했다. 이를 근거로 감면을 신청한 결과 앞으로 5년 동안 법인세를 전혀 납부하지 않아도 되었고, 이미 납부했던 법인세 역시 경정청구를 통해 환급받을 수 있었다. 요건을 정확히 파악하고 제도를 활용한 덕분에 세금 부담을 크게 줄인 성공적인 사례다.

반면, B 대표의 경우는 달랐다. 그는 지분 구조 변경을 위해 상담을 받으러 왔으나, 미팅 중 더 시급한 문제가 발견됐다. 개인사업자를 법인으로 전환하면서 '창업중소기업 감면'을 잘못 적용했던 것이다. 이 감면 제도는 혜택이 큰 만큼 요건에 부합하지 않게 적용하면 가산세까지 부과될 수 있다. 실제로 B 대표 역시 그 위험에 노출되어 있었다. 이 사례는 감면 제도가 아무리 매력적이라도 적용 전에 반드시 대상 여부를 면밀히 검토해야 한다는 점을 보여준다. 잘못된 판단은 혜택이 아니라 손해로 돌아올 수 있기 때문이다.

사후관리도 중요한 감면 혜택

창업 법인이 감면 혜택을 받는 데 성공했다면 거기서 끝이 아니다. 제도는 반드시 사후관리가 따르고, 이를 소홀히 하면 이미 받은 혜택을 토해내야 하는 상황에 직면할 수 있기 때문이다.

예를 들어, 청년창업중소기업 감면을 받던 회사의 대표가 임기 중간에 교체되거나 지배주주 요건을 충족하지 못하게 되면 남은 기간의 감면은 무효가 된다. 벤처기업 인증을 받아 추가 감면을 받던 경우에도 인증이 취소되면 즉시 혜택이 종료된다. 또한 지분 구조 변경, 업종 전환, 본사 이전 등 사업 운영 중 자연스럽게 발생하는 변동이 감면 요건에 직접 영향을 미칠 수 있다. 감면을 잘 받았다가도 요건 유지에 실패하면 가산세까지 붙은 세금 폭탄을 맞을 수 있다. 따라서 감면을 받는 동안에는 정기적으로 요건 충족 여부를 점검하고, 변동 사항이 생기면 반드시 세무사와 상의해야 한다.

또 하나 놓치기 쉬운 부분이 바로 업종코드 선택이다. 창업 감면은 '창업 당시의 업종 코드'가 기준이 된다. 그런데 업종 분류가 세분화되어 있어 유사한 사업임에도 감면 대상 업종에 해당하지 않는 경우가 많다. 예를 들어 정보통신업 중 일부 세부 업종은 대상이지만, 단순 뉴스 제공업은 제외된다. 비슷한 업종이라도 코드 선택에 따라 감면 가능 여부가 달라지므로, 설립 단계에서 업종코드를 전략적으로 설계해야 한다. 특히 복수 업종을 병행할 계획이라면 감면 대상 업종을 주된 업종으로 등록하는 것이 중요하다.

사후관리와 업종코드 전략은 창업자가 직접 챙기기에는 까다로운 부분이 많다. 하지만 세무 전문가와 함께 설계한다면 '감면을 받았다가' 뺏기는 상황을 피하고 혜택을 온전히 누릴 수 있다. 결국 감면 제도의 진짜 가치는 받을 때보다 유지할 때 결정된다는 사실을 잊지 말아야 한다.

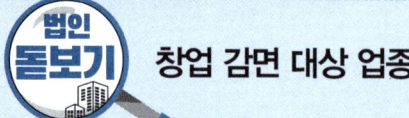

창업 감면 대상 업종

창업을 준비하는 경우 세법에서 정한 일정 업종에 해당하면 창업 감면 혜택을 받을 수 있다. 아래 업종은 현행 법령상 창업 감면 대상에 해당하는 주요 업종이다.

① 광업

② 제조업

③ 수도, 하수 및 폐기물 처리, 원료 재생업

④ 건설업

⑤ 통신판매업

⑥ 대통령령으로 정하는 물류 산업

⑦ 음식점업

⑧ 정보통신업(비디오물 감상실 운영업, 뉴스 제공업, 블록체인 기반 암호화 자산 매매 및 중개업 제외)

⑨ 금융 및 보험업 중 정보통신을 활용하여 금융 서비스를 제공하는 업종

⑩ 전문, 과학 및 기술서비스업(변호사/변리사/법무사/공인회계사/세무사/수의사/행정사/건축사 사무소 제외)

⑪ 사업시설 관리, 사업지원 및 임대서비스업 중 사업시설 관리 및 조경서비스업/사업지원 서비스업

⑫ 사회복지 서비스업

⑬ 예술, 스포츠 및 여가 관련 서비스업(자영예술가/오락장 운영업/수상오락 서비스업/사행시설 관리 및 운영업/그 외 기타 오락 관련 서비스업은 제외)

⑭ 협회 및 단체 수리 및 기타 개인 서비스업 중 개인 및 소비용품 수리업/이용 및 미용업

⑮ 직업기술 분야를 교습하는 학원을 운영하는 사업 또는 직업능력개발시설 운영업

⑯ 관광진흥법에 따른 관광숙박업, 국제회의업, 유원시설업 및 관광객 이용시설업

⑰ 노인복지법에 따른 노인복지시설을 운영하는 사업

⑱ 전시산업발전법에 따른 전시산업

위 업종에 해당하는 경우, 창업 시 법에서 정한 조건을 충족하면 일정 기간 세금 감면 혜택을 받을 수 있다. 따라서 창업 전 업종의 해당 여부를 반드시 확인하는 것이 중요하다.

제2부

10년 후
엑시트를 위한
전략적 로드맵

창업 3년 이내,
반드시 해야 할
경영 전략

01
세금 50% 감면,
벤처기업 인증 받기

사업을 시작하고 초기 단계에서 꼭 준비해야 할 것이 있다. 벤처기업 인증이다. 다른 어떤 것보다도 혜택이 크기 때문이다. 벤처기업 인증이란 말 그대로 혁신성과 성장 가능성을 인정받아 벤처기업으로 지정되는 제도이다. 이 인증은 정부가 지원하는 다양한 혜택을 받을 수 있는 자격을 부여하며, 벤처기업의 창업과 성장을 촉진하기 위해 도입되었다. 회사가 성장하면 매출과 순이익이 늘어나고 그에 따라 세금 부담도 늘어나는데, 이때 벤처기업 인증은 세금 혜택뿐만 아니라 정책자금 활용, 광고비, 전문 인력 등 다양한 혜택을 볼 수 있다.

어떤 세금이 얼마나 감면되나

벤처기업 인증의 혜택에는 어떤 것들이 있을까? 가장 대표적인 혜택들을 한번 살펴보도록 하자.

분류	지원 제도	세부 내용
세제	창업벤처기업의 종합소득세 또는 법인세	창업벤처기업(창업 후 3년 이내 벤처 확인을 받은 기업) 소득세, 법인세 최대 5년간 50% 감면
	창업벤처기업 취득 부동산의 취득세, 재산세 경감	창업일로부터 3년 이내에 벤처기업으로 확인을 받은 벤처기업은 최초로 확인받은 날부터 4년 이내(청년창업벤처기업의 경우 5년)에 취득하는 부동산에 대해 지방세를 경감
금융	기술보증기금 보증 한도 확대	보증 한도 50억 원, 이행보증과 전자상거래 담보보증 70억 원
	기술보증기금 우선 신용보증	벤처기업은 기술보증기금의 우선적 보증 지원 대상
	코스닥 상장 심사 기준 우대	벤처기업 상장 심사 시 심사 기준 하향 적용
M&A	벤처기업 대기업집단 계열 편입 유예	대기업이 투자한 일정 중소, 벤처기업의 대기업집단[1] 편입을 7년(신기술사업 금융전문회사가 투자한 기업은 10년) 유예
입지	벤처기업 육성촉진지구 벤처 부동산 취득세·재산세 감면	벤처기업 육성촉진지구 내 입주하는 벤처기업을 대상으로 부동산 취득세 50%, 재산세 35% 감면(지방세특례제한법 제58조)
	벤처기업 직접시설 입주 벤처 부동산 취득세·제산세 감면	벤처기업 직접시설 또는 산업기술단지에 입주 하는 벤처기업을 대상으로 부동산 취득세 50%, 재산세 50%(수도권 이외 지역 60%) 감면(지방세특례제한법 제58조)
특허	특허 및 실용신안 등록, 출원 우선 심사	출원인과 기업(또는 대표자)의 명의가 일치하고, 벤처 확인받은 업종과 출원된 발명이 관련성이 있을 경우 특허 및 실용신안 등록, 출원을 우선적으로 심사

---

1 공정거래위원회가 지정하는 공시 대상 기업집단 또는 상호 출자 제한 기업집단에 속하는 것을 의미한다. 대기업집단에 편입되면 자산 규모와 경제적 영향력에 따라 별도의 규제를 받게 된다.

분류	지원 제도	세부 내용
인력	스톡옵션 대상 및 한도 확대	- 주식매수권 대상 확대: 벤처기업 임직원→기술, 경영 능력을 갖춘 자, 대학 또는 국공립 연구기관, 벤처기업이 인수한 기업의 임직원 - 주식매수권 부여 한도 확대: 해당 기업이 발행한 주식 총수의 50%까지 가능(일반 주식회사는 발행 주식의 10% 이내, 상장회사는 20% 이내)
	기업부설연구소 및 연구개발 전담부서 인력 기준 완화	벤처기업은 기업부설연구소 또는 연구개발전담부서의 연구 전담요원 인정 기준을 완화(벤처기업: 2명 이상)
	기업부설창작연구소 및 기업 창작전담부서 인력 기준 완화	벤처기업은 기업부설창작연구소 또는 기업창작전담부서의 창작전담요원 인정 기준을 완화(벤처기업: 2명 이상)
광고	방송 광고비 할인 지원	벤처기업을 대상으로 3년 동안 TV, 라디오 등의 방송에서 광고 시 70% 할인 혹은 250% 보너스 지급
	방송 광고 제작비 지원	벤처기업을 대상으로 TV, 라디오 광고 제작비 지원 * TV 최대 4,500만 원 한도 내에서 제작비의 50% 지원, 라디오 최대 300만 원 한도 내에서 제작비의 70% 지원

벤처기업 인증은 세액감면뿐 아니라 다양한 정부지원사업에서 가점을 받을 수 있는 중요한 제도이다. 예를 들어, R&D 과제, 전문 인력 지원, 판로 개척 및 수출 지원 사업 등 각종 프로젝트에서 벤처기업 인증 여부는 평가 시 가점 항목으로 적용된다. 특히 업력 3년 이내 기업이라면 반드시 챙겨야 할 요소이다.

한 기업은 업력 3년 미만이었지만 60억 원의 순이익을 올려 법인세로 약 13억 원을 납부해야 하는 상황이었다. 그러나 벤처기업 인증을 통해 소득세 또는 법인세의 50% 감면을 적용받아 약 6억 5,000만 원의 순이익 증가 효과를 얻었다. 단순히 매출을 높여 순이익을 올리는 것뿐 아니라 제도적인 감면과 혜택을 적극적으로 활용하는 것도 중요한 경영 전략이다.

또한 급성장하는 기업의 경우 사옥을 구입하는 사례도 많은데, 이때도 벤처기업 인증은 큰 효과를 발휘한다. 인증을 받은 기업이 사옥을 구입하면 취득세가 75% 감면되며, 재산세는 최초 3년간 전액 면제되고 이후 2년간은 50% 감면 혜택을 받을 수 있다. 이처럼 세제 혜택 측면에서도 벤처기업 인증은 반드시 준비해야 할 인증이다.

또한 벤처기업 인증을 통해 다양한 정부지원사업에서 유리한 점수를 받을 수 있다. 우선 정책자금을 신청할 때 정량적인 가점을 받을 수 있다. 예를 들어, 중소벤처기업진흥공단의 직접 대출 신청 시 벤처기업 인증은 가점 항목으로 명시되어 있다. 정책자금은 선착순이 아니라 경쟁 평가를 통해 선정되기 때문에 가점 항목 하나하나가 중요한 요소가 된다.

기술보증기금에서는 벤처기업 인증을 받은 기업에게 '보증 한도 확대' 혜택을 제공한다. 일반 중소기업은 최대 30억 원까지 보증되지만, 벤처기업은 최대 50억 원까지 보증받을 수 있다. 이를 통해, 보증료율과 은행 금리를 낮추는 효과를 볼 수 있다. 이 외에도 신용보증기금, 지역 신용보증재단 등 다른 보증기관에서도 벤처기업 인증은 평가 시 가점 요소로 작용한다.

무상지원금 형태의 사업화자금도 마찬가지다. 초기창업패키지, 청년창업사관학교, 창업도약패키지와 같이 1억 원 이상의 무상지원금을 지원하는 사업에서 벤처기업 인증 역시 가점 항목으로 긍정적인 평가를 이끌어낼 수 있다. 벤처기업 인증은 곧 기술력과 성장 가능성을 공신력 있게 증명하는 수단이기 때문이다.

이처럼 R&D 지원사업, 바우처 지원사업, 판로 및 수출 지원 등 다양한 사업에서도 벤처기업 인증은 경쟁력 있는 증빙 자료가 되어 유리한 평가를 받을 수 있다. 결론적으로 세제 혜택은 물론이고 정부지원사업 전반에 걸쳐 벤처기업 인증은 실질적인 도움을 주는 중요한 자산이다. 인증 대상에 해당된다면 반드시 챙기는 것이 좋다.

⦂ 벤처기업 인증 신청 유형

이제 구체적으로 벤처기업 인증의 신청 유형에 대해 알아보자. 벤처기업 인증은 총 네 가지 유형 중 하나를 골라 신청하면 된다. 네 가지 유형은 다음과 같다.

1. 벤처투자 유형

벤처투자 유형의 요건은 다음과 같다.

첫째, 중소기업이다. 중소기업기본법 제2조에 따른 중소기업이어야 한다.

둘째, 적격투자기관으로부터 유치한 투자 금액의 합계가 5,000만 원 이상이어야 한다.

셋째, 자본금 중 투자 금액의 합계가 차지하는 비율이 10% 이상이어야 한다(문화산업진흥기본법 제2조 제12호에 따른 제작자 중 법인일 경우 7% 이상).

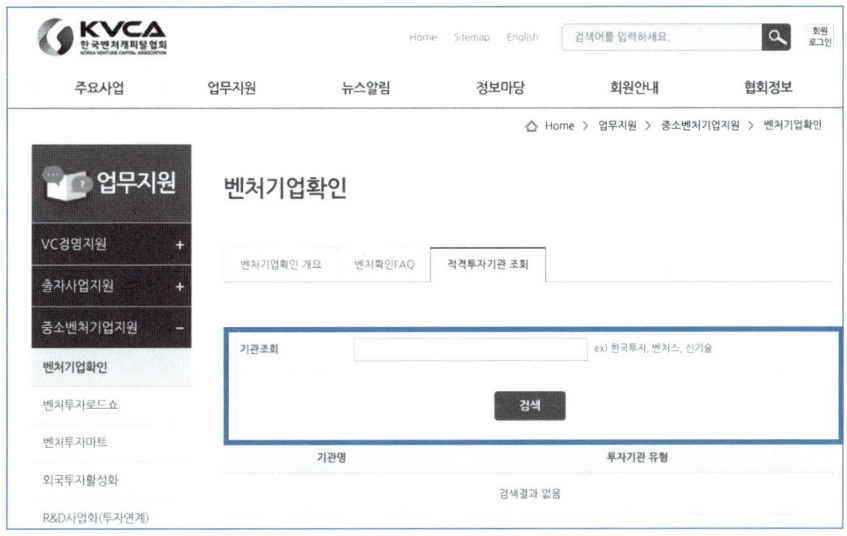

적격투자기관 여부를 확인해 보자

즉, 중소기업이 외부 투자기관으로부터 5,000만 원 이상을 투자받되, 단순한 개인이나 일반 회사가 아닌 정부가 인정한 '적격투자기관'이어야 한다. 적격투자기관 여부는 '한국벤처캐피탈협회 → 업무지원 → 중소벤처기업지원 → 벤처기업확인 → 적격투자기관 조회' 메뉴에서 확인할 수 있다.

	제출 서류	자동 연계	체크 사항
1	중소기업확인서	O	–
2	사업자등록증	O	–
3	법인등기부등본	X	등기사항전부증명서 제출용(말소사항 포함), 신청일 기준 2주 이내 발급분)
4	부가가치세신고서	O	신고 예정 또는 확정 최근 신고분(세무서 제출분). 자료가 없는 경우 사유서 첨부

| 5 | 재무제표(또는 감사 보고서) | O | 최근 3개년 자료(최근 3개년 자료가 없을 시 해당 기간 내 자료 첨부(1, 2개년) |

※ 투자 사실 관계 확인을 위한 기타 서류(주주명부, 통장잔고확인서 등)는 전문 평가기관(한국벤처캐피탈협회)에서 별도 요청

또한 해당 투자금이 법인의 자본금 대비 10% 이상이어야 하며, 이 요건을 증명하기 위해서는 투자 확인서, 투자 계약서, 주주명부 등 관련 서류를 제출해야 한다.

2. 연구개발 유형

다음으로 연구개발 유형이다. 연구개발 유형의 요건은 다음과 같다.

첫째, 중소기업이어야 한다.

둘째, 기업부설연구소, 연구개발 전담부서, 기업부설 창작연구소, 기업창작 전담부서 중 하나 이상을 보유하고 있어야 한다.

셋째, 벤처기업 확인을 신청하는 날이 속한 분기의 직전 4개 분기 동안 연구개발비 지출이 5,000만 원 이상이어야 하며, 같은 기간 동안의 총 매출액 중 연구개발비 비율이 업종별 기준 5% 이상이어야 한다(다만, 창업 3년 미만 기업은 연구개발비 요건이 면제된다).

넷째, 벤처기업 확인기관으로부터 사업의 성장성이 우수한 기업이라는 평가를 받아야 한다. 이때 연구개발 유형의 연구개발비는 재무제표 손익계산서상의 경상연구 개발비가 아닌 '벤처기업 확인요령'의 연구개발비 산정 기준에 따른다.

중분류	지표명	평가 내용	신규 신청 기업		재확인 신청 기업
			창업 3년 미만	창업 3년 이상	
사업화 기반	고용 상승률	최근 3년간 연말 기준 총직원 수 증감 추세 평가(고용보험 피보험자 기준)	-	10%	10%
	목표 시장 설정의 적절성	신청 기업의 사업 목표 시장 설정의 적절성, 성장성 등 종합 평가	20%	20%	10%
사업화 활동	기업가정신 기반의 사업 계획의 적절성	사업 계획이 기업가정신에 입각하여 문제 정의, 해결 방안, 성장 전략, 팀 구성 측면에서 적절하게 수립되었는지 평가	50%	40%	30%
	협업 실적	신청 기술(제품/서비스)과 관련하여 국내외 업무(사업)상 제휴 실적 평가	10%	10%	10%
사업화 성과	자금운용 계획의 타당성	기업 성장에 필요한 자금에 대한 투자 계획 수립 수준 및 실현 가능성 등을 종합 평가	20%	20%	20%
	사업 성과	최근 3년간 재무(매출, 영업이익, 수출액), 서비스(연 평균 월간 활성 이용자 수, 고객 전환율, 총 거래액), 사업 진행(바이오, 의약품) 성과 추세 평가(2개 지표 선택 평가)	-	-	20%

연구개발유형 점수 배점표(사업성장성)

업종	매출액 규모별 연구개발 투자 비율		
	50억 원 미만	50억 원 이상 100억 원 미만	100억 원 이상
의약품(21)	6%	6%	6%
기계 및 장비 제조(29) 〈단, 사무용기계 및 장비(2918) 제외〉	7%	5%	5%
컴퓨터 및 주변 장치(263)	6%	6%	5%
사무용 기계 및 장비(2918)	6%	6%	5%
전기 장비(28)	6%	5%	5%
반도체 및 전자 부품(261, 262)	6%	5%	5%
의료, 정밀, 광학기기 및 시계(27)	8%	7%	6%
기타 제조업	5%	5%	5%
도매 및 소매업(45~47)	5%	5%	5%
통신업(61)	7%	5%	5%
소프트웨어 개발 공급업(582)	10%	8%	8%
컴퓨터 프로그래밍, 시스템 통합관리업(62)	10%	8%	8%
정보 서비스업(63)	10%	8%	8%
인터넷 산업	5%	5%	5%
기타 산업	5%	5%	5%

업종별 연구개발 투자 비율

연구개발 유형의 경우 위에 명시되어 있는 요건이 검증되고 사업의 성장성을 충족하면 된다.

〈개편 사업계획서 작성 내용(연구개발유형)〉

1. 기술(제품/서비스)에 대한 핵심 기능과 BM(비즈니스 모델)
기술(제품/서비스)의 핵심 기능과 비즈니스 모델, 차별성, 경쟁력 확보 방안 등 작성

2. 목표 시장 및 고객 정의
개발 완료 또는 개발 중인 기술(제품/서비스)의 목표 시장과 고객을 객관적인 자료를 활용하여 정의하고 목표 시장의 향후 3년간의 변화를 예측하여 작성

3. 경쟁사 분석
'2. 목표 시장 및 고객 정의'에서 제시한 목표 시장에서 이미 판매나 서비스를 제공하고 있는 경쟁 기업(최대 3개사)의 특장점, 경쟁 우위를 위한 전략 등에 대해 작성

4. 시장 진입 및 확대 전략
'2. 목표 시장 및 고객 정의'에서 제시한 목표 시장에 진입하기 위한 마케팅 계획 수립 단계부터 현재까지의 추진 경과를 구체적으로 작성하고, 시장 점유 목표와 달성을 위한 향후 3년간의 계획을 단계별로 구체적으로 작성

5. 자금 운용 계획
창업 후 소요된 자금의 규모(업력 3년 이상 기업은 최근 3년 기준)와 신청 기술(제품/서비스)의 개발과 구현을 위한 자금 조달 현황과 향후 3년간의 자금 조달 계획을 구체적으로 작성

6. 팀 구성

대표자의 주요 경력, 기업가정신 발휘 경험 등 작성

7. 기술개발 실적

정부 및 지자체 공모 연구개발, 국내·외 공동 연구, 정부지원금 활용 기술개발, 자체 연구개발 실적 작성

8. 지식재산권 보유 현황

등록 및 출원 중인 특허, 실용신안, 디자인권, 상표권, 품종보호권, 저작권, SW프로그램 등 보유 중인 지식재산권을 작성하며, 재확인 기업의 경우 신청일 기준 최근 3년간 추가된 지식재산권만 추가하여 작성

9. 외부 협업 실적

개발 중인 기술(제품/서비스)과 직접적인 연관이 있는 내용으로 국내외 기업, 기관 등과의 공동 사업 추진이나, 제휴 목적의 비밀유지협약(NDA), MOU 등 실적을 작성하고, 재확인 기업의 경우 신청일 기준 최근 3년간 신규 추가된 건만 작성

10. 사업 성과(재확인 기업만 해당)

매출액, 수출액, 영업이익, 연 평균 월간 활성 이용자 수, 고객 전환율, 총 거래액(GTV), 의약품 개발 단계(바이오·의약품만 해당) 성과 중 신청 사업에서 두 가지 지표를 선택하여 최근 3년간 실적 작성

사업계획서의 내용은 기업가정신에 입각해 문제 정의부터 해결 방안, 그 이후 팀 구성 등의 설정과 사업 성장을 위해 목표 설정 및 자금 운영을 했는지를 중요하게 여긴다.

제출 서류	체크 사항
협업 실적 증빙 서류	신청 기술 사업화 관련 협업 증빙 서류(공동 판매, 마케팅 등 사업 협력) -업무제휴서, 약정서, 계약서, MOU, NDA 등
서비스 사업성과 증빙 서류	웹로그 분석 결과서(구글 애널리틱스 등) -연 평균 월간 활성 이용자 수, 고객 전환율, 총 거래액 확인

현장 실제 조사 시 준비 서류(해당 시 제출)

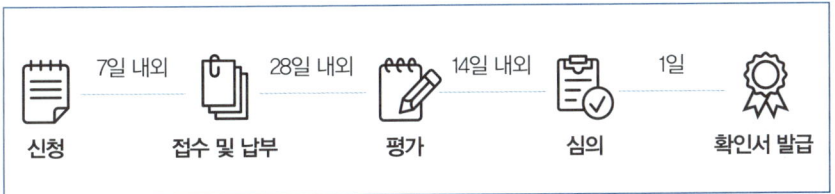

| 신청 | 7일 내외 | 접수 및 납부 | 28일 내외 | 평가 | 14일 내외 | 심의 | 1일 | 확인서 발급 |

신청 프로세스

3. 혁신성장 유형

다음으로, 혁신성장 유형은 일반적인 중소기업에서 가장 많이 신청하는 유형으로 평가 사항은 '기술의 혁신성'과 '사업의 성장성' 두 가지이다.

첫째, 기술의 혁신성에서는 전담 연구조직 및 기술 인력의 전문성과 기술개발 계획의 적절성, 그리고 기술의 차별성과 지식재산권의 보유 현황을 중요하게 여긴다. 그래서 전담 연구조직 및 기술 인력의 전문성을 잘 나타내기 위해 기업부설연구소를 설립해 표현할 수 있다. 그리고 기술의 차별성과 지식재산권의 보유 현황을 위해 특허를 미리 준비하는 것도 좋은 방법이다.

둘째, 사업의 성장성에는 기업가정신 기반의 사업 계획의 적절성을 가장 중요하게 여긴다. 기업가정신이란, 쉽게 말하면 불편함을 발견하고, 새로운 방법으로 해결하려는 도전과 실행의 자세다. 단순하게 창업을 하는 것이 아니라,

세상의 문제를 기회로 바꾸고 그 해결 과정에서 가치를 만드는 태도를 말한다. 문제를 어떻게 정의하고, 그걸 얼마나 창의적이고 용기 있게 풀어내는가가 기업가정신의 핵심이라 할 수 있다.

핵심 요소	설명	예시
문제 인식	세상에 어떤 불편함이 있는 지 민감하게 발견함	왜 중소기업은 세금 신고가 늘 어려울까?
기회 포착	그 문제 속에서 사업 기회를 찾아냄	AI로 이걸 자동화하면 수요가 있겠는데?
위험 감수	불확실함 속에서도 도전하는 용기	처음엔 고객이 없을 수도 있지만 시도해 보자
혁신 실행	기존과는 다른 방식으로 문제를 해결함	사람 대신 챗봇이 세금 상담을 해 준다면?

아이디어 작성 예시

위의 표를 통해 기업가정신이 단순한 아이디어 제시가 아니라, 문제를 발견하고 해결하는 전 과정임을 이해할 수 있을 것이다. 추가적으로 벤처기업 확인 사업계획서에 대표에 대한 소개를 하는 란이 있다. '기업가정신을 발휘했던 경험'란에 위의 아이디어를 참고해서 과거의 경험을 바탕으로 기업가정신을 표현한다면 높은 점수를 받을 수 있을 것이다.

중분류	지표명	평가 내용	신규 신청 기업		재확인 신청 기업
			창업 3년 미만	창업 3년 이상	
기술 개발 기반	연구조직 및 기술 인력의 전 문성	전담 연구조직 보유 형태, 기술개발 전담 인력 비율, 기술인력 기술자 등 급 평가	30%	20%	20%
	연구개발 비 투자 현황	매출액 대비 연구개발비 또는(매출액 없는 경우) 연구개발비 투자 규모	–	20%	10%
기술 개발 활동	기술개발 계획의 적 절성	신청 기술(제품/서비스) 개발 추진 계 획의 구체성과 실현 가능성 등 종합 평가	30%	20%	10%
	R&D 실적	신청 기술(제품/서비스)의 독창성, 우위 성, 대체성, 활용성에 대한 종합 평가	10%	20%	30%
기술 개발 성과	기술의 차 별성	신청 기술(제품/서비스)의 독창성, 우위 성, 대체성, 활동성에 대한 종합 평가	20%	20%	30%
	지식재산 권 보유 현황	신청 기술(제품/서비스)과 연관성이 높은 지식재산권 보유 현황 평가	10%	10%	10%

혁신성장 유형 점수 배점표(기술혁신성)

중분류	지표명	평가 내용	신규 신청 기업		재확인 신청 기업
			창업 3년 미만	창업 3년 이상	
사업화 기반	고용 상승률	최근 3년간 연말 기준 총직원 수 증감 추세 평가(고용보험 피보험자 기준)	–	10%	10%
	목표 시장 설정의 적절성	신청 기업의 사업 목표 시장 설정의 적절성, 성장성 등 종합 평가	20%	20%	10%
사업화 활동	기업가정신 기반의 사업 계획의 적절성	사업 계획이 기업가정신에 입각하여 문제 정의, 해결 방안, 성장 전략, 팀 구성 측면에서 적절하게 수립되었는지 평가	50%	40%	30%
	협업 실적	신청 기술(제품/서비스)과 관련하여 국내,외 업무(사업)상 제휴 실적 평가	10%	10%	10%
사업화 성과	자금운용 계획의 타당성	기업 성장에 필요한 자금에 대한 투자 계획 수립 수준 및 실현 가능성 등을 종합 평가	20%	20%	20%
	사업 성과	최근 3년간 재무(매출, 영업이익, 수출액), 서비스(연 평균 월간 활성 이용자 수, 고객 전환율, 총 거래액), 사업 진행(바이오,의약품) 성과 추세 평가 (2개 지표 선택 평가)	–	–	20%

혁신성장 유형 점수 배점표(사업성장성)

〈개편 사업계획서 작성 내용(혁신성장 유형)〉

1. 기술(제품/서비스)의 개발 배경 및 필요성

기술(제품/서비스)을 개발하게 된 배경이 되는 사회적 문제점(불편함)과 해결 필요성을 작성하고, 재확인 기업의 경우 기존 기술(제품/서비스)의 기술적 개선 (고도화) 현황 또는 새롭게 개발된 기술(제품/서비스)의 개발 배경에 대해 작성

2. 솔루션으로서의 기술(제품/서비스) 소개

'기술(제품/서비스)의 개발 배경 및 필요성' 항목에서 작성한 사회적 문제점을 해결하기 위한 기업의 보유 기술(제품/서비스)의 우위성, 차이점, 특장점 등을 구체적으로 작성

3. 제품/서비스 관련 기술개발

신청 기술(제품/서비스)의 개발 과정(추진 경과)을 구체적으로 작성하고, 향후 3년간의 기술(제품/서비스) 발전을 위한 목표와 계획(추진 계획)을 구체적으로 작성

4. 목표 시장 및 고객 정의

개발 완료 또는 개발 중인 기술(제품/서비스)의 사업 목표 시장과 고객을 객관적인 자료를 활용하여 정의하고, 목표 시장의 향후 3년간의 변화를 예측하여 작성

5. 경쟁사 분석

'4. 목표 시장 및 고객 정의'에서 제시한 목표 시장에서 이미 판매나 서비스를 제공하고 있는 경쟁 기업(최대 3개사)의 특장점, 경쟁 우위를 위한 전략 등에 대해 작성

6. 시장 진입 및 확대 전략

'4. 목표 시장 및 고객 정의'에서 제시한 목표 시장에 진입하기 위한 마케팅 계획 수립 단계부터 현재까지의 추진 경과를 구체적으로 작성하고, 시장 점유 목표와 목표를 달성하기 위한 향후 3년간의 계획을 단계별로 구체적으로 작성

7. 자금 운용 계획

창업 후 소요된 자금의 규모(업력 3년 이상 기업은 최근 3년 기준)와 신청 기술(제품/서비스)의 개발과 구현을 위한 자금조달 현황과 향후 3년간의 자금 조달 계획을 구체적으로 작성

8. 팀 구성

대표자의 주요 경력, 기업가정신 발휘 경험, 연구개발 조직 및 기술개발 인력 현황 등 작성

9. 연구개발비

기술(제품/서비스) 개발을 위해 사용된 신청일 기준 당기 연구개발비 합계액 작성

10. 기술개발 실적

정부 및 지자체 공모 연구개발, 국내·외 공동 연구, 정부지원금 활용 기술개발, 자체 연구개발 실적 작성

11. 지식재산권 보유 현황

등록 및 출원 중인 특허, 실용신안, 디자인권, 상표권, 품종보호권, 저작권, SW프로그램 등 보유 중인 지식재산권을 작성하며, 재확인 기업의 경우 신청일 기준 최근 3년간 추가된 지식재산권만 추가하여 작성

12. 외부 협업 실적

'3. 제품/서비스 관련 기술개발'에서 작성한 기술과 직접적인 연관이 있는 내용으로 국내외 기업, 기관 등과의 공동 사업 추진이나, 제휴 목적의 비밀유지협약(NDA), MOU 등 실적을 작성하고, 재확인 기업의 경우 신청일 기준 최근 3년간 추가된 건만 작성

13. 사업 성과(재확인 기업만 해당)

매출액, 수출액, 영업이익, 연 평균 월간 활성 이용자 수, 고객 전환율, 총 거래액(GTV), 의약품 개발 단계(바이오·의약품만 해당) 성과 중 신청 기업에서 2가지 지표를 선택하여 최근 3년간 실적 작성

	제출 서류	체크 사항
1	자체 연구조직 보유 증빙 서류	기업부설연구소(전담부서), 기업부설 창작연구소(전담부서) 등 인정받은 연구기관 미보유 시 자체 연구조직 확인을 위한 서류-조직도, 업무 분장표 등
2	기술개발인력 기술자 등급 확인 서류	최종 학력/경력증명서, 자격증 등
3	R&D 실적 증빙 서류	정부 및 지지체, 산학연간 공동 연구, 정부지원 ·시제품 제작 사업 참여 확인서(협약서, 계약서, 약정서, 연구보고서 등) 및 자체 연구개발 실적 증빙(연구보고서, 연구노트 등)
4	지식재산권 보유 현황 증빙 서류	산업재산권 등록원부
5	협업 실적 증빙 서류	- 신청기술 사업화 관련 협업 증빙 서류(공동 판매, 마케팅 등 사업협력) - 업무 제휴서, 약정서, 계약서, MOU, NDA 등
6	서비스 사업성과 증빙 서류	- 웹로그 분석 결과서(구글 애널리틱스 등) - 연 평균 월간 활성 이용자 수, 고객 전환율, 총 거래액 확인

공통 제출 서류

제출 서류		체크 사항
선택 서류(해당 시 제출): 온라인 신청서 작성분에 대한 증빙		
1	주주명부 (법인사업자 필수)	– 확인 신청일 현재 주주명부 (변동 사항 있을 시 주식변동 상황명세서 포함)
2	대표자 관련 증빙 서류 ('대표자 정보' 기재 시 필수)	– 대표자 최종 학력 졸업증명서(전문 학사 이상 필수) – 경력증명서/국민연금 가입증명서/건강보험 자격득실확인서 중 택1 * 경력 연수는 동종업계 근무 경력만 인정 – 국가기술자격증 사본 또는 국가기술자격 취득사항 확인서('국 가기술자격 보유 현황'란에 기재 시)
3	기술혁신형 중소기업(이 노비즈) 확인서	– 이노비즈 인증 유효 기간 시작일이 벤처 확인 신청일 기준 6개 월 이내인 경우 수수료 감면
4	연구개발 조직 인정서	– 기업부설연구소, 연구개발 전담부서, 기업부설 창작연구소, 기 업창작 전담부서 중 1개 이상 보유 시 필수(신청일 기준 2주 이 내 발급분)
5	신기술(NET), 신제품 (NEP) 인증서[2]	– 한국산업기술진흥협회 신기술(NET), 신제품(NEP) 인증을 받은 인증서에 한함

요건 충족 확인용 서류

제출 서류		체크 사항
1	중소기업확인서	시스템 자동 연계(자동 연계가 되지 않은 기업은 중소기업현황 정보시스템[sminfo.mss.go.kr]에서 발급하여 첨부 제출)
2	사업자등록증	사업장 이전 또는 변경 시 수정 반영된 사업자등록증 사본 제출
3	법인등기부등본 (등기사항전부증명서)	법인사업자만 제출(말소사항 포함한 신청일 기준 2주 이내 발급 분만 인정) * 현재 유효 사항만 기재된 발급분 또는 열람용은 제출 불가

---

2 평가 신청 기술/서비스(제품) 현황의 '신기술(제품) 인증 여부'에 '예'로 체크했을 경우 필
수 첨부

4	부가가치세 과세표준증 명원[3]	– 최근 3개년 자료 – 국세청 홈택스(hometax.go.kr)에서 발급
5	재무제표(또는 감사보고 서)[4]	최근 3개년 자료
6	고용보험 사업장 취득 자 명부	– 최근 3개년 자료(연도별 12월 말일 자 기준) – 근로복지공단 고용·산재보험 토탈서비스(total.comwel.or.kr) 에서 발급
7	4대 보험 가입자명부	– 전 직원 명부, 신청일 기준 2주 이내 발급분 – 4대 사회보험 정보연계센터(4insure.or.kr)에서 발급

가점 및 특례 인정 서류

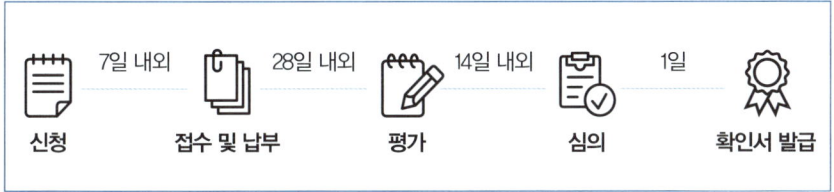

신청 프로세스

4. 예비벤처 유형

예비벤처 유형은 법인 또는 개인사업자 등록을 준비 중이거나 벤처기업확
인기관으로부터 기술의 혁신성과 사업의 성장성이 우수한 것으로 평가받은
경우에 신청 가능하다. 제출 서류는 다음과 같다.

---

[3] 부가가치세 미신고 분기가 있는 경우, 매출원장(사실증명/국세청 민원사무처리규정 제
18호)으로 증빙 가능(세무사 직인 날인본)

[4] 당해 결산 자료가 확정되지 않은 경우, 직전전연도, 직전전전연도, 직전전전전연도 재무
제표를 제출(다만, 설립연도에 따라 해당 기간의 재무 자료가 없는 경우 제출하지 않아
도 됨)

제출 서류		체크 사항
선택 서류(해당 시 제출): 온라인 신청서 작성분에 대한 증빙		
1	대표자 관련 증빙 서류 ('대표자 정보' 기재 시 필수)	- 대표자 최종 학력 졸업증명서(전문 학사 이상 필수) - 경력증명서/국민연금 가입증명서/건강보험 자격득실확인서 중 택1 　* 경력 연수는 동종업계 근무 경력만 인정 - 국가기술자격증 사본 또는 국가기술자격 취득사항 확인서('국가기술자격 보유 현황'란에 기재 시)
2	신기술(NET), 신제품 (NEP) 인증서	- 한국산업기술진흥협회 신기술(NET), 신제품(NEP) 인증을 받은 인증서에 한함

제출 서류

위 내용을 기반으로 신청할 수 있으나 벤처기업에 포함되지 않는 업종도 있다. 일반 유흥주점업(56211), 무도 유흥주점업(56212), 기타 주점업(56219), 블록체인 기반 암호화 자산 매매 및 중개업(63999-1), 기타 사행시설 관리 및 운영업(91249), 무도장 운영업(91291) 등은 신청 자체가 불가능하다(괄호 안의 번호는 한국 표준산업분류에 따른 분류 코드이다).

사업계획서를 통해 합격률을 높이는 법

벤처기업 인증을 받기 위해서는 제출해야 할 서류가 많다. 그중에서도 특히 많은 사람이 사업계획서 작성에서 어려움을 겪는다. 여기서는 사업계획서를 보다 쉽게 작성할 수 있는 방법을 정리해 보겠다. 사업계획서에서 핵심적으로 다뤄야 할 내용은 두 가지다. 바로 기술혁신성과 사업 성장성이다.

첫째, 기술혁신성이다. 대표자가 사업을 계속 이끌어가기 위해 요구되는 계획과 자사 기술, 서비스를 확인시켜 주는 것이 핵심이다. 구체적으로 다음과 같은 내용이 있다.

- **신기술(제품) 인증을 위한 노력:** 혁신 기술(서비스)의 우수성 및 기존 기술(서비스)과의 차별성을 확인할 수 있도록 세부적으로 작성이 필요하다. 그리고 이 기술(서비스)을 통해 어떤 사회적 문제를 해결할 수 있는지, 이 기술(서비스)의 발전 가능성은 어떻게 되는지도 포함해서 작성하면 좋다.
- **기술, 서비스 소개 및 필요성:** 기술(서비스)의 개발 목적, 용도, 성능, 품질, 필요성 등을 구체적으로 기재해야 한다. 여기에서는 평가위원이 확인할 수 있게 비교 자료 또는 그래프, 통계 자료 등 활용할 수 있는 자료를 함께 추가하면 좋다.
- **기술, 서비스 개발 과정의 구체화:** 개발 기간과 과정에 대해 기재하면 된다. 어떤 아이디어, 실험 등을 통해 개발되었는지, 양산 단계까지 나열해서 작성하면 된다.
- **기술, 서비스의 현실화:** 현재 기술(서비스)을 기반으로 나오는 매출과 판로 확대를 위한 계획을 작성하면 된다. 만약 매출이 없을 경우, 판로 개척을 위한 계획을 작성하면 된다.
- **기술, 서비스의 발전 계획:** 현 기술(서비스)의 강점과 약점에 대한 SWOT 분석을 작성하고 발전 방안을 반영한 계획 및 R&D 투자 계획 등을 포함해 작성하면 된다. 또한 계획안을 작성할 때는 필수적으로 정량적인 데이터를 기반으로 작성해야 한다.
- **기술, 서비스의 파급 및 기대 효과:** 평가 신청 기술(서비스) 사용 시 사회적, 경제적 효과에 대해 정량적인 데이터를 근거로 작성하면 된다. 예를 들어, 비용 절감, 수출 확대, 환경오염 최소화, 기간 단축 등이 기술(서비스)을 통해 발생할 효과를 구체적으로 작성하면 된다.

위의 카테고리를 나눠 작성하면 되고, 이때 평가위원이 정량 및 정성적으로 평가할 수 있도록 지금까지 진행했던 연구 성과, 개발 과정, 시장의 파급 효과 등을 구체적으로 작성해야 한다.

둘째, 사업 성장성(사업 성장 노력)이다. 어떤 마케팅과 네트워크, 경영을 할 것인지를 작성하는 부분이다. 작성해야 할 내용은 다음과 같다.

- **마케팅 계획:** ①시장 현황 분석, ②목표 시장 분석, ③비즈니스 형태, ④제품 또는 서비스의 수익 모델, ⑤현재 시장 점유율 및 매출액, ⑥경쟁사 분석, ⑦향후 시장 점유율 및 매출액 달성 목표(3년), ⑧목표 달성을 위한 세부 계획(3년간의 계획) 등에 대해 객관적인 수치를 구체화하여 작성하면 된다.
- **브랜딩 계획:** 기업 제품(서비스)의 비전과 핵심 가치, 고객의 신뢰성 확보, 실적 및 향후 계획(3년간), 충성 고객 유지 및 확보 실적 및 향후 계획(3년) 등에 대해 구체적이고 타당하게 작성하면 된다.
- **네트워킹 계획:** 세부적으로 계약(MOU) 내용에 대해 작성하거나 현재 네트워킹 중인 기업과 업무협력 실적과 세부 내용 및 기대 효과를 작성하며, 향후 3년 영업 계획을 작성하면 된다.
- **조직 관리 계획:** 조직 내 연구 인력, 경영 지원, 마케팅, 영업 인력 등 계획안과 교육, 조직 운영 계획에 관한 내용을 작성하면 된다.
- **글로벌 시장 진출 및 확산 계획:** 수출 매출, 국제 인증, 국제 특허 등 작성과 함께 향후 계획안을 작성하면 된다.
- **투자(유치) 및 자금 조달 계획:** 현재 연구개발비, 인건비, 광고 홍보비, 원재료 등에 대한 내용을 기재하며, 어떤 계획안으로 자금 확보를 할 것인지 객관적인 수치를 통해 구체적이고 타당하게 작성하면 된다.
- **이익 공유:** 스톡옵션 발행, 우리사주 발행, 직무 발명 보상금, 경영 성과급, 주택 마련 지원, 자기계발 교육 지원 등 현재 도입 중인 임직원 이익 공유 제도에 대해 작성하면 된다. 없다면, 향후 도입 계획을 구체적으로 작성하면 된다.
- **일·가정친화:** 가족친화 인증, 육아 휴직, 육아 및 출산 지원, 자녀 학자금 지원 등 도입 중인 일·가정친화 제도에 대해 서술하거나 없을 경우 도입 계획을 작성하면 된다.

- **환경 친화:** 녹색기업 인증 여부, 재생에너지 활용, 유해물질 절감 및 폐기물 관리 실적에 대해 적고, 없다면 계획안을 작성하면 된다.
- **기타:** 지속가능경영(GRI)에 부합하는 내용과 노력 사항을 기재하면 된다. 이 때 지속가능경영이란 기업의 경제적, 사회적, 환경적 책임을 바탕으로 지속 가능한 발전을 추구하는 경영 활동으로 사회 책임, 환경 문제 대응, 양질의 일자리 창출 등이 있다.

∷ 인증 합격률을 높이는 사업계획서 작성법

사업계획서는 멋있게 쓰는 게 아니라 납득 가능하게 설득하는 문서다. 좋은 사업계획서는 단순히 아이디어가 좋은 문서가 아니다. 사업계획서를 잘 쓰는 가장 효과적인 방법은 PSST 전략을 활용하는 것이다.

현실의 문제를 제대로 짚고, 해결책이 분명하며, 시장에서 성장 가능성이 높고, 그걸 실현할 팀이 준비된 상태, 이것이 PSST 방식의 핵심이다. 벤처 인증 심사위원은 '이 사업이 정말 되겠는가?'를 가장 먼저 본다. 그 핵심이 PSST에 있다. PSST 구조는 문제 → 해결 → 성장 → 실행력(팀)까지 하나의 흐름으로 설계하는 전략이다.

첫째, Problem-문제 정의(핵심 메시지: 문제가 뚜렷해야 해결도 납득된다)

시장에서 실제 고객이 겪는 불편, 미충족 수요를 구체적으로 진술해야 한다. 정성적 묘사만이 아니라 수치, 사례, 현장의 목소리로 문제의 심각성과 시급성을 강조해야 한다.

Tip '누구나 느끼는 불편함'이 아니라, '우리 타깃 고객이 구체적으로 겪는 불편함'을 써야 한다(예: '1인 자영업자의 83%가 세무 신고를 외부에 의존' 등).

둘째, Solution-해결 방안(핵심 메시지: 해결책은 명확하고 차별적이어야 한다)

앞서 정의한 문제에 딱 맞는 솔루션을 제시해야 한다. 기존 해결 방식과의 비교 우위를 수치나 기능으로 표현해야 한다. 기술, 서비스, 제품 등 실현 가능한 형태로 구체화가 필요하다.

Tip 'AI 기반 챗봇'이라고만 쓰지 말고, 어떤 AI인지, 어떤 기술로 작동하는지 구체화해야 한다, 차별성은 '가격, 성능, 편의성, 확장성, 속도' 중 한두 가지만 제대로 강조하는 것이 좋다.

셋째, Scale-up-성장 전략(핵심 메시지: 이 아이템이 어떻게 확장될 수 있는가)

비즈니스의 시장 확장성, 수익 모델의 진화, 사업화 계획을 구체적으로 제시해야 한다. 단순 시장 크기 나열이 아니라 '진입 전략-수익 구조-성장' 로드맵까지 연결하면 좋다.

Tip '국내 소상공인 → 프랜차이즈 → 글로벌 진출' 순의 논리적 단계별 확대 전략 제시하며, 그 과정에서 예상되는 위험 요소와 대응 방안도 함께 써주면 전문성이 보여 좋다.

넷째, Team-팀 구성 및 실행력(핵심 메시지: 이 팀이기에 가능하다)

팀원들의 이력과 전문성이 제안한 문제 해결과 사업화에 얼마나 적합한지를 강조해 준다. 개발, 마케팅, 경영, 영업 등 핵심 직무가 얼마나 균형 있게 구성되어 있는지 보여주는 것이 중요하며, 외부 자문단, 고문, 협력 기관 등 보완적 리소스도 언급하면 좋다.

Tip 각자 대단한 사람이 아니라 이 문제를 해결하기 위한 최적의 조합이라는 점을 부각해야 한다.

〈PSST 방식 작성 예시〉

현재 시장에서는 ○○○의 불편함을 겪고 있습니다. 이런 문제로 매년 ○○○만큼의 비용이 지출되고 있습니다. 이를 개선하기 위해서 우리는 ○○○ 제품을 개발하였습니다. 이 제품을 개발하기 위해 ○○○만큼의 연구 개발을 하여 만들었습니다. ○○○ 마케팅 전략(경쟁사 분석 포함)을 계획하고 있습니다. 그러기 위해 ○○○ 비용이 발생되고, 자금 조달 계획은 ○○○ 이렇습니다. 그렇게 해서 3개년치 목표 매출은 ○○○입니다. 위의 과정들을 실행할 수 있는 우리의 팀 역량은 다음과 같습니다. 대표자는 ○○○ 학력과 경력 경험이 있고, 팀원들은 ○○○ 학력과 경력으로 충분히 목표를 이룰 수 있습니다.

앞과 같은 흐름으로 작성한다면 합격률을 높일 수 있을 것이다.

다만, 한 가지 주의해야 할 부분이 있다. 2023년 5월 1일부터 벤처기업 인증에 평가 지표 및 사업계획서 작성 양식이 개편되었다. 따라서 개편된 내용을 참고해 작성해야 실수 없이 작성할 수 있을 것이다. 평가 지표 주요 개편 사항은 다음과 같다.

구분	현행	개편
확인 구분	신설	신규, 재확인 평가 기준 차등화
업력 구분	3년 미만/3년 이상	신규 확인 시 업력 3년을 기준으로 평가 기준 차등화(3년 미만/이상)
업종 구분	제조업/서비스업	제조업/서비스업/바이오, 의약품으로 구분 및 업종별 특성 반영 평가
기술혁신성 평가지표	- 연구개발비 투자 비율 - NSD, TRL 진단 등	- 매출액이 없는 경우 연구개발비 투자 규모 평가 - 기술의 차별성 평가 지표 신설, 유사 지표 통합 등
사업성장성 평가지표	- 기업가정신 등 - 매출액과 영업이익률	- 기업가정신 기반의 사업계획 적절성 지표 신설, 유사지표 통합 - 업종의 특성을 반영하여 사업 성과 평가 지표 개편 등

다음으로 사업계획서 주요 개편 사항은 다음과 같다.

- 개편된 평가 기준을 반영하고 중복되거나 유사한 작성 항목을 통합하여 간
  소화
- 작성 기업 관점에서 작성이 용이하도록 사업 흐름에 맞게 스토리텔링을 고
  려하여 작성 순서 재정비

따라서 위와 같은 내용을 고려해 작성한다면 좋은 결과를 얻을 수 있을 것
이다. 업력 3년이 안 된 업장이라면 지금까지 살펴본 벤처기업 인증에 바로 도
전해 혜택을 받도록 하자.

[사례] 매출만 믿었다가 벤처기업 인증 실패한 법인

A 업체는 급성장하는 회사로, 작년 대비 올해 매출이 무려 10배나 올랐다. 이런 상승 곡선을 믿고 벤처기업 인증을 진행했는데, 예상 외로 탈락했다. 무엇이 문제였을까? 업체를 분석해 보니 우수한 인적 자원을 갖고 있었음에도 불구하고, 기업 컨디션이 좋지 않았다. 이 회사에 필요한 것은 기술력에 대한 입증이었던 것이다. 그래서 A업체는 기업부설연구소를 설립함과 동시에 특허 및 실용신안에 대한 준비를 함께 진행했다. 그 결과 벤처기업 인증을 받을 수 있었다.

벤처기업 인증을 받으려면, 정량적인 지표와 정성적인 지표를 잘 채워야 한다. 그중 특허 및 연구소 등 인증에 대한 가점이 필수적이다. 이 기업은 벤처기업 인증을 통해 법인세의 50%를 감면받고, 기술력 인증을 받아 기술보증기금에서도 충분한 자금 확보가 가능했다. 세액감면의 경우 3년 이내에 인증을 받아야 하기에, 초기 법인이라면 반드시 놓치지 말고 받아야 한다.

02
절세의 끝판왕,
기업부설연구소 만들기

회사가 성장하고 매출이 점차 증가하면 자연스럽게 세금 부담도 함께 커지게 된다. 벤처 인증이나 각종 세액감면 혜택을 받았더라도 세금 문제로 밤잠을 설치는 일이 많아진다. 이럴 때 법인의 절세 전략을 한 단계 끌어올릴 수 있는 방안이 바로 '기업부설연구소'다. 기업부설연구소는 절세에 도움이 될 뿐만 아니라 각종 정부 지원 사업을 추진할 때에도 필수 요건으로 작용한다.

기업부설연구소의 주요 역할

기업부설연구소가 수행하는 핵심 업무는 '연구개발'이다. '연구개발'이라는 단어는 말 그대로 '연구'와 '개발'로 나누어 이해할 수 있다. 특정 제품을 실제로 만들어 내는 과정이 '개발'이라면, 그 과정을 준비하기 위한 기술 조사와 학습은 '연구'에 해당한다.

기업부설연구소나 연구개발 전담부서는 개발까지 수행해도 되지만, 연구까지만 진행해도 무방하다. 특히 사업 방향에 대한 고민이 많은 중소기업이라면 기술과 시장에 대한 조사 및 분석을 연구소에 맡기는 것만으로도 큰 도움이 된다.

영리 목적의 개인사업자와 법인사업자 대부분은 이러한 연구소 설립이 가능하다. 다시 말해, '공부하는 조직'이 되고자 한다면 누구나 기업부설연구소를 운영할 수 있다.

☷ 지원 대상과 세액공제 범위

구분	총액 발생 기준	증가 발생 기준
중소기업	당해연도 발생액×25%	(당해연도 발생액 – 직전연도 발생액)×50%
중견기업	당해연도 발생액×8%	(당해연도 발생액 – 직전연도 발생액)×40%
대기업	당해연도 발생액×공제율	(당해연도 발생액 – 직전연도 발생액)×25%

지원 대상은 영리 목적의 기업으로 제조, 유통, 서비스 등 다양한 분야의 사업체가 포함된다. 다만, 다음의 경우에는 기업부설연구소 신고 대상에서 제외된다.

- 비영리 기관
- 근로자직업능력개발법에 따른 기능대학 및 직업훈련기관
- 산업기술연구조합육성법에 따른 산업기술연구조합
- 의료법에 의한 의료법인

지원 대상에 해당하는 기업은 연구개발비에 대한 세액공제 혜택을 받을 수 있다. 구체적으로는 다음과 같은 항목들이 공제 대상이다.

- 연구 인력의 인건비
- 연구개발에 필요한 원재료, 부품, 견본품 비용
- 연구시험용 시설비(감가상각 포함)
- 과학기술 및 산업디자인 분야의 연구개발 용역 위탁 비용

이러한 세제 혜택은 기업의 실질적인 비용 부담을 줄이고 R&D 투자 여력을 높이는 데 큰 도움이 된다. 이 가운데 '증가 발생 기준'으로 신청하려면 두 가지 요건을 모두 충족해야 한다.

첫째, 해당 과세연도 개시일을 기준으로 소급하여 4년간 연구 및 인력개발비가 발생했을 것.

둘째, 직전 과세연도의 연구개발비 발생액이 그 4년간의 연 평균 발생액을 초과할 것.

이 요건을 만족할 경우에만 '증가 발생 기준'에 따라 인건비 세액공제를 신청할 수 있다.

- A: 3,600만 원
- B: 3,400만 원
- C: 3,000만 원

예를 들어, 연구 인력 A, B, C가 있다고 가정해 보자. 각 인력의 연봉은 위와 같다. 이들의 연봉 총액은 1억 원이다. 이를 기준으로 연구인력개발비 세액공제를 계산하면, 1억 원×25%= 2,500만 원이 세액공제액으로 산출된다.

- 2억 원×9%= 1,800만 원

- 2억 원을 초과하는 2,000만 원×19%= 380만 원

이제 법인세를 계산해 보자. 만약 기업의 법인세 차감 전 순이익이 2억 2,000만 원이라면, 법인세는 위와 같이 계산된다. 따라서 총 산출 법인세는 1,800만 원 + 380만 원= 2,180만 원이다. 그러나 앞서 계산한 세액공제액(2,500만 원)이 산출세액(2,180만 원)보다 크기 때문에, 전액 공제되어 실제로 납부할 법인세는 0원이 된다. 다만, 이처럼 세액공제액이 산출세액을 초과하는 경우, 공제는 산출세액 한도 내에서만 가능하다는 점에 유의해야 한다.

위 사례와 같이 중소기업의 경우 연구인력개발비의 25%가 세액공제된다. 일반적으로 사업소득이 있는 개인사업자나 법인사업자는 각종 공제나 감면을 받더라도 일정 수준 이상의 세금을 반드시 납부해야 한다. 이를 '최저한세'라고 한다.

하지만 연구인력개발비 세액공제는 최저한세의 적용을 받지 않는다. 따라서 법인세를 0원까지 낮출 수 있는 강력한 절세 수단이라 할 수 있다. 말 그대로 '절세의 끝판왕'이라 불리는 이유다.

∙∙• 설립 방법

기업부설연구소를 설립하려면 먼저 설립 신고를 해야 한다.

1. 설립 신고 방법

설립 신고는 기본적으로 '선 설립, 후 신고' 체계이므로 신고하고자 하는 기

업은 신고 인정 요건을 갖춘 상태에서 구비 서류를 작성해 (사)한국산업기술진흥협회(rnd.or.kr)에서 온라인으로 신고해야 한다.

2. 설립 가능 기업

과학기술 분야 또는 서비스 분야 연구개발 활동을 수행하는 개인 및 법인사업자가 설립 가능하다(기업 외 비영리기관, 의료법에 의한 의료법인 등은 신고 대상에서 제외된다). 여기서 서비스 분야란 주로 연구개발 활동이 가능한 지식 기반 서비스 산업을 말한다. 이는 단순히 서비스 제공에 그치는 것이 아니라 해당 서비스의 혁신과 발전을 위한 연구개발을 수행할 수 있는 업종을 포함한다.

3. 자격 인정 요건

기업부설연구소, 연구개발 전담부서 설립을 위해서는 두 가지 인정 요건이 필요하다. 바로 인적 요건과 물적 요건이다. 세액공제를 받기 위해서 설립을 원하지만 요건이 충족되지 못해 신고하지 못하는 기업들도 있다. 다음 내용을 기반으로 기업 자가 진단을 해보기 바란다.

구분			신고 요건
인적 요건	연구소	벤처기업	연구 전담요원 2명 이상
		연구원 창업중소기업	
		소기업	연구 전담요원 3명 이상 단, 창업일로부터 3년까지는 2명 이상
		중기업	연구 전담요원 5명 이상
		국외에 있는 기업연구소 (해외연구소)	연구 전담요원 5명 이상
		중견기업	연구 전담요원 7명 이상
		대기업	연구 전담요원 10명 이상
	연구개발전담 부서	기업 규모에 관계없이 동등 적용	연구 전담요원 1명 이상

1) 인적 요건

인적 요건은 기업의 형태에 따라 필요한 연구 전담요원의 수가 다르다. 위 인적 요건에 대한 내용을 확인한 후 해당되는 직원이 있는지 점검하면 된다. 예를 들어, 4년제 공대 졸업자 직원은 연구 전담요원 인적 요건에 충족된다고 할 수 있다. 서비스업 또는 디자인 분야의 경우 자연계열 학사 졸업자가 아니어도 된다.

구분	내용
기업 규모 등에 관계없이 모두 인정되는 경우	- 자연계(자연과학, 공학, 의학계열) 분야 학사 이상인 자 - 국가자격법에 의한 기술, 기능 분야 기사 이상인 자

중소기업에 한해 인정되는 경우	- 자연계 분야 전문 학사로 2년 이상 연구 경력이 있는 자(3년제는 1년 이상) - 국가기술자격법에 의한 기술, 기능분야 산업기사로 2년 이상 연구 경력이 있는 자 - 마이스터고 또는 특성화고 졸업자로 4년 이상 연구 경력이 있는 자 - 기능사 자격증 소지자의 경우 경력 4년 이상 연구 경력이 있는 자
산업디자인 분야 및 서비스 분야를 주업종으로 하는 경우	- 자연계 분야 전공자가 아니더라도 가능 - 학사 이상인 자 - 전문학사로 2년 이상 연구 경력이 있는 자 - 국가기술자격법 제9조 제2호에 따른 서비스 분야 1급 이상의 자격을 가진 자 - 국가기술자격법 제9조 제2호에 따른 서비스 분야 2급 소유자로서 2년 이상 연구 경력이 있는 자

2) 물적 요건

연구개발 활동을 수행하는 데 있어 필수적인 독립된 연구 공간과 연구시설을 보유해야 한다. 다른 부서와 구분될 수 있는 출입문을 갖춘 룸 형태의 독립 공간이어야 하고, 면적은 연구 인력 및 연구 기자재[5]를 둘 수 있는 적절한 크기여야 한다. 그러나 50㎡ 이하인 경우 별도의 출입문을 갖추지 않더라도 다른 부서와 칸막이 등으로 구분하고 연구소, 전담부서 현판을 칸막이에 부착한다면 운영할 수 있다.

[사례] 기업부설연구소를 설립해 세액공제를 받은 사례

화장품 OEM제조회사로 전년도에 비해 2배 매출을 달성한 B 회사는 사업 초기 어려운 과정을 거친 후 이제 당기순이익이 3~8억 원이 나는 회사였다. 그만큼 법인세에 대한 부담이 많았는데, 이 업체는 실제 디자인 연구를 하고 있음에도 불구하고 연구

---

5 연구 기자재(연구원이 연구개발 활동에 직접 사용하는 기계, 기구, 장치 및 재료)는 연구 공간에 반드시 위치해야 하고, 연구소, 전담부서에서는 연구개발을 위한 활동만 해야 한다.

소 설립을 안 하고 있었다. 그래서 연구개발 전담부서 설립으로 두 명의 디자이너를 배치하고, 디자인 연구개발 전담부서를 설립하였다.

그 결과 두 명의 연구 전담요원의 연봉이 7,500만 원으로 연 1,875만 원의 법인세를 공제받을 수 있었다. 다음해에 추가 채용 계획이 있어 세 명의 연구 전담요원을 운영해 추가로 세액공제를 받을 예정이다. 이렇게 하면 채용을 통해 추가 세액공제를 받을 수 있고, R&D 세액공제도 함께 받을 수 있다.

사후관리는 어떻게 할까?

항목	내용
기업 일반 현황	기업 주소, 기업 유형, 자본금, 자산, 매출액 등
연구개발 인력 현황	성별, 연령별, 전공별, 학위별 인력 현황
연구개발비 현황	비목별, 재원별, 지역별 연구개발비 현황 등
기타	연구개발 과제 수행 현황

사후관리 조사 내용

그렇다면, 기업부설연구소를 설립하면 모든 게 끝이 날까? 당연히 아니다. 반드시 사후관리를 잘해야 한다. 2020년 이전에는 기업부설연구소를 설립할 시 리스크 없이 많은 혜택을 볼 수 있었다. 인적 요건과 물적 요건을 제대로 갖추지 않은 상태로 설립했다가 적발되어도 설립 인정 취소 정소의 페널티만 받았다.

그러나 2020년도부터 제대로 사후관리를 하지 않으면 기존 5년간 받았던 세액공제 혜택을 모두 반환해야 한다. 1년에 2,000만 원씩 5년간 세액공제를 부정하게 받아왔다면, 적발 시 1억 원의 세금을 토해낼 뿐만 아니라 가산세까지 내야 한다.

연구개발 활동 조사는 매년 4월에 실시된다. 전년도 연구개발 활동에 대해 보고하는 것으로, 기업부설연구소 보유 기업이라면 매년 필수로 해야 하는 의무사항이다. 만약 제출하지 않을 경우 연구 활동이 없는 것으로 간주되어 관련 법에 따라 취소 처리가 된다.

증빙 자료 준비하기

세액공제를 받으려면 실제 기업부설연구소 및 연구개발 전담부서에서 연구개발 활동이 있다는 증빙 자료가 있어야 한다. 연구과제 총괄표, 연구개발 계획서, 연구개발 보고서, 연구노트(회의록) 등은 국세청에 필수로 제출해야 하는 서류이니 반드시 구비하도록 하자. 보고 시에는 서류 작성을 완료한 후 담당하고 있는 기장 세무사 혹은 회계사에게 요청하면 된다.

- 연구 인력 인건비(연구개발 전담부서, 기업부설연구소 동일)
- 연구개발에 필요한 원재료, 부품, 견본품
- 연구 시험용 시설비(감가상각 적용)
- 연구개발 용역 위탁비용(과학기술 및 산업디자인 분야)

그렇다면 세액공제를 받을 수 있는 연구개발비에는 어떤 것이 있을까? 중소기업 기준으로 정리하면 위와 같다.

- 연구 및 연구 인력 개발비 명세서: 재료비, 인건비, 인력개발비, 현장 훈련 수당, 교육비, 위탁, 공동 연구개발비
- 해당 연도 연구 및 연구인력개발비 명세서: 원재료비 등 발생명세서, 인건

비 발생명세서, 공동연구개발비 발생명세서

– 연구과제 총괄표: 연구개발 과제 근거(연구개발 보고서 및 연구노트 등)

또한 세액공제를 받기 위해서는 위의 서류를 준비해야 한다. 먼저 연구과제 총괄표를 작성한다. 그리고 연구과제별로 연구개발 계획서, 연구개발 보고서를 작성하면 되며 연구개발 계획서를 작성하고, 그에 따라 매주 또는 매달 연구노트를 만들고, 그 내용을 기반으로 분기별 연구개발 보고서를 만든다.

연구개발 계획서나 연구개발 보고서 모두 처음 접하면 많이 어려워하는 부분이다. 그러나 각 파트에 맞게 포인트를 잡고 작성하면 그렇게 어렵지 않다.

■ 조세특례제한법 시행규칙 [별지 제3호서식 부표(3)] <개정 2022. 3. 18.>				
과 세 연 도	· · · ~ · · ·	**연구과제 총괄표**	법 인 명	
			사업자 등록번호	
① 연번	② 기술 구분코드	③ 연구과제명	④ 기술명 (신성장·원천기술, 국가전략기술의 경우에만 작성)	

연구과제 총괄표 양식

작성연도	2025.00.00	연구개발 계획서	확인자	
			작성 기록자	

연구과제명

연구 개발의 목표 및 내용	
목표	
주요 내용	
연구 착수 시점	2025년 00월 00일

연구과제 수행계획		
연구 수행 부서	기업부설연구소/연구개발전담부서	
투입 예상 인력	000,000,000	
투입 예상 비용	1억원	
연구노트 작성	작성 책임자(작성자)	작성 주기
		매주 1회 작성

비고

연구개발 계획서 양식

작성연도	2025.00.00	연구개발 보고서	확인자	
			작성기록자	

연구과제명

연구 개발의 목표 및 내용

주요 내용	연구노트의 내용을 취합하여 작성
연구 착수시점	2025년 1월 2일 ~ 2025년 12월 31일

연구수행 내용 및 성과

과제 수행 부서		(기업부설연구소/연구개발전담부서)												
연간 투입인력 현황	성명	1	2	3	4	5	6	7	8	9	10	11	12
	홍길동	○	○	○	○	○	○	○	○				
	김철수	○	○	○	○	○	○	○	○	○	○		
	이명희	○	○	○	○	○	○	○	○	○	○	○	○
	조기열									○	○	○	○

연구개발 주요 성과	특허출원번호	발명의 명칭		출원일
	–	–		–

비고
*붙임. 참고자료 및 증빙자료(붙임1. 출원번호통지서) *확인자 변경: (해당되면 기재, 없으면 삭제) *연구노트 기록자 변경: (해당되면 기재, 없으면 삭제)

연구개발 보고서 양식

표지)

대외비(Confidential)	
관리번호: (Serial No.)	

연구노트
Research Notes

회사:

부서:

연구과제명:

연구 기간:

연구책임자(확인자):

기록자(작성자):

연구노트 양식-1

작성일자	2025.00.00	**연구노트**	기록자	확인자
			(서명)	(서명)
			기록일자:	확인일자:

연구과제명	
연구개발기간	2025년 00월 00일 ～ 2025년 00월 00일
실험 목적	
연구개발 내용	
비고	

연구노트 양식 -2

먼저 연구과제 총괄표는 별지 제3호 서식 부표(2)에 해당하는 것으로, 연구인력개발비 세액공제를 받기 위해 필요한 필수 제출 서류이다.

'연변'란에 연번을 작성하고, '연구과제명'에는 기업에서 관리하는 연구과제별 명칭을 작성하면 된다(연구개발계획서 및 연구개발 보고서 필수). 또한 '신성장, 원천기술'란에는 신성장, 원천기술연구개발비에 해당하는 경우 해당 기술명을 작성하면 된다(연구개발계획서, 연구개발 보고서, 연구노트 필수).

다음으로 연구개발 계획서 작성 요령을 살펴보자. 연구과제명은 앞의 연구과제 총괄표에 따른 연구과제명을 작성하면 된다. 연구개발의 목표 및 내용에는 어떤 목표로 연구개발을 하고 있으며, 주요 내용, 과제 착수 시점 등을 포함해 작성하면 된다. 신성장, 원천 기술 관련해서는 '조세특례제한법 시행령' 별표 7의 신성장, 원천 기술에 해당하는지 여부 및 해당 시 그 근거를 포함해 작성하도록 하자. 연구노트의 작성 기준과 작성 주기를 명시하면 되겠다.

연구과제 수행계획은 해당 연구개발 과제를 수행할 부서 및 투입 예상 인력과 비용에 대해 작성하면 된다. 예를 들어, 연구개발 전담부서를 운영 중일 경우 이 부서의 예상 인력과 비용에 대해 작성하면 된다.

다음으로 연구개발 보고서에 대해 알아보자. 연구개발 보고서에서 연구 과제명은 연구 과제 총괄표에 따른 연구 과제명을 작성하면 된다. 연구 개발 개요에는 실제로 수행한 연구 개발의 주요 내용이 들어가야 한다. 해당 연구 개발을 통해 달성하려는 과학적, 기술적 진전 혹은 새로운 서비스 또는 서비스 전달 체계가 무엇인지 드러나야 한다. 마지막으로 과제 수행 기간도 포함되어야 한다.

연구수행 내용 및 성과에는 수행부서에서 연간 투입 인력 및 연구개발비, 실험 등 연구 개발을 위해 활용한 방법, 연구 개발 주요 성과 등을 구체적으로 작성하면 된다.

　마지막으로 연구노트다. 연구노트는 자유롭게 작성하면 되나, 반드시 충족해야 하는 내용이 있다.

- 위변조 없이 객관적인 사실을 상세하고 정확하게 기록
- 연구과제별로 별도의 연구노트를 작성
- 작성자 또는 작성 책임자를 명시하고 작성한 날짜를 기록
- 한 달 이내의 기간마다 해당 기간에 수행한 연구개발 내용 및 참여 인력 현황을 작성
- 필기구 작성, 그 외 작성 도구 및 사용 소프트웨어 등에 대한 제한 없음

　지금까지 설명한 연구과제 총괄표, 연구개발 계획서, 연구개발 보고서, 연구노트를 잘 준비해서 제출한 후 최소 5년간 구비해야 한다. 혹시 세무조사가 왔다면 증빙 자료로 필요하기 때문이다. 이런 준비가 완료되면 실제 현장 실사나 세무조사가 나오더라도 당황할 필요가 없다.

현지 확인(현장 실사)

- 신고 서류 및 증빙 서류 확인을 통한 신고 내용과 실제 운영 상태 확인
- 연구 전담요원, 연구 보조원, 연구 관리직원의 연구 활동 전담 여부 확인
- 연구 공간의 적정성 여부 확인
- 기업부설연구소 인정 요건 확보 여부 및 연구 활동 수행 여부 종합 점검
- 기타 기업부설연구소 운영에 대한 상담

정부에서는 기업부설연구소 및 연구개발 전담부서의 연구개발 활동 촉진, 인정 요건 유지 및 부실화 사전 예방을 위해 다양한 사후관리를 실시한다. 그래서 현지 확인을 통해 설립 인정을 취소할 수도 있다. 따라서 현장 실사를 나왔을 때 어떤 부분을 보는지 미리 알아두는 게 필요하다. 만약 여기서 변경되는 것이 있다면 무조건 변경 신고를 해야 한다.

연구개발 활동	인정 요건 충족	신고 내용 일치	조치 내용
있음	충족	일치	이상 없음
-	미달	일부 불일치	1개월 이내 미보완 시 인정 취소
없음	미달	불일치	인정 취소(허위 신고 등)

현지 확인에 따른 결과 조치는 위와 같다. 인정 요건에 미달될 경우 최대 인정 취소가 될 수도 있다.

현지확인 보고서

기 업 명						대표이사			
연구소명						연구소장			
소재지									
기업규모						종업원수			

연구분야						인정번호			
연구소면적					기자재		0 종		

직원 현황	전담 요원	박사	0	석사	0	학사	0	전문	0	기타	0
	보조원	0	관리직원		0		합계			0	

구분	번호	체크포인트 (이상없음(○), 보완요망(X), 판단유보(△))		확인	의견
전체 사항	1	기업의 연구소외 조직확인, 기업유형확인	기업규모, 조직도, 종업원수		
	2	연구개발활동 수행내용 확인	연구보고서, 연구노트, 연구내용		
인적 요건	3	연구원의 연구개발 전담여부	업무내용, 명함, 인사발령 서류등		
	4	연구소 직원 자격확인 및 충족여부	4대보험, 학위,자격증 등 증명서류		
	5	연구소내 상시근무 여부	자리 확인		
물적 요건	6	신고내용과 일치여부	도면 비교 및 연구기자재		
	7	연구소 현판 확인	출입구		
서류	8	설립, 변경서류, 건축물대장 등			

확인 결과	○이상없음 ○변경신고요망(제출기한: 년 월 일)[인적요건상이( ) / 물적요건상이( )] ○추적불가(유선 및 홈페이지 확인, 회사이전) ○조건부취소(제출기한: 년 월 일))[인적요건미달( ) / 물적요건미달( )] ○자진취소(인정서/확인서 원본 첨부) ○직권취소(연구활동 중단, 요건미달) ○휴/폐업 ○허위신고 취소 ※ 조건부 취소일 경우 제출기한까지 변경신고를 하지 않으면 자동취소 처리됩니다.

확인자 의견란	
연구개발 수행과제	

확인
기준
	1. 이상없음: 신고내용과 동일
	2. 조건부 취소: 일부 요건이 미달(인적요건 충족+물적요건 미흡 또는 물적요건 충족+인적요건 미흡)되나,
	   단기간에 요건을 충족할 수 있는 경우
	3. 직권취소: 연구활동이 없거나, 일부 연구활동은 수행하지만 인적, 물적요건이 현저하게 미달되는 경우
	4. 허위신고 취소: 인정받을 목적으로 사실과 다르게 신고한 경우(연구활동 없음, 연구 전담요원 부적절,
	   연구공간 임시 전용신고등)

현지확인 보고서 양식

위의 표는 현지 확인 보고서로, 다양한 체크 사항이 존재한다. 따라서 만약 변경되는 사항이 있다면 그때마다 변경 신고를 해야 한다. 기존에 세액공제를 받았는데 제대로 변경 신고를 안 하거나 허위로 신고할 경우 연구소 인정 취소뿐만 아니라 그동안 받은 세액공제까지 뱉어내야 할 수도 있다.

기업부설연구소 변경 신고

기업부설연구소를 운영하는 과정에서 주소, 명칭, 대표자 등의 주요 정보가 변경될 수 있다. 이때에는 반드시 변경 신고를 해야 한다. 변경 신고 대상은 본사 및 연구소의 주소, 연구소 명칭, 대표자, 연구소장, 주업종 코드, 법인명, 사업자등록번호 변경 등이다.

변경이 발생한 날로부터 30일 이내에 신고해야 하며, 이를 초과할 경우 심사 시 감점되거나 보완 요청 대상이 될 수 있다. 특별한 사유가 없는 한 변경 직후 즉시 신고하는 것이 바람직하다.

변경 신고는 한국산업기술진흥협회(KOITA) 홈페이지(rnd.or.kr)를 통해 온라인으로 진행할 수 있다. 접수 후 보통 1~2주 이내에 승인 여부를 확인할 수 있으며, 보완 요청이 들어올 수 있으므로 수시로 진행 상황을 확인해야 한다.

신고 절차는 다음과 같다. 먼저 변경 항목에 따른 필요 서류를 준비한 후 홈페이지에 로그인한다. 변경신고서에는 변경이 필요한 항목만 선택하여 내용을 입력하고, 구비 서류를 첨부한 뒤 제출하면 된다.

- 기업 도면
- 연구소 또는 전담부서 도면
- 현판 사진
- 내부 사진(도면을 확인할 수 있도록 촬영한 사진 4컷 이상)
- 임대차 계약서

- 사업자등록증

    제출 서류는 변경 내용에 따라 달라지며, 모든 서류는 3개월 이내 발급본을 사용해야 한다. 인적 요건이 변경된 경우에는 변경 인원의 학위증명서와 4대 보험 가입자 명부를 제출해야 하며, 물적 요건이 변경된 경우에는 위의 서류가 필요하다.

    이러한 서류는 변경된 내용을 명확하게 입증하기 위한 것이므로, 실제 변경이 이뤄진 후 신속하고 정확하게 준비하는 것이 중요하다. 변경 신고는 기업부설연구소의 심사에 직접적인 영향을 미치므로, 사소한 변경이라도 빠짐없이 신고해야 불이익을 방지할 수 있다.

03
연구노트 쉽게 작성하는
실전 노하우

기업 미팅을 하다 보면 기업부설연구소나 연구개발 전담부서가 설립된 곳이 많다. 실제로 연구개발을 위해 설립하는 곳도 있지만 정책자금, 정부지원금, 인증 등 지원사업에 도전할 때 가점을 받기 위해 설립하는 경우가 더 많다. 그리고 혜택을 누리기 위해 연구소를 설립했는데 실제 연구개발을 하는 기업도 많다.

그런데 중소기업을 운영하는 사업자 입장에서 연구 총괄표 혹은 연구개발 보고서 등은 어느 정도 작성할 수 있겠는데, 연구노트를 작성하는 것은 너무 어렵다고 피드백을 받을 때가 많다. 그래서 여기서는 연구노트 작성법에 대해 다뤄보려고 한다.

연구노트의 요건

제7조(연구노트의 요건)

① 연구노트의 요건에 대해서는 연구개발기관의 장이 자체규정으로 정한다.

② 연구개발기관의 장은 연구노트의 기록 날짜와 기록자, 그리고 위·변조를 확인할 수 있도록 제1항에 따른 자체규정을 수립하여야 한다.

③ 연구개발기관의 장은 서면, 전자노트, 음성, 영상 등 다양한 형식으로 작성할 수 있도록 제1항에 따른 자체규정을 수립하여야 한다.

연구노트의 요건에 대해서는 '국가연구개발사업 연구노트 지침' 제7조에 규정되어 있으며, 전자 연구노트와 서면 연구노트로 구분되어 명시되어 있다. 이 지침은 국가연구개발혁신법 시행령 제65조 제2항에 근거하여 연구개발 기관이 연구노트의 작성·관리에 관한 자체 지침을 마련하고 운영하는 데 활용된다.

연구노트 온라인 플랫폼 '구노'

그런데 이 규정을 봐도 어떻게 작성해야 할지 막막할 것이다. 그래서 참고하면 좋은 사이트를 소개하려고 한다. 연구노트 온라인 플랫폼 구노(GOONO)다. 이 사이트를 활용하면 연구 기록 입력 일시와 위변조 확인이 가능하고, 타

임스탬프 등 시점을 인증할 수 있다는 장점이 있다. 연구노트를 서면으로 작성한 후 촬영해 업로드하기만 하면 연구노트가 자동으로 완성된다. 또한 블록체인으로 안전하게 관리되기 때문에 보안도 걱정하지 않아도 된다.

- 연구노트는 삽입이나 삭제가 어렵도록 제본된 묶음 노트 형태여야 한다. 바인더 형태의 경우 사후에 유리 또는 불리한 증거를 삽입하거나 삭제할 가능성이 있어 부적절하다.
- 연구노트는 30년 이상 장기간 보전이 가능해야 하기 때문에, 내구성 및 보존성이 좋은 종이 사용을 권장한다.

다만, 비용이 발생하기 때문에 이 점이 부담되는 기업의 경우 서면으로 연구노트를 준비하면 된다. 서면으로 연구노트를 준비할 때 유의사항은 위와 같다.

위 체크리스트에 유의해 작성해야 하며, 다음에 나오는 서면 연구노트 요건을 확인해 사내에 맞게 제작해 활용하면 된다.

표지의 경우 제목(연구과제명), 연구 관리번호(체계적인 관리 위해), 연구과제명, 연구 책임자명, 기록자 및 관련 정보(소속, 사번, 전화번호 등), 연구 기간 등을 기재하면 되며, 내지의 경우 미리 인쇄된 페이지 번호, 실험 제목, 실험 목적, 연구 내용, 기록자 및 확인자의 날짜 및 서명을 기재한다.

연구노트가 증거로서 가치를 갖기 위해서는 반드시 페이지별 기록자와 확인자의 서명과 날짜 기록이 필요하다. 그리고 확인자 또한 서명이 필수적이다. 일반적으로 기록자 및 확인자는 본인 이름을 자필로 작성한 후 서명하고 날짜를 작성하면 된다.

이때 주의할 점은 처음 서명과 나중 서명이 같아야 하고, 일관성 있고 정확하게 작성해야 한다는 것이다. 또한 서명란에 도장보다는 직접 서명을 해줘야 추후 분쟁의 소지를 줄일 수 있다. 확인자의 경우 반드시 상위 직급자 또는 대표자일 필요는 없으며 연구를 수행하는 동료라면 괜찮다.

∴ 작성 원칙

구분	내용
① 연구의 착상 및 목적	• 연구의 착상(아이디어), 목적, 방법, 예상 결과 기록 - 착상의 영감은 어디에서 얻었는가? - 선행 연구에 대한 어떤 논의가 이루어졌는가? - 기술적으로 문제를 어떻게 해결하여 연구를 진행할 것인가?
② 재료	• 사용되는 재료, 장비, 유기물, 측정 조건 등에 대한 목록을 작성한 후 상세히 기록 - 재료: 원료 및 성분 등, 장비: 회사명, 모델번호, 일련번호, 브랜드명, 반응성 등 - 유기물: 구입처, 출하 상태 등 측정 조건: 온도, 시료 상태, 파장 등
③ 실험의 방법	• 연구노트의 목적은 실험을 통해 얻은 데이터를 축적하여 과학적인 해석을 얻어내는 것 - 연구노트는 실험 절차에 따라 빠짐없이 정확하게 작성되어야 함.
④ 실험 진행 과정의 기록	• 실험의 경과, 상황 등을 그 자리에서 바로 기록하는 습관을 통해 기록의 누락을 방지하고, 실험에 대한 집중력을 높임
⑤ 실험 결과의 기록	• 실험 결과는 시간적인 변화, 구체적인 절차 등을 알 수 있게 기록하여 객관성 유지 - (나쁜 예) 푸른 리트머스지에 식초를 떨어뜨렸더니 붉어졌다. - (좋은 예) 유리봉으로 농도 10%의 식용 식초(ㅇㅇㅇ회사 제품, ㅇㅇTM을 ㅇ배 희석) 1방울을 세로 1cm, 가로 3cm의 리스머스 종이에 떨어뜨렸더니 스며든 부위가 붉어졌다.
⑥ 고찰	• 실험 종료 후 실험 계획에 따른 실험 진행 여부, 실험 목적 달성 여부, 실험 결과의 의의, 다른 방법 적용 여부, 가설 실증 여부 등을 검토하여 고찰 작성
⑦ 참고 사항	• 실험을 실시한 장소 등 주변 환경에 대해 기록 - 실험실의 온도, 습도, 지역의 기후 등 환경 데이터 기록

프로젝트 관리 측면에서의 연구노트 작성 사례(예시)

연구 내용은 위 예시를 활용해 작성하면 되고, 서면 연구노트에 자료(사진, 출력물, 타 연구실의 실험 결과 사본 등)를 부착할 경우 풀로 고정한 후 해당 날짜와 서명을 기재하면 된다. 그리고 노트 빈 공간에는 사선을 긋고 여백임을 포함하면 된다. 또한 틀린 내용 및 잘못된 문구의 경우 줄을 긋고 서명 후 수정하면 된다.

좋은 아이디어가 떠올랐다면 짧게라도 연구노트에 기재하고 사진, 보고서, 논문 등을 활용해 작성하면 좋다. 그리고 연구개발 배경이나 방법 등을 자세히 서술해 주면 좋다.

제8조(연구노트의 작성)

① 연구개발기관의 장은 소속 연구자가 연구노트를 작성하도록 관리하여야 한다.

② 연구노트의 작성에 관한 사항은 연구개발기관의 장이 자체규정으로 정한다.

③ 제1항에도 불구하고 연구개발과제의 협약 당사자(법 제4조 제1호에 따른 다른 법률에 따라 직접 설립된 기관의 기본사업의 경우에는 해당 기관의 장을 말한다)는 개인사업자, 창업초기기업 등 연구노트를 관리하기 어렵다고 인정하는 연구개발기관의 경우나, 사전조사·기획평가, 연구개발과제의 조정·관리, 인문·사회분야, 인력양성, 기반구축 등 연구노트 작성의 필요성이 크지 아니하다고 인정하는 연구개발과제의 경우에 법 제12조 제4항에 따른 연차보고서 또는 제12조 제5항에 따른 최종 보고서(같은 항에 따른 단계 보고서를 포함한다) 등의 작성을 연구노트 작성으로 볼 수 있다.

④ 하나의 연구개발과제에 다수의 연구개발기관이 참여하는 경우에는 연구개발기관마다 연구노트를 각각 작성하는 것을 원칙으로 한다.

⑤ 연구개발기관의 장은 자체규정으로 정하는 바에 따라 연구자별로 연구노

트를 각각 작성하게 하거나, 하나의 연구노트를 다수의 연구자가 공동으로 작성하게 할 수 있다. 이 경우 모든 연구자는 연구노트를 작성하는 것을 원칙으로 한다.

⑥ 기록자는 연구노트를 작성할 때 내용의 위조·변조 없이 객관적인 사실을 기록하고, 제3자가 연구개발 수행 과정과 결과를 재현하는 데 활용할 수 있도록 노력하여야 한다.

04
고용지원금
제대로 받는 법

업력 3년 이하의 법인이라면 국가에서 지원해 주는 다양한 지원금을 꾸준히 체크하는 것이 좋다. 국가에서 지원해 주는 지원금에는 정부지원금, 고용지원금 및 정책자금 등이 있다. 그중 고용지원금은 매년 예산이 달라질 수 있기 때문에 주기적으로 점검할 필요가 있다. 고용노동부 홈페이지(moel.go.kr), 고용보험 홈페이지(work24.go.kr), 각 지자체 홈페이지에서 확인이 가능하다.

지원명	최대 지원 금액	소관 기관
① 청년일자리도약장려금	우선지원 대상기업이 취업애로청년을 정규직으로 채용하고, 6개월 이상 고용유지 시 최장 2년 동안 최대 1,200만 원 지원	고용노동부
② 고용촉진장려금	대상 근로자 고용 시 1년간 우선지원대상 기업은 연 최대 720만 원, 대규모 기업은 연 360만 원	고용노동부
③ 신중년 적합 직무	신중년 적합직무 근로자 1인당 최대 960만 원	고용노동부
④ 고령자 고용지원금	증가 1인당 분기 30만 원을 2년간 지원	고용노동부

⑤ 일자리함께하기 지원금	월 40~80만 원, 최대 2년	고용노동부
⑥ 고용유지지원금	사업주가 지급한 금품의 2/3(대규모 기업 1/2~2/3) 지 원(1일 6.6만 원, 연간 180일 한도)	고용노동부
⑦ 장애인고용장려금	의무 고용률 초과 고용 장애인 근로자의 장애 정도, 성 별에 따라 1인당 월 35~90만 원을 지급	고용노동부
⑧ 고령자 계속고용장려금	정년 도래자를 계속 고용하는 사업주에게 계속 고용 근로자 1인당 분기 90만 원씩 3년 동안 지원	고용노동부
⑨ 출산육아기 고용안정장려금	- 육아휴직 지원금: 근로자에게 육아휴직을 30일 이상 허용한 우선지원 대상기업 사업주에게 근로자 1인당 월 30만 원 지원 - 육아기 근로시간 단축 지원금: 근로자에게 육아기 근 로시간 단축을 30일 이상 허용한 우선지원 대상기업 사업주에게 근로자 1인당 월 30만 원 지원 - 대체 인력 지원금: 근로자에게 출산 전후 휴가, 유 산·사산 휴가 또는 육아기 근로시간 단축을 30일 이 상 부여하거나 허용하고 새로 대체 인력을 채용한 후 30일 이상 계속 고용한 우선지원 대상기업 사업주에 게 대체 인력 1인에 대해 월 80만 원(업무 인수인계 기간 월 120만 원) 지원	고용노동부
⑩ 국내복귀기업 고용지원	국내복귀기업으로 지정 후 5년 이내에 기업의 근로자 수가 증가한 경우, 증가 근로자 수 1인당 우선지원 대 상기업 연간 최대 720만 원, 중견기업 연간 최대 360만 원 지원	고용노동부
⑪ 청년채용특별장려금	청년(만 15세 이상 34세 이하)을 정규직으로 신규 채용 한 5인 이상 중소·중견기업(성장유망업종, 벤처기업 등은 5인 미만도 가능), 청년 추가 채용 1명당 연 최대 900만 원, 3년간 지원	고용노동부

고용지원금의 종류

대표적인 고용지원금은 위와 같다. 관련 정보가 많기 때문에 법인 대표가
직접 찾아보기 어려울 때가 많다. 제일 좋은 방법은 지원 사업 담당자에게 직

접 연락해 보는 것이다. 회사 상황을 말하고 지원이 가능한지 등을 물어보면 된다.

보편적인 고용지원금의 경우 5인 이상 사업장을 기준으로 신청이 가능하지만, 성장유망업종 코드 등 표준산업분류 코드에 의한 1인 이상 사업장 역시 신청이 가능하다. 이런 부분을 모른 상태로 채용하고 지원 혜택을 받지 못하는 기업이 많다.

예를 들어, 4대 보험에 가입된 직원이 세 명만 있는 상황에서 추가 채용을 한다면 보편적으로 5인 미만 사업장이라 지원금 신청 자체를 생각하지 못하는 경우가 많다. 그러나 전자상거래 등의 성장유망업종은 지원금 신청이 가능하다. 따라서 주기적으로 올라오는 지원금에 대한 공지를 보면서 한 번씩 문의해 보는 것을 추천한다. 업무 리스트에 '분기별 지원금 체크'를 넣어두는 것도 좋은 방법이다.

이제 구체적으로 어떤 지원금이 있는지 몇 가지 살펴보겠다. 지원금에 대한 내용도 중요하지만, 고용지원금 정보 검색 프로세스를 잘 숙지해야 시기에 맞춰 나오는 지원금을 놓치지 않을 수 있다.

고용촉진장려금

고용촉진장려금은 취업이 어려운 구직자를 정규직으로 채용한 사업주에게 일정 금액을 지원하는 제도이다. 우선지원 대상기업의 경우, 1인당 연 최대 720만 원까지 지원받을 수 있다.

지원 요건은 다음과 같다. 장애인, 장기 실업자 등 이른바 취업 취약계층을 정규직으로 신규 채용하고, 이들을 6개월 이상 계속 고용해야 한다. 정규직 채용 및 고용 유지 여부가 핵심 요건이다.

신청은 고용보험 사이트(ei.go.kr)를 통해 온라인으로 가능하며, 가까운 고용센터에 직접 방문해 신청할 수도 있다.

고용안정장려금

고용안정장려금은 근로시간 단축이나 교대제 개편을 통해 신규 인력을 채용한 기업에게 지급되는 지원 제도이다. 우선지원 대상기업의 경우, 1인당 연 최대 960만 원까지 지원받을 수 있다.

지원 요건은 근로시간 단축 또는 교대제 도입을 실시한 뒤 추가 인력을 채용하고 고용을 유지하는 것이다. 단순한 제도 시행만으로는 지원 대상이 되지 않으며, 반드시 실제 고용 증가가 수반되어야 한다.

신청을 위해서는 먼저 근로시간 단축 계획에 대한 승인을 받아야 하며, 이후 관할 고용센터에 분기별로 신청해야 한다.

고용유지지원금(유급 · 무급)

고용유지지원금은 경영상 어려움으로 인해 고용 유지 조치를 실시한 사업주와 근로자에게 지원되는 제도이다. 고용 유지 조치는 유급 또는 무급의 휴업·휴직을 포함한다.

유급 휴업 또는 휴직을 실시한 경우에는 사업주가 근로자에게 지급한 휴업수당의 3분의 2를 정부가 지원한다. 한편 무급 휴직을 실시한 경우에는 근로자에게 월 최대 66만 원이 직접 지원된다.

지원 요건은 경영난 등의 사유로 고용 유지 조치를 시행했을 것이며, 이때 유급 또는 무급 여부에 따라 지원 방식이 달라진다.

신청을 위해서는 먼저 고용 유지 계획에 대한 사전 승인을 받아야 하며, 이후 고용보험 시스템(ei.go.kr) 또는 관할 고용센터를 통해 신청하면 된다.

청년일자리도약장려금

청년일자리도약장려금은 청년 고용 확대를 위해 마련된 지원 제도이다. 우선지원 대상기업이 취업이 어려운 청년을 정규직으로 채용하고 일정 기간 고용을 유지하면, 정부가 인건비 일부를 지원한다.

지원 금액은 청년 1인당 월 최대 60만 원씩 12개월간, 총 최대 720만 원이다. 여기에 더해 장기근속 시 추가로 최대 480만 원까지 지원받을 수 있어 청년 1인당 최대 1,200만 원까지 지원이 가능하다.

지원 요건은 다음과 같다. 우선지원 대상기업이 만 15세 이상 34세 이하의 취업애로청년을 정규직으로 신규 채용하고 6개월 이상 고용을 유지해야 한다.

신청은 고용24 누리집(work24.go.kr)에서 사업 참여 신청과 지원금 신청을 함께 진행하면 된다. 사전 참여 신청 후 고용보험에 가입된 청년이 6개월 이상 근무한 뒤, 지급 요건을 충족하면 지원금을 받을 수 있다.

고령자 계속고용장려금

고령자 계속고용장려금은 정년을 맞은 고령 근로자를 정년 이후에도 계속 고용하거나 재고용한 사업주에게 지급되는 제도이다. 1인당 연 최대 720만 원까지 지원되며, 고령 인력의 고용안정을 유도하기 위한 목적을 갖고 있다.

지원 요건은 다음과 같다. 정년을 도래한 근로자를 정년 이후에도 계속 고용하거나 재고용하고, 6개월 이상 고용을 유지해야 한다. 정년 연장 방식 또는 재고용 계약을 통한 방식 모두 인정된다.

신청을 위해서는 먼저 계속 고용 계획을 관할 고용센터에 신고해야 하며,

이후에는 분기별로 지원금을 신청할 수 있다. 사전 신고 절차 없이 고용을 지속한 경우에는 장려금 지급 대상에서 제외될 수 있으므로, 계획 수립과 신고를 미리 해두는 것이 중요하다.

고령자 고용지원금

고령자 고용지원금은 만 60세 이상 고령자를 신규 채용한 사업주에게 지급되는 인건비 지원 제도이다. 1인당 월 최대 30만 원, 최장 2년간 지원받을 수 있다.

지원 요건은 다음과 같다. 만 60세 이상 고령 근로자를 정규직 또는 무기계약직으로 신규 채용한 뒤 6개월 이상 고용을 유지해야 한다. 단기 계약이나 비정규직 채용은 지원 대상에서 제외된다.

신청을 위해서는 먼저 신규 채용 사실을 관할 고용센터에 신고해야 하며, 이후 분기별로 지원금을 신청하면 된다. 초기 신고가 누락될 경우 지원 대상에서 제외될 수 있으므로, 채용 직후 빠르게 신고하는 것이 중요하다.

고용환경개선 장려금

고용환경개선 장려금은 여성, 장애인 등 취약계층 근로자의 근무 환경을 개선하기 위한 시설 설치 및 운영 비용을 지원하는 제도이다. 최대 3,000만 원까지 지원받을 수 있으며, 사업장의 고용 인프라 개선을 통해 지속 가능한 고용을 유도하는 데 목적이 있다.

지원 요건은 취약계층 근로자의 근무 환경을 실질적으로 개선할 수 있는 시설을 설치하거나 운영하는 경우에 해당한다. 예를 들어, 여성 전용 휴게실 설치, 장애인 편의시설 확충, 모성 보호를 위한 공간 확보 등이 여기에 포함된다.

신청을 위해서는 먼저 고용환경개선 계획서를 관할 고용센터에 제출하여 승인을 받은 뒤, 관련 비용에 대해 청구 신청을 해야 한다. 사전 승인 없이 설치한 시설에 대해서는 지원이 제한될 수 있으므로, 반드시 계획 수립과 승인을 먼저 진행해야 한다.

지역고용촉진지원금

지역고용촉진지원금은 고용위기지역 또는 산업위기대응특별지역 내에서 사업장을 신설하거나 증설하고, 지역 주민을 신규 채용한 사업주에게 지원되는 제도이다. 신규 채용한 근로자 1인당 연 최대 720만 원까지 지원받을 수 있다.

지원 요건은 다음과 같다. 해당 지역에서 사업장을 새로 설립하거나 증설한 뒤, 지역 주민을 신규로 채용하고 6개월 이상 고용을 유지해야 한다. 지원 대상 지역은 정부가 지정한 고용위기지역 및 산업위기대응특별지역에 한정된다.

신청을 위해서는 먼저 지역 고용 계획을 수립한 후 관할 고용센터에 신고해야 하며, 이후 분기별로 지원금을 신청할 수 있다. 사전 신고 없이 채용이 이뤄질 경우 장려금 지원 대상에서 제외될 수 있으므로 유의해야 한다.

시니어 인턴십

시니어 인턴십이란 만 60세 이상 시니어를 인턴으로 고용하는 기업에 인건비 일부를 국가가 지원하는 사업이다. 지원 내용은 다음과 같다.

구분	지원 내용	
일반형	1인당 최대 240만 원 지원	
	인턴 기간	입사일로부터 최대 3개월간 참여자 1인 당 월 급여의 50%, 월 최대 40만 원 내 지원
	계속 고용 기간	인턴 종료 후 6개월 이상 계속 고용 계약 체결 시 추가 3개월간 2인당 월 급여의 50%, 월 최대 40만 원 내 지원
장기취업 유지형	1인당 최대 280만 원 지원	
	일반형 사업으로 18개월 이상 계속 근무 이후 시 - 18개월: 80만 원, 24개월: 80만 원 - 30개월: 60만 원, 36개월: 60만 원 * 다만, 지원금 신청일 기준 지침에 따른 근로 계약일 보장 확인 * 지원 기준 경과 시점 3개월 이내 신청 기업에 한해 지원	
세대 통합형	1인당 최대 300만 원 지원	
	숙련 기술 보유 퇴직자를 청년(만 18~34세) 멘토로 최소 6개월 이상 고용한 기업에 1인당 300만 원 지원(일시급)	

인턴십 참여 후 3개월간 매월 최대 40만 원을 지원하며(인턴 지원금), 인턴 기간 종료 후 6개월 이상 근로계약 체결 시 3개월간 매월 최대 40만 원을 지원한다. 또한 시니어 인턴을 18개월 이상 고용 유지 시 1회 90만 원을 지원한다(장기취업 유지지원금).

지원 대상은 만 60세 이상 근로자를 고용하고 있으며, 4대 보험 가입 사업장 중 근로자 보호 규정을 준수하는 기업이어야 한다. 그리고 만 60세 이상 근로자가 개발원 및 수행기관에서 진행하는 교육을 필수적으로 이수해야만 한다.

신청 방법은 사업주가 수행기관과 연락해 참여 조건 및 대상자를 확인하고, 직원 채용 후 수행기관을 통해 지원금을 신청하면 된다.

05
놓치지 말아야 할
무상지원금과 정책자금

무상지원금에 관한 정보 공고는 K-startup(k-startup.go.kr), 비즈인포(bizinfo. go.kr) 사이트에서 확인할 수 있다. 보편적으로 1~3월에 많이 몰리며, 정기적으로 공고가 올라오기 때문에 수시로 확인이 필요하다.

무상지원금을 받기 위해서는 사업계획서를 잘 작성해야 한다. 사업계획서는 회사 소개서가 아니라 제안서다. 많은 회사가 "우리는 이런 회사이니 지원해 주세요", "초기 기업이라 돈이 없습니다" 같은 말을 한다. 그러나 이것보다는 기관에서 투자하고 싶은 기업으로 표현되어야 한다.

사업계획서 준비 외에는 회사의 스펙을 잘 준비하는 게 중요하다. 취업을 할 때 개인의 이력서와 자기소개서를 제출하는 것처럼, 정부지원사업을 잘 받기 위해서는 회사의 스펙이 준비되어 있어야 한다. 대표자의 학력과 경력, 회사의 매출 등은 쉽게 바꿀 수 없지만, 미리 준비할 수 있는 것들도 많이 있다. 예를 들어, 다음과 같은 것들을 활용할 수 있다.

- 시장이 형성되어 있고 차별화된 아이템(BM: 비즈니스모델)
- 회사의 기술을 보호하기 위한 기술특허 등의 지식재산권
- 고용 창출(내일채움공제 등 직원을 위한 복지 혜택)
- 정부 정책(노란우산공제, 창업기업 교육 프로그램 이수 등)
- 기업부설연구소, 벤처기업 인증, ISO 인증 등과 같은 기업 인증

위와 같은 스펙들은 짧게는 한두 달 내로도 준비가 가능하지만, 1년 정도 시간이 걸리는 것도 있기 때문에 미리미리 준비하는 것을 권장한다. 업종에 따라 구체적인 내용은 달라지지만, 위의 내용들을 잘 기억해서 준비한다면 무상 지원금, 정책자금 등에 충분히 적용할 수 있을 것이다.

항목	사업화자금	바우처자금	고용지원금	R&D자금
대표 지원 사업	- 예비창업패키지 - 초기창업패키지 - 청년창업사관학교 - 창업도약패키지	- 수출바우처 - 혁신바우처	청년일자리도약장려금	- 디딤돌 - TIPS
지원 대상	- 예비창업자 - 창업 3년 이내 - 창업 3~7년 이내	- 수출 기업 - 제조 중소기업	만 15~34세 청년 채용 기업	- 창업 7년 이하 - 매출 20억 원 미만 기업
지원 내용	- 시제품 제작 - 지식재산권 취득 - 창업 교육 및 멘토링 - 사업모델 고도화	- 수출/제조 관련 컨설팅 - IP, 마케팅, 세무/노무 등	정규직 채용 후 6개월 이상 고용 유지 시 지원	- 기술개발 비용 - 투자 유치 기반 기술 보육 및 멘토링
지원 금액	최대 1~3억 원	수출/매출 실적에 따라 차등 지원	월 최대 60만 원×12개월+장기근속 시 최대 480만 원	- 디딤돌: 최대 1.2억 원 - TIPS: 최대 5~15억 원

무상지원금의 종류

1. 사업화자금

1) 예비창업패키지(최대 1억 원, 평균 0.5억 원)
- 지원 대상: 사업자가 없는 상태
- 시제품 제작, 지식재산권 취득 등에 소요되는 사업화자금, 창업 교육 및 멘토링 등 지원

2) 초기창업패키지(최대 1억 원, 평균 0.7억 원)
- 지원 대상: 창업 3년 이내 기업
- 유망 창업 아이템을 보유한 기업에게 필요한 사업화자금 및 창업 프로그램 지원

3) 청년창업사관학교(최대 1억 원, 평균 0.7억 원)
- 지원 대상: 만 39세 이하, 창업 3년 이내 기업
- 입교 시 일부 지급(1차 지원금)+중간 평가에 따른 차등 지급(2차 지원금)

4) 창업도약패키지(최대 3억 원, 평균 1.3억 원)
- 지원 대상: 창업 3~7년 이내 기업(도약기 창업기업)
- 사업 모델 혁신, 제품·서비스 고도화에 필요한 사업화자금 지원

2. 바우처자금

1) 수출바우처
- 수출과 관련된 비용을 지원하며, 수출 실적에 따라 지원 규모에 차이가 있음
- 조사, 지식재산권, 마케팅, 경영 컨설팅 등 다양한 지원

2) 혁신바우처

- 제조와 관련된 비용을 지원하며 매출액에 따라 자기 부담금 차이 있음

- 기술 이전, 특허, 마케팅 비용, 세무/노무 등 다양한 컨설팅 비용 지원

3. 고용지원금

1) 청년일자리도약장려금(연도별로 상이)

- 만 15세~34세 청년 직원 정규직으로 채용 시 지원금 혜택

- 청년 1인당 월 최대 60만 원씩 1년간 지원(최대 720만 원)

4. R&D 자금

1) 디딤돌(최대 1.2억 원)

- 지원 대상: 창업 7년 이하, 매출액 20억 원 미만인 창업기업

- 기술 기반 창업기업의 혁신성장 촉진 및 창업 강국으로의 도약을 위한 기술개발 지원

2) TIPS(일반형 5억 원, 특화형 15억 원)

- 지원 대상: 창업 7년 이하, 매출액 20억 미만인 창업기업

- TIPS 운영사가 발굴·투자한 기술창업팀에게 보육·멘토링과 함께 기술개발 지원

∷ 정책자금은 꼭 받자

많은 기업을 상담하다 보면 대표들은 두 부류로 나뉘는 경우가 많다. 첫째는 정부지원사업에 대해 전혀 모르고 있는 경우, 둘째는 유튜브나 블로그를

통해 정보를 접했지만 실제 신청을 위한 노하우나 시간이 부족한 경우이다. 이러한 현실을 바탕으로 이 글에서는 정보의 비대칭을 해소하고, 최소한의 시간으로 최대의 효과를 얻을 수 있는 정책자금 활용법을 정리하고자 한다. 실제로 많은 기업이 놓치고 있는 기회이며, 반드시 실천해 볼 만한 가치가 있다.

정책자금을 꼭 활용해야 하는 이유는 다음과 같다.

- 저금리로 자금 조달이 가능하다.
- 매출이나 신용이 낮아도 자금 집행이 가능하다.
- 기업이 성장할수록 추가적인 자금 지원을 받을 수 있다.

정부는 정책자금의 지원 대상을 '성장 잠재력은 있으나 정보 부족이나 담보 위주 금융 관행 때문에 자금 조달이 어려운 우수 중소벤처기업'으로 설정하고 있다. 특히 고용을 창출하거나 수출 및 매출을 증대시킨 기업, 시설 투자를 진행하는 기업, 혁신성장 분야에 해당하는 기업은 정책자금 우선 지원 대상이 된다.

정책자금의 종류는 다음과 같다.

구분	정책자금	
	직접 대출	대리 대출
종류	중소벤처기업진흥공단 소상공인시장진흥공단	신용보증재단 신용보증기금 기술보증기금 무역보험공사 농림수산업자 신용보증기금
신청 특징	매달 정해진 일자에 신청	상시 신청 가능
대출 실행 특징	기관에서 직접 기업에 정책자금 대출	기관에서 보증을 서주고, 은행을 통해 기업에 정책자금 대출
장점	– 은행 대출과 중복해서 대출 가능 – 저금리(중진공 청년창업자금 2.5%)	상환 기간을 연장할 수 있어 자금 운영의 편리함
단점	상반기에 주요 자금 빠르게 소진 상환 일자를 꼭 지켜야 함	보증이율 존재하여 직접 대출보다는 금리 높음(0.5~3.0%)

정책자금의 종류

∴ 정책자금의 첫 번째 유형: 직접 대출

직접 대출은 중소벤처기업진흥공단과 소상공인시장진흥공단에서 할 수 있다. 차례대로 살펴보자.

1. 중소벤처기업진흥공단에서 하는 직접 대출

중소벤처기업진흥공단 자금의 경우 디지털 지점에서 신청이 가능하다. 접수일은 매달 공지되며, 미리 체크해야 한다. 매월 초 서울 및 지방 소재와 경기 및 인천 소재별로 각각 이틀간 신청할 수 있다.

대출 조건은 제조업 제외 상시근로자(직원)가 5인 이상이어야 한다. 만약 대표자가 만 39세 이하로서 업력 3년 미만의 중소기업을 운영 중이라면, '중진공 청년창업자금'을 놓치지 말기 바란다. 직원이 없어도 신청이 가능하고, 최대 2억 원, 연 2.5% 고정금리로 자금을 받을 수 있기 때문이다.

2. 소상공인시장진흥공단에서 하는 직접 대출

소상공인시장진흥공단에서 하는 대출은 정책자금 사이트에 들어가서 신청할 수 있고, 직접 대출이기 때문에 신청 접수가 제일 중요하다. 특히 많은 소상공인의 접수가 몰리기 때문에 신청 당일 오픈 시간으로부터 30분 만에 예산 소진으로 접수가 마감되기도 한다. 혁신성장촉진자금의 경우 연 3% 초반 금리 및 최대 2억 원 이내 운전자금, 10억 원 이내 시설자금을 제공한다. 다만, 소상공인 정책자금에서는 직접 대출뿐만 아니라 대리 대출도 지원해 주니 꼭 사이트에서 확인해 보길 바란다.

소상공인의 조건은 소상공인 보호 및 지원에 관한 법률에 따라 업종별로 소기업 매출 이하, 상시근로자(직원) 수 5인 미만(제조, 건설, 운송, 광업은 10인)이다. 유흥·향락업, 전문업종, 금융업, 보험업, 부동산업 등은 제외된다.

구분	세부 사항	신청 요건
성장기반 자금	소공인특화자금	(대리 대출) 제조업을 영위하는 상시근로자수 10인 미만의 소상공인
	혁신성장촉진자금	(직접 대출) ① (혁신형) 수출, 2년 연속 매출 10% 이상 신장, 스마트 공장 도입, 강한 소상공인·로컬크리에이터, 소상공인 졸업 후보 기업 ② (일반형) 스마트 기술, 백년 소공인·백년 가게, 사회적경제 기업, 신사업 창업사관학교 수료생

	민간투자 연계형 매칭융자	(**직접 대출**) 민간투자 연계형 매칭융자 주관기관으로부터 투자금을 지원받고 '소상공인 선투자 추천서'를 발급받은 소상공인
일반경영 안정자금	일반 자금	(대리 대출) 업력 무관 소상공인
특별경영 안정자금	긴급경영안정자금 (재해 피해)	(대리 대출) 재해 피해를 입고, 지자체에서 '재해 중소기업(소상공인) 확인증'을 발급받은 소상공인
	긴급경영안정자금 (일시적 경영 애로)	(대리 대출) 지역경제 위기가 우려되는 지역 또는 감염병 등으로 영업에 피해를 입은 소상공인 (**직접 대출**) 연매출 1억 400만 원 미만이고 업력 7년 미만이면서 일시적 경영 애로 사유가 있는 소상공인
	장애인기업지원 자금	(대리 대출) 장애인복지카드(국가유공자 카드 또는 증서) 또는 장애인기업확인서를 소지한 장애 소상공인
	신용취약소상공인 자금	(**직접 대출**) 소상공인 지식배움터(edu.sbiz.or.kr) 내 신용관리 교육을 사전에 이수한 중·저신용(NCB 839점 이하) 소상공인
	재도전특별자금	(**직접 대출**) ① (재창업 준비 단계) 최근 1년 이내 소상공인희망리턴패키지 사업의 재창업 교육을 수료한 소상공인 ② (재창업 초기 단계) 재창업 업력 7년 미만으로 공단에서 요구하는 조건을 모두 충족하는 소상공인 ③ (재창업 초기 단계) 3개월 이상 휴업 후 영업 재개, 업종 전환 또는 매출 감소로 인해 사업장을 이전한 소상공인 ④ (채무 조정) '채무 해소 재기 기원 종합패키지 참여기관'에서 인정한 성실 상환 소상공인 등 ⑤ (희망형) 최근 1년 이내 소상공인희망리턴패키지사업의 사업화 자금을 지원받거나 '24년 이커머스 미정산 피해 관련 특별자금'을 지원받은 소상공인
	청년고용연계자금	(대리 대출) ① 업력 3년 미만의 청년 소상공인(만 39세 이하) ② 상시근로자 중 과반수 이상 청년 근로자(만 39세 이하)를 고용 중이거나 최근 1년 이내 청년 근로자 1인 이상 고용한 소상공인
	대환 대출	(대리 대출) 중·저신용 소상공인이 보유한 은행권·비은행권 사업자 내출 중, 고금리 대출 또는 만기 연장에 애로가 있는 대출

소상공인시장진흥공단의 대출

⠿ 정책자금의 두 번째 유형: 대리 대출

대리 대출은 대표적으로 세 곳에서 진행이 가능하다. 신용보증재단, 신용보증기금, 기술보증기금이다. 하나씩 살펴보도록 하자.

첫째, 신용보증재단은 담보력이 부족한 소기업, 소상공인 등에게 보증서를 제공함으로써 소기업, 소상공인 등이 은행에서 자금을 원활히 조달할 수 있도록 지원해 주는 제도이다.

둘째, 신용보증기금은 기업의 미래성장성을 평가하여 기업 경영에 필요한 각종 채무에 대한 보증을 지원함으로써 중소기업이 자금 융통을 원활히 할 수 있도록 지원하는 제도다. 매출과 신용이 좋다면 쉽게 접할 수 있는 기관이기도 하다. 먼저 온라인으로 바로 신청하기보다는 전화(대표번호 1588-6565)로 상담을 요청하는 것이 좋다. 그러면 해당 지역에 맞는 담당자를 통해 전화 상담 또는 방문 상담을 진행할 수 있다.

셋째, 기술보증기금은 담보력이 부족하나 기술력을 보유하고 있는 기업의 기술성, 사업성 등 미래 가치에 대한 평가를 기반으로 보증서를 발급하여 신기술 사업자가 금융기관 등으로부터 원활하게 자금을 지원받을 수 있도록 하는 제도다. 많은 사업자가 기술보증기금은 특별한 기술이 있어야만 한다고 생각한다. 물론 기술화할 수 있는 업종만을 대상으로 한다는 점에서 대부분의 업종을 취급하는 신용보증기금과는 차이가 있다. 쉽게 말해 기술보증기금은 제조업·IT 개발·플랫폼 개발 등 제품으로 구현할 수 있는 업종, 즉 연구개발이 가능한 업종만 해당된다. 기술보증기금 신청은 대표번호(1544-1120)로 연락해 신청 가능한 지점을 안내받은 뒤, 해당 지점을 방문하여 상담을 진행하는 것이 좋다.

：• 정책자금 필승 전략

　정책자금을 효과적으로 확보하기 위해서는 기업의 상황에 맞는 전략이 필요하다. 다음은 실무에서 유용하게 적용할 수 있는 정책자금 활용 전략이다.

　첫째, 업력 7년 미만의 기업이라면 중소벤처기업진흥공단의 직접 대출을 적극 활용해야 한다. 이 경우에는 '창업기반지원자금' 신청이 가능하다. 만약 기술화할 수 있는 인력, 기술력, 특허 등을 보유하고 있다면, '개발기술사업화 자금'을 노리는 것이 더욱 유리하다.

　둘째, 신용보증재단은 신용보증기금, 기술보증기금과 동일한 전산망을 공유한다. 그러나 신용보증재단을 통해 받을 수 있는 자금은 보통 1억 원 미만의 소액이다. 따라서 기업의 매출이 어느 정도 발생하고, 제품의 차별성과 사업성이 뚜렷하다고 판단된다면, 보다 큰 한도로 자금 조달이 가능한 기술보증기금이나 신용보증기금을 선택하는 것이 전략적으로 바람직하다.

　셋째, 창업 단계에 따라 기관을 전략적으로 선택해야 한다. 예비창업 단계라면 신용보증기금, 창업 이후 자금이 필요하다면 기술보증기금을 추천한다. 신용보증기금은 수익성 중심의 평가를 하는 반면, 기술보증기금은 수익성에 더해 차별성과 독창성도 함께 평가하기 때문에 창업자의 역량과 기술 기반의 아이템이 있다면 기술보증기금이 유리하다.

- 수익성: 재무제표, 부가세 과세표준증명원 등을 통해 매출, 영업이익, 매출 구조 등을 입증할 수 있어야 한다.
- 차별성: 대표자의 경력, 아이템의 차별성, 추가 고용, 기업부설연구소 운영, 벤처인증·메인비즈·이노비즈 등 각종 인증이 해당된다.
- 독창성: 기술 특허 등록, 기술개발 실적 등이 포함된다.

넷째, 기관 담당자를 어떻게 설득하느냐가 정책자금 확보의 성패를 좌우한다. 다음 세 가지를 구체적으로 준비하면 설득력을 높일 수 있다.

- 경영진의 전문성: 사업에 대한 이해, 실행 의지, 동종 업계 경력 및 학력 등
- 우수 업종의 비즈니스모델(BM): 가능하다면 혁신성장 분야로 창업 방향을 설정
- 고용 계획: 현재 근로자 수와 향후 채용 계획

다섯째, 기관을 설득하기 위한 스토리라인 구성이 중요하다. 다음과 같은 흐름을 갖춘 설명이 효과적이다.

- 경영진의 전문성과 고용 계획 : "우리는 이런 팀입니다."
- 기술적 강점과 차별성 : "우리 제품은 이런 차별점이 있습니다."
- 생산 공정도와 운영 기반 : "우리는 이렇게 제품을 생산하고 있습니다."
- 매출 구조 및 성장 가능성 : "우리는 이렇게 돈을 벌 수 있습니다."

06
여성기업 인증으로 확보하는
정부 혜택

여성기업 인증은 인증 이름에서 알 수 있듯이 여성이 운영하는 기업에게 추가적으로 혜택을 제공하는 것이다. 만약 대표가 여성인데 여성기업 인증을 받지 않았다면 꼭 받는 것이 좋다.

주요 혜택

1. 판로 개척

지원 항목	세부 내용
여성기업 제품 우선구매제도	공공기관, 물품 및 용역 총액 5% 이상, 공사 구매 총액 3% 이상 의무 구매
여성기업 제품 소액 수의계약 금액	추정 가격 5,000만 원 이하 여성기업 1인 견적 수의계약 가능, 추정 가격 2,000만 원 이하 모든 기업 가능

여성기업 제품 입찰 시 가산점 부여	- 여성기업 확인서 보유 존속 기간별 0.25~1점 차등 부여 - 지자체 입찰 시 여성기업 1점 가점 - 일반용역, 물품 적격심사: 존속기간별 0.3~0.4점 가점 - 물품, 용역 적격심사 0.1점 가점 - 건설폐기물 처리용역 적격업체 평가기준 용역 금액별 0.06~0.15점 가점
여성기업 제품 표시	나라장터 종합쇼핑몰 단가계약 물품 여성기업 제품 마크

2. 정부지원사업 우대

정책자금 활용 시 보다 나은 조건으로 진행이 가능하고, 정부지원사업 신청 시 가점을 제공한다.

기업 요건

여성기업이란 여성 대표자가 소유하고 경영하는 기업을 말한다. 이때 어느 정도를 소유로 볼 것인가가 기업 형태에 따라 다르다. 개인사업자의 경우 여성 개인사업자를 등록한 사람이며(동업 시 동업계약서상의 지분이 많을 것), 법인의 경우 여성 대표가 최대 출자자이며(여성이 50% 이상 최대 주주, 대표이사로 등기), 협동조합일 경우 총 조합원의 과반수가 여성이고 이사장이 여성이며, 이사장을 포함한 총 이사의 과반수가 여성이어야 한다.

여성기업 신청 순서는 다음과 같다.

중소기업 회원 가입 및 기업 정보 등록(SMPP)
신청 기업

▼

제출 서류 업로드 및 여성기업 확인 신청
신청기업

▼

서류 검토 및 현장 조사
한국 여성경제인협회 각 지회(현장조사 시 대표자 단독 면담)

▼

현장 조사 결과 검토 및 확인서 발급
지방 중소벤처기업청

▼

* 신청 사이트: 공공구매종합정보망(smpp.go.kr) 중소기업 회원가입 후 온라인 신청+제출 서류 업로드
* 서류 검토 및 현장조사 기관: 한국여성경제인협회
* 발급 기관: 사업장 소재지 관할 지방 중소벤처기업청
* 발급 대상: 중소기업 범위에 포함되며, 여성기업 정의에 해당하는 기업

여성기업 신청 순서

구분	제출 서류
공통 제출 서류 (모든 유형 공통)	- 여성기업 확인신청서 - 사업자등록증 또는 사업자등록증명원 - 신청기업 현황서 - 사회보험 사업장 가입자 명부(불가 시 대체 서류) - 면담확인서
개인사업자	공동 대표인 경우: 동업계약서 및 공동사업자내역사실증명원(홈택스 출력 가능)
법인사업자	- 법인등기사항전부증명서(말소사항 포함) - 수식능변농상황명세서(세무사/회계사/법무사 날인) - 주주명부(회사 직인 날인) * 당해 연도 주식 지분 변동 시: 주식 양도양수계약서 및 증권거래 납부영수증 - 유한회사: 사원명부(지분율 표시, 회사 직인 날인) - 유한 책임회사·합자회사·합명회사: 정관(회사 직인 날인)
협동조합	- 법인등기사항전부증명서(말소사항 포함) - 주식등변동상황명세서(세무사/회계사/법무사 날인) - 설립신고확인증(필요 시) - 조합원명부, 출자자명부, 임원명부(각 서류마다 회사 직인 날인)

제출 서류

① 실제 여성이 사업을 영위하고 있는가?

② 왜 이 사업의 형태로 창업하게 되었는가?

③ 회사의 현재 경쟁력 및 향후 계획은 어떻게 되는가?

온라인으로 여성기업 인증 신청을 완료하면, 다음 단계로 현장 실사가 진행된다. 현장 실사는 신청 기업이 실제로 요건을 충족하는지 확인하기 위한 절차로, 실사 과정에서 위와 같은 질문이 주로 이뤄진다.

첫째 질문은 명의대여 사업자 여부를 확인하기 위한 것이다. 이에 따라 실사 과정에서는 실제 대표자가 누구인지, 사업을 어떻게 운영하고 있는지에 대해 구체적으로 질문할 수 있다. 사업장 현황과 실제 운영 내용을 일관성 있게 설명할 수 있도록 철저히 준비하는 것이 중요하다.

둘째 질문은 창업 배경에 대한 서사를 요구하는 질문이다. 단순한 계기보다는 창업자가 어떤 목표를 가지고 시작하게 되었는지, 어떤 문제를 해결하고자 했는지에 대해 설득력 있게 설명할 필요가 있다.

셋째 질문은 인증의 핵심 평가 기준 중 하나이다. 여성기업 인증은 단순히 대표자가 여성이라는 이유만으로 부여되지 않는다. 사업의 성장 가능성, 경쟁력, 그리고 향후 계획의 구체성이 중요하다. 따라서 자사의 강점과 향후 비전에 대해 체계적으로 정리해 두는 것이 바람직하다.

위와 같은 질문에 대한 준비가 되어 있어야 현장 실사에 효과적으로 대응할 수 있으며, 여성기업 인증을 통해 제공되는 다양한 혜택도 누릴 수 있다.

CHAPTER
6

엑시트를 위한
청산과 승계 준비

01
창업 3년 이후
꼭 챙겨야 할 정부 인증

    정부는 기술력과 경영 역량을 갖춘 중소기업을 육성하기 위해 다양한 인증 제도를 운영하고 있다. 이 중 대표적인 것이 바로 이노비즈(Inno-Biz)와 메인비즈(Main-Biz) 인증이다.

    이노비즈는 기술혁신형 중소기업을 대상으로, 메인비즈는 경영혁신형 중소기업을 대상으로 한 인증 제도이다. 두 인증 모두 기업의 경쟁력을 객관적으로 증명할 수 있는 수단이며, 다양한 정부지원사업에서 가점과 혜택을 받을 수 있는 중요한 자격 조건이 된다. 다음에서는 이노비즈와 메인비즈 인증의 개요와 주요 혜택, 신청 절차 등을 구체적으로 살펴보고자 한다.

1. 이노비즈

    이노비즈는 Innovative Business의 줄임말로, 중소벤처기업부 등이 주관하여 운영하는 인증 제도이다. 이 인증은 중소기업의 기술혁신 능력과 경영혁신 능력을 종합적으로 평가하며, 우수한 기업에게 다양한 혜택을 제공하는 것을 목적으로 한다.

이노비즈는 창업 3년 이후부터 신청이 가능한데, 업력 3년 미만은 벤처기업 인증을 받고 3년이 지난 시점에는 이노비즈 인증을 받으면 된다. 업력에 따라 두 가지 인증 모두 꼭 받기를 바란다.

이노비즈와 관련한 금융/세제 뿐만 아니라 인력, R&D, 판로 수출 등에 대한 내용은 홈페이지에서 확인이 가능하다.[6]

1) 주요 혜택

지원 내역	주관 및 문의	주요 혜택
수도권 취득세 중과 면제	각 지자체 세무과	이노비즈 기업 수도권 취득세 중과 면제(2018년 시행) *(일반) 수도권 내 중과 3배 → (이노비즈) 중과 면제 *다만, 예외 지역 존재 등으로 지자체 세무과 상담 필수
정기 세무조사 유예	– 국세청 (국번 없이 126) – 관할 세무서 법인세과 문의	정기 세무조사(4년마다)+유예(수도권 2년, 지방 3년) *다만, 탈루 혐의가 있거나 국세 부과 제척기간 도래 시 제외
납부 기한 연장 등 납부 유예		납세 유예 시, 납세담보 1억 원 한도 내 면제 *다만, 제한적 면제 금액 등 지자체 세무과 등과 상담 필수
부가가치세 환급금 조기 지급		부가가치세 환급금 조기 지원 *(일반) 25일까지 신고 시 익월 10일까지 지급 → (이노비즈) 20일까지 신고 시 당월 말일까지 지급
세금 포인트 적립 점수 우대		(기존) 납부 세금 10만 원당 1점 → (우대) 납부 세금 10만 원당 2점

---

6 사이트 주소: innobiz.net/intro/intro3_1.asp

기술혁신형 중소기업 M&A	– 중소벤처 기업부 – 국세청	– 법인세 10% 공제 * 기술혁신형 중소기업 합병 및 주식·출자 지분 취득 시 세액공제 – M&A 절차 특례(간소화) * 기술혁신형 중소기업 합병 절차, 영업 양도·양수, 소규모·간이합병
금융지원 협약보증		기술평가 보증으로 '보증비율' 최대 100% 및 금리 우대 * 협약 은행: 산업, 기업, 우리, 하나, 외환, 신한, 국민, 부산, 경남, 대구, 한국씨티, SC, 전북, 농협, 광주은행
기술보증 우대 지원	기술보증기금	보증 한도 확대: (일반) 30억 → (이노비즈) 50억 * 이행 보증 및 전자상거래 보증의 경우 70억
기술보증 보증료 감면		보증료율 감면 (–0.2%p) * 타 감면 사유와 중복 적용 불가 * 다만, 최초 신규 보증일로부터 최대 2년간 적용
이노비즈 채움금융	NH농협은행 각 영업점 문의	대출 금리 최대 1.65% 우대 * (이노비즈 인증사) 기본 1%, 거래 실적 및 신용도에 따라 추가 우대
무역보증 우대	한국무역보험 공사	– 무역보증 보험료 20% 할인 * 단기수출보험(선적 후) / 수출신용보증(선적 전/후) – 이용 한도 최대 1.5배 우대 * 수출신용보증(선적 전/후)
매출채권보험 (벤처·이노비즈 협약 보험)	신용보증기금 각 영업점 문의	보험료 15% 할인, 인수비율 85%(변동 상품에 대해서만 해당)
보증 지원	SGI 서울보증	– 보증 한도 우대: 최고 30억 원 확대, 신용등급별 차등 적용 – 보증료율 우대: 이행보증 보험료율 10% 할인 – 중소기업 신용관리 컨설팅 무상 제공 – 중소기업 임직원 교육플랫폼 SGI Edu-Partner 지원

(1) 금융 지원

– 보증 한도 확대: 기술보증기금 및 신용보증기금에서 보증 한도가 일반 기업 대비 확대된다. 예를 들어, 기술보증기금의 경우 일반 기업은 30억 원,

이노비즈 기업은 최대 50억 원까지 보증이 가능하다.

- 보증료 감면: 보증료율이 최대 0.2%까지 감면된다.
- 금리 우대: 이노비즈 전용 금융상품을 통해 대출 금리 우대 혜택을 받을 수 있다.

(2) 세제 혜택

- 수도권 취득세 중과 면제: 수도권 내 중과세(3배) 대상에서 면제된다. 다만, 예외 지역이 있을 수 있으므로 지자체 세무과에 확인이 필요하다.
- 정기 세무조사 유예: 수도권은 2년, 지방은 3년간 정기 세무조사가 유예된다.
- 부가가치세 환급금 조기 지급: 신고 시 환급금이 일반 기업보다 빠르게 지급된다.

(3) 연구개발(R&D) 지원

- 정부 R&D 사업 가점: 기술혁신 개발, 산학연 공동 기술 개발 등 다양한 R&D 지원사업 참여 시 가점이 부여된다.
- 특허 출원 우선 심사: 특허 출원 시 우선 심사 대상이 되어 심사 기간이 단축된다.

(4) 인력 지원

- 병역 지정업체 추천: 전문 연구요원 및 산업기능요원 배정 시 가점이 부여되어 인력 확보에 유리하다.

(5) 판로 및 수출 지원

- 조달청 우수제품 선정 시 가점: 조달청 물품구매 적격 심사에서 신인도 평가 부문에서 가점이 부여된다.
- 글로벌 브랜드 사업 참여 자격 완화: 수출 실적 요건이 일반 기업 대비 완화되어 참여가 용이하다.

주요 혜택은 위와 같으며, 그 외 다양한 혜택을 얻을 수 있다. 그런데 이노비즈는 기술적 우위성과 관련된 인증이기 때문에 본인 회사에는 적용이 안 된다고 생각하는 대표님이 많다. 그러나 숙박 및 음식점업, 부동산업과 임대업, 오락업 및 문화업, 공공 수리 및 기타 서비스업을 제외하면 대부분 이노비즈 인증을 받을 수 있다.

추가적으로 중소기업이 아닌 기업, 업력 3년 미만의 기업, 국세 체납으로 체납 정보에 등록된 기업이나 어음거래 정지 처분된 기업, 파산/회생 절차 개시 신청 또는 청산에 들어간 기업은 인증을 받을 수 없다.

2) 대상

구분		업종의 정의	지표 수	세부 내용		
				부문	항목 수	배점
일반업종	제조업	한국표준산업분류상의 제조업(C)을 영위하는 기업	62개	기술혁신능력	17	300
				기술사업화능력	18	300
				기술혁신경영능력	11	200
				기술혁신성과	16	200

	건설업	한국표준산업분류상의 건설업(F)을 영위하는 기업	61개	기술혁신능력 기술사업화능력 기술혁신경영능력 기술혁신성과	16 16 11 18	250 300 250 200
일반업종	비제조업(농업)	제조업 및 건설업을 제외한 기타 업종을 영위하는 기업	56개	기술혁신능력 기술사업화능력 기술혁신경영능력 기술혁신성과	17 12 11 16	200(250) 250(200) 300(300) 250(250)
특수업종	소프트웨어	온라인모바일게임 소프트웨어 개발 공급업(J58211), 시스템 소프트웨어 개발 공급업(J58221), 응용소프트웨어 개발 및 공급업(J58222), 컴퓨터 프로그래밍 서비스업(J62020) 등	62개	기술혁신능력 기술사업화능력 기술혁신경영능력 기술혁신성과	18 14 13 17	300 300 200 200
	바이오	생명체가 가지는 기능과 정보를 생명 공학 기술을 이용하여 인류에게 필요한 유용 물질과 서비스로 제공하는 별첨에서 정하는 산업	67개	기술혁신능력 기술사업화능력 기술혁신경영능력 기술혁신성과	19 21 11 16	300 300 200 200
	환경	환경의 보전 및 관리를 위하여 환경 관련 기술을 이용하여 오염저감시설 및 기기 등을 설계, 제작, 설치하거나 환경 기술에 관한 서비스를 제공하는 별첨에서 정하는 산업	63개	기술혁신능력 기술사업화능력 기술혁신경영능력 기술혁신성과	17 19 11 16	250 300 250 200
	전문디자인	인테리어디자인, 제품디자인, 시각디자인업, 기타 전문 디자인업 등의 전문디자인업(M732)을 영위하는 기업	56개	기술혁신능력 기술사업화능력 기술혁신경영능력 기술혁신성과	16 12 12 16	300 250 250 200

이노비즈 인증은 네 가지 평가 지표를 심사하며 총 1,000점 중 700점 이상을 획득하면 인증받을 수 있다.

3) 이노비즈 평가 지표

(1) 기술혁신경영능력

중항목	소항목	세부 평가 항목	배점	평가 결과	평가 점수
1. 경영 혁신 능력	1-1. 경영자의 자질 및 경험 수준	경영자의 기술혁신 리더십	19		
		경영자의 추진력 및 위기관리 능력	19		
		경영자의 기술 경험	23		
		경영자의 기술 수준	15		
	1-2. 조직관리 혁신	조직관리 수준	15		
	소계	5개 항목	91		
2. 변화 대응 능력	2-1. 신기술 개발동향 대응능력	신기술 개발동향 대응능력	18		
	2-2. 경쟁자의 신제품, 신사업 추세 대응능력	경쟁자의 신제품, 신사업 추세 대응능력	24		
	2-3. 중장기 신사업, 신기술 개발 계획	중장기 신사업, 신기술 개발 계획	18		
	2-4. 체계적 정보 검색, 분석 능력	체계적 정보 검색, 분석 능력	14		
	소계	4개 항목	74		
3. 경영 성과 · 기초 지표	3-1. 경영자의 신뢰성	경영자의 신뢰성	20		
	3-2. 경영자의 투명성	경영자의 투명성	15		
	소계	2개 항목	35		
총계		11개 항목	200	5점 만점	

기술혁신경영능력 평가 지표

기술혁신능력이란 경영자 및 조직의 관리 수준을 평가하는 항목이다. 창업 이후 3년간의 사업 기간 동안 경영자의 리더십과 경영 능력을 보여주는 항목들이며, 대표자의 기술 경험 및 수준부터 향후 계획안, 체계화된 시스템을 갖추고 있는지 등을 사업계획서 안에 잘 녹이면 좋은 점수를 받을 수 있다. 구체적인 항목은 앞의 표를 확인하도록 하자.

(2) 기술사업화능력

중항목	소항목	세부 평가 항목	배점	평가 결과	평가 점수
1. 기술의 제품화 능력	1-1. 신제품 기획 추진능력	신제품 기획 수립능력	27		
	1-2. 신제품 개발 역량	신제품 개발전략 수립능력	27		
		기술표준화의 수준	15		
	1-3. 핵심기술 보완능력	핵심기술 보완능력	21		
	소계	4개 항목	90		
2. 기술의 생산화 능력	2-1. 제품 양산화 능력	생산기술 확보 및 운영체계	21		
		생산설비 현황	21		
	2-2. 품질 관리	검사, 측정 및 시험장비 관리	17		
		검사, 품질보증 활동	11		
	2-3 제조공정 혁신	생산계획 및 실적관리	16		
		공정관리 운영의 적절성	16		
		작업자의 숙련도	11		
	2-4 조달 및 외주 관리	재료·부품 조달 및 외주 관리	17		

	소계	8개 항목	130		
3. 마케팅 능력	3-1. 마케팅 전략 수립 및 실행 능력	제품의 목표 시장 및 마케팅 전략 수립	16		
		마케팅 채널 분석 및 확보 능력	14		
	3-2. 경쟁력 분석	신제품의 라이프 사이클 분석 능력	17		
		신제품의 기술 경쟁력 분석 능력	13		
	3-3. 기술사업화 관리	지적재산권 관련 대책	12		
		외부 네트워크 구축 및 활용 정도	8		
	소계	6개 항목	80		
총계	18개 항목	18개 항목	300	5점 만점	

기술사업화능력 평가 지표

기술사업화능력이란 기술의 제품화, 생산화, 마케팅 과정을 평가하는 항목이다. 기업의 연구개발(R&D) 결과를 실제 사업으로 전환하는 능력을 의미하기 때문에, 연구개발을 진행하는 기업부설연구소 운영에 대한 결과 입증뿐만 아니라 특허 및 지식재산권에 대한 준비가 필요하다. 지식재산권과 관련된 내용 및 대책에 대해 높은 점수를 얻기 위해서는 특허맵이나 선행 기술조사와 같이 특허와 관련된 자료들을 사용하여 계획서 및 현장 심사를 잘 받아야 한다.

특허는 권리를 확보할 경우 시장에서 배타적인 독점 권리로 경쟁자를 압박할 수도 있고, 자사 기술력을 보호할 수도 있다. 그래서 기술에 대한 사업화의 한 방안으로 인정되어 높은 점수를 얻을 수 있다.

(3) 기술혁신경영능력

중항목	소항목	세부 평가 항목	배점	평가 결과	평가 점수
1. R&D 활동 지표	1-1. R&D 투자 현황	R&D 투자 비율	30		
	1-2. 기술개발 인력 비율	기술개발 인력 비율	20		
	소계	2개 항목	50		
2. 기술 혁신 체제	2-1. R&D 조직 관리	R&D 전담 조직 형태	18		
		창조적 개발환경 수준	14		
		기술 인력 관리	14		
	2-2. 외부 기술 기관과의 협력 관계	외부 기관과 공동 연구 및 자문	12		
		외부 기술 기관과의 기술 혁신 추진 형태	9		
	2-3. 기술 혁신 수행 능력	기술 혁신 수행 능력	18		
	소계	6개 항목	85		
3. 기술 축적 시스템	3-1. 연구장비 확보 능력	기술장비 확보 능력	16		
	3-2. 인력 Quality	개발 인력의 경력	20		
		개발 인력 연구 실적	14		
	3-3. 기술개발 및 사업화 실적	기술개발 및 사업화 실적	40		
	3-4. 기술 축적 및 활용 시스템	기술 축적 및 활용 시스템	15		
	소계	5개 항목	105		

4. 기술 분석 능력	4-1. 기술개발 외부 환경 분석	기술개발 외부 환경 분석	15		
	4-2. 중장기 전략 수립	기술개발 중장기 전략 수립	15		
	4-3. 내부 자원 분석	내부 자원 분석	15		
		보유 기술 마케팅 분석	15		
	소계	4개 항목	6		
총계		17개 항목	300	5점 만점	

기술혁신경영능력 평가 지표

기술사업화능력 및 기술혁신능력 평가 항목이 각각 300점이기 때문에, 각각 준비가 필요하다. R&D에 대한 내용이 계속 나오기 때문에 이노비즈 인증을 받기 위해 기업부설연구소는 거의 필수에 가깝다. 연구소 운영과 동시에 매년 꾸준하게 특허 및 지식재산권을 만들어간다면 이노비즈 인증을 훨씬 수월하게 받을 수 있을 것이다.

기술혁신경영능력은 R&D를 위한 진심을 보여주는 평가로, 얼마를 투자했고 어떤 조직을 꾸리며 어떻게 사업화해 실적이 나오는지 보여주는 평가 지표다. 그래서 특허 출원과 등록, 특허맵 작성뿐만 아니라 기업부설연구소 인원을 기반으로 직무발명제도[7]를 이용할 경우 높은 점수를 받을 수 있다.

---

7 직원이 업무 과정에서 발명한 성과에 대해 회사와 발명자 간 권리 및 보상을 체계적으로 정리한 제도이다. 이는 발명자의 권리를 보호하면서도 기업이 발명 성과를 사업화하여 실질적인 성과를 내도록 장려하는 것이다.

(4) 기술혁신성과

중항목	소항목	세부 평가 항목	배점	평가 결과	평가 점수
1. 기술 경쟁력 변화 성과	1-1. 국내외 기술경쟁력 향상도	기술경쟁력 변화 정도	16		
	1-2. 기술혁신을 통한 시장경쟁력 향상	기술혁신 활동의 지속성	21		
	1-3. 기술변화 행동능력 향상	행동능력 향상	13		
	소계	3개 항목	50		
2. 기술 경영 성과	2-1. 자금 유동성	자체 자금 조달능력	19		
	2-2. 경영실적 재무지표	매출액 증가율	6		
		순이익 증가율	8		
		매출액 영업이익률	15		
		총 자산 순이익률	18		
		당좌 비율	11		
		차입금 의존도	13		
	2-2. 경영실적 재무지표	총 자산 회전율	10		
		매출 채권 회전율	10		
	소계	9개 항목	110		
3. 기술 축적 (역량)	3-1. 지적재산권 취득 및 파급 효과	지적재산권의 경쟁력 정도	15		
		지적재산권의 권리 범위	9		
	3-2. 기술축적 활용 효과	수입 대체 효과	7		
		인력 고용 효과	9		
	소계	4개 항목	40		
총계		16개 항목	200	5점 만점	

기술혁신성과 평가 지표

기술혁신성과는 기업의 결산 완료된 재무제표를 기준으로 평가한다. 창업 이후 3년의 과정이 그대로 담겨 있기 때문에 재무 구조를 잘 만드는 것이 중요하다. 단순하게 절세를 위해 비용을 과도하게 잡는 경우 또는 유동 비율을 높이기 위해 매출 채권을 과도하게 잡거나 재고 자산을 높게 잡는 등 문제를 만들면 안 된다. 법인을 운영하는 것은 단순히 절세를 위한 것이 아니라 규모를 확장하고 더 체계적인 사업화를 추진하기 위한 것이다. 따라서 자연스럽게 전체적인 재무 건전성을 파악하게 된다.

또한 재무제표 외 지식재산권의 경쟁력 정도 및 권리 범위를 판단하는 데 주로 스마트5[8]와 같은 특허등급평가 프로그램에 의해 등급이 매겨진다. 따라서 특허를 만들 때도 좋은 등급을 만들어 줄 수 있는 전문가인 변리사의 도움을 받아 보다 넓은 권리 범위를 가진 특허권을 확보해야 좋은 점수를 받을 수 있다.

앞의 네 가지 지표에서 우수한 점수를 맞춰 서류 심사부터 현장 심사까지 받게 되면 이노비즈 인증을 받게 된다. 정리하면, 기술혁신능력과 경영혁신능력을 보는 이노비즈 인증을 받기 위해서는 3년간의 재무 구조를 잘 짜야 한다. 사내 재무팀장, CFO 역할이 제대로 없는 경우에는 세무사뿐만 아니라 컨설턴트의 도움을 받아가며 결산하고 재무제표 정비를 해가는 것을 추천한다.

또한 기술혁신능력을 입증하려면 기업부설연구소 또는 연구개발 전담부서를 운영하면서 지속적으로 좋은 등급의 특허를 하나씩 만들어 가는 게 좋다.

---

8 특허등급평가 프로그램으로, 기업이 보유한 특허의 경쟁력과 가치를 평가하고 등급을 매기는 도구이다.

그렇게 쌓은 특허와 연구개발 실적을 통해 기술성에 대해 수월하게 표현할 수 있을 것이다. 이때 변리사와의 협업이 중요하기 때문에, 회사의 사업 방향성과 기술개발에 대해 심도 있게 논의하는 게 필요하다.

2. 메인비즈

비교	이노비즈	메인비즈
개념	Innovation(혁신), Business(기업)의 합성어로, 기술 우위를 바탕으로 경쟁력을 확보한 기술혁신형 중소기업	Management(경영), Innovation(혁신), Business(기업)의 합성어로, 중소벤처기업부로부터 인증받은 경영혁신형 중소기업
혜택	금융지원, R&D, 정부지원사업 가점 등	금융지원, 세제혜택, 정부지원사업 가점 등
필요 사항	기술력을 중요하게 보기 때문에 특허, 벤처기업 인증, ISO 인증 등 컨디션	우수 경영이 되는지에 대한 매뉴얼, 직원 수, ISO 인증 통한 경영 전략 등 컨디션

메인비즈는 금융지원 및 세제혜택 외 정부지원사업 가점 사항을 챙길 수 있는 좋은 제도이다. 메인비즈는 Management(경영)+Innovation(혁신)+Business(기업)의 합성어로, 중소벤처기업부로부터 경영혁신형 중소기업으로 인증을 받은 기업을 말한다. 제품 및 공정 중심의 기술혁신과 달리, 마케팅 및 조직혁신 등 비기술 분야의 경영혁신형 중소기업을 육성하기 위해 중소기업 기술혁신촉진법 제15조 제3항에 의거해 도입된 제도이다. 이노비즈와 메인비즈를 비교하면 위의 표와 같다.

메인비즈는 이노비즈와 인증 제도의 목적이 다르다. 기술에 대한 부족함이 있는 기업은 메인비즈 인증에 도전해서 혜택을 받으면서 기술성을 높여 이노비즈 인증까지 진행하는 것이 좋다. 이노비즈와 마찬가지로 업력 3년 이상부터 신청이 가능한 제도이기에 업력 확인 후 꼭 받아보기를 추천한다.

경영혁신 유형	점수	경영혁신 유형별 기준
창조형	900점 ~1,000점	- 주요 이해관계자의 비전을 실현하는 데 중점을 둔다. - 조직 전체적으로 문제 발생을 사전에 예방하는 데 초점을 맞추며, 이를 위해 예측 지표를 측정하고 있다. - 측정, 예측, 혁신 활동이 핵심 가치를 중심으로 한 자율적인 조직 문화에 정착되어 있다. - 환경 변화에 대한 조직 적응력을 향상시키는 데 초점이 맞춰져 있다.
성장형	800점 ~899점	- 조기 경고 지표를 측정하고, 불확실한 요인에 대한 시나리오 경영이 이뤄지고 있다. - 변화에 민감하게 대응할 수 있는 유연한 시스템이 구축되어 있다. - 전사 차원의 정책이나 표준이 설정되고, 이를 토대로 단위 부서의 계획과 성과 평가가 이뤄진다. - 전사적인 차원에서 표준 프로세스와 성과 지표가 정의되어 있다.
기본형	700점 ~799점	- 주요 프로세스에 대한 능력 향상 계획이 수립되어 있다. - 프로세스는 단위 조직 차원에서 과거의 성공 체험에 바탕을 두고 이뤄진다. - 단위 조직 차원에서 '계획→활동→결과 평가'의 사이클이 작동된다.
기초형 (예비 메인비즈 기업)	600점 ~699점	- 조직적이기보다는 개인적인 활동에 의해 특정 결과가 얻어지며, 부재 시 애로사항이 발생한다. - 프로세스는 거의 정의되어 있지 않고, 일시적인 특징이 있으며 수시로 변경된다. - 문제 발생 시 사후 대응으로 인해 변동이 크게 나타나고 있다.

경영혁신형 중소기업 유형별 기준

1) 혜택

메인비즈 인증을 받으면 정기 세무조사 유예(수도권 2년, 지방 3년) 등 다양한 금융 혜택을 받을 수 있다. 또한 사업 확장을 위한 판로 개척과 수출 지원을 해 주고, 마케팅 진행 시, TV 및 라디오로 실시하는 광고 비용을 최대 70%까지 할 인해 준다. 각종 정책자금 지원사업도 실시하고 기술개발사업 평가에서 가점 역시 부여한다. 구체적인 금융 혜택은 다음과 같다.

주관	지원 구분	혜택	문의
신용보증기금	보증료율 우대	- 신용보증기금 보증 시 보증료율 0.1%p 차감(협회 회원사는 0.2%p) - 최대 부분 보증 비율 85%	각 영업점 문의
	매출채권 보험 보험료율 인하 우대	- 메인비즈 협약 보험 상품 가입 시 다사랑보험 20%, 한사랑보험 15% 할인 - 보상 한도: 손실금의 최대 80%	
	보증 한도 우대	최고 보증 한도 적용(70억 원), 일반 보증 한도 우대(차감 한도 적용 배제)	
기술보증기금	보증료율 우대	- 공정혁신지원, 생산정보화, 쿠폰제 경영컨설팅 등 중소벤처기업부 지원시책 우대 지원 - 기술보증기금의 보증 지원 시 보증료율 우대	각 영업점 문의
SGI서울보증보험	- 보증 한도 확대 - 보증료율 우대	- 보증 한도 신용등급별 10~30억 원 우대 - 보증료율 10% 할인 * 협회 회원가입 시 보증 한도 5~10억 원까지 추가 확대 및 이행보증 무담보 특별공급	02-3671-7064
NH농협은행	금리 우대	- 기업 대출 시 금리 우대 최대 1.65%p 차감 (기본 1.3%p+거래 실적별 우대금리 최대 0.35%p) - 기업자금 관리(I-CMS)서비스 제공	각 영업점 문의
한국은행	금리 우대	혁신기업 지원, 중소기업 지원 자금 * 지역본부별 상이	각 지역본부 문의
중소벤처기업부	혁신창업 사업화 자금 지원	- 기술력과 사업성은 우수하나 자금력이 부족한 중소·벤처기업의 창업을 활성화하고 고용 창출을 도모하기 위해 자금 지원 - 개발기술 사업화자금: 기업당 30억 원 이내 - 고성장촉진: 기업당 100억 원 이내	국번없이 1357(bizinfo.go.kr)
한국무역보험공사	수출신용보증	- 보증료 할인(선적 전/선적 후): 기본 요율의 20% - 한도 우대(선적 전/선적 후): 한도 책정 우대	1588-3884

메인비즈 금융 혜택

한 가지 참고로 말하자면, 대부분의 정부 인증은 서로 유기적으로 연계되어 있다. 창업 초기에는 벤처기업 인증과 기업부설연구소 설립을 통해 기본적인 기반을 마련할 수 있고, 이후 ISO 인증(9001, 14001, 45001 등)을 더하고, 업력 3년 이상이 되면 이노비즈 및 메인비즈 인증에도 도전할 수 있다. 이와 함께 가족친화기업 인증까지 확보한다면 기업은 다방면에서 경쟁력을 갖추게 된다.

이러한 인증은 단순히 명칭을 얻는 데 그치지 않는다. 정부지원사업 선정 시 가점, 금융·세제 혜택, 우수 인재 확보, 기업 신뢰도 제고 등 실질적인 이점을 제공한다. 특히, ISO 인증은 '우리 회사는 ESG 경영을 실천하고 있습니다'라는 메시지를 외부에 보여주는 강력한 증표가 된다.

업력 3년이 지나면 이노비즈와 메인비즈 인증 신청 자격이 생긴다. 이 두 가지 인증은 향후 정책자금 조달이나 창업도약패키지 등 업력 요건이 있는 정부 사업에도 유리하게 작용한다. 따라서 각 인증을 스펙처럼 전략적으로 준비하고 단계별로 쌓아가는 방식이 기업 성장에 실질적인 도움이 된다.

2) 평가 지표

구분	기준	평가 항목
경영혁신 인프라(350점)	경영자의 전문 역량, 안정적인 운영 자본 확보 등을 평가	– 리더십(비전, 노사 등) – 혁신 전략(혁신이행) – 경영 자원(자본, 지재권) – 성과 관리(지표, 평가)
경영혁신 활동(400점)	조직 관리 역량, 제품 기술, 운영 및 구매 관리, 고객 관리, 시장 대응 역량 등 업종에 따라 중요도에 차이를 두고 평가	– 조직 혁신 역량 – 제품·서비스 혁신 역량 – 프로세스 혁신 역량 – 마케팅 혁신 역량
경영혁신 성과(250점)	고객 만족도, 인적자원 성과 및 기업의 성장성, 수익성, 안정성 등 평가	– 비재무 성과(인적 자원, 고객 만족 등) – 재무 성과(성장성, 수익성, 안정성 등)

총 1,000점 만점으로 경영혁신 인프라, 혁신 활동 및 그에 따른 성과 중심의 평가다.

3) 인증 절차

기업 등록: 온라인으로 신청

▼

기본 정보 입력 / 공장 정보 입력 / 생산품 정보 입력 / 재무 정보 입력

▼

온라인 자가진단: 작성 자가진단 점수 600점 이상

▼

현장 평가 신청 평가비: 55만 원, 공기업 44만 원(VAT 포함)

▼

현장 평가 실시: 현장 평가 700점 이상 시 승인

▼

확인서 발급: 지방 중소벤처기업청에서 우편 송부

▼

사후관리

메인비즈의 경우 온라인 자가진단 및 현장 평가 때 잘 준비하면 문제 없이 진행이 가능하다. 온라인 자가진단의 경우 600점을 넘기면 현장 평가 대상으로 선정될 수 있기에 온라인 자가진단을 잘 맞춰야 한다. 그렇다고 허위로 진행하면 안 되고, 전체적으로 체크해 보고 점수가 낮다면 높일 수 있는 것들이 무엇이 있는지 찾는 작업이 필요하다.

이후 현장 평가 시 700점 이상으로 평가를 받으면 경영혁신 중소기업으로 선정되어 메인비즈 확인서를 발급받을 수 있다. 현장 평가 점수인 700점을 받기 위해서는 어떻게 해야 할까? 메인비즈 홈페이지 메인에서 '평가지표'를 클릭하면 업종별로 준비해야 할 파트들이 나와 있다. 자가진단 시 질문들이 존재하니 미리 프린트하여 점수를 가채점해 보고 부족한 부분을 보완하면 된다. 그리고 온라인 자가진단 심사 신청을 하면 된다.

4) 준비 자료

구분	준비 서류	상세	바로가기
기본 서류	법인등기부등본	말소사항 포함, 개인 기업 제외	대한민국 법원 인터넷 등기소 (iros.go.kr)
	신용정보조회서	한국신용정보원 홈페이지 접속 후 출력 평가 기관에 따라 상이	한국신용정보원 (biz.credit4u.or.kr)
	표준재무제표 증명원 (최근 3년)	국세청 재무제표증명원 또는 세무사 날인본	국세청 (hometax.go.kr)
	사업장 산업재해율 조회 결과	제조업 또는 건설업만 해당	한국산업안전 보건공단 (certi.kosha.or.kr)
경영 관련	기업 소개 자료	간단한 안내 자료, 조직도 등	자유 양식
	경영계획서	중장기, 월별, 분기별 등의 계획서	
	사내기술 및 생산 표준화	QC보고서, 지침서, 개발 절차도 등	
	제조공정 관련 서류	작업 표준서 등	

경영 관련	대외협력 관련 자료	외부기관 기업평가 등	자유 양식
조직 관리	고객관리 매뉴얼 등	고객관리 방법, 고객불만 처리안 등	자유 양식
	기업 경영방침, 사내 규정		
기타	기업 평가에 필요한 추가 자료		

현장 평가 준비 자료는 위와 같다. 평가자는 기업이 제출한 자료를 토대로 담당자(혹은 대표자)와의 질의응답, 자료 확인을 통해 심사를 하게 된다. 그래서 과장 또는 허위 자료를 기반으로 온라인 자가진단 시 점수를 높였다고 할지라도 현장 심사 때 문제가 되는 경우가 많다. 따라서 제대로 준비하고 잘 평가를 받아야 한다.

3. ISO 인증

ISO 인증은 국제표준화기구에서 제정한 국제 표준을 기업이나 조직이 준수하고 있음을 인증하는 제도이다. ISO 인증을 받으면 기업이 품질, 환경, 안전, 보안 등의 분야에서 국제적인 기준을 충족하고 있다는 걸 공식적으로 인정받을 수 있다.

1) ISO 인증의 종류

(1) ISO 9001

ISO에서 제정한 품질경영 시스템에 대한 국제 규격이다. 조직의 품질 경영 시스템 요구 사항을 표준화하여 국제적인 통상의 편리함을 목적으로 한다. 적용 분야는 제조, 건설, 서비스뿐만 아니라, 학교 및 지방 자치 단체와 같은 공공 서비스 분야에 이르기까지 모든 산업 분야에 걸쳐 적용될 수 있다.

(2) ISO 14001

ISO 14000은 ISO에서 제정한 환경경영 시스템에 대한 국제 규격이다. 환경 경영 시스템이 규격의 요구 사항을 충족시키고 있는지 제3자(인증기관)로부터 객관적인 심사를 거쳐 인증하는 제도이다. ISO 9000과 마찬가지로 제조, 건설, 서비스뿐만 아니라, 학교 및 지방 자치단체와 같은 공공 서비스 분야에 이르기까지 모든 산업 분야에 걸쳐 적용된다.

(3) ISO 45001

ISO 45001은 쾌적한 작업 환경을 조성하여 조직의 업무와 관련된 노동자의 상해 및 질병을 예방하고, 안전 보건 성과를 개선함으로써 안전하고 건강한 작업 공간을 제공하는 것을 목적으로 한다.

4. 가족친화기업 인증

가족친화기업 인증 제도는 기업이나 기관이 직원들의 일과 가정의 균형을 지원하는 정책을 잘 운영하고 있는지를 평가하여 정부가 공식적으로 인증하는 제도이다. 여성가족부가 주관하며 직원들의 육아, 출산, 유연근무제, 워라밸 지원 등을 잘 실천하는 기업이나 기관에 인증을 부여한다. 가족친화기업 인증을 받으면 세제 혜택, 정부 사업 참여 시 가점, 금융 지원 등의 혜택을 받을 수 있다.

1) 평가 기준

2025년 4월부터 시행된 신규 인증은 다음과 같다. 중소기업의 신규 인증 기준은 100점 만점에 60점(가점 포함) 이상 점수를 획득하고 '최고경영층의 리더십'에서 5점 이상 획득해야 한다.

심사 요소		심사 항목	배점	
			가형	나형
1. 최고경영층의 리더십(10)		1.1. 최고경영층의 관심 및 의지	10	
최고경영층의 리더십 소계			10	
2. 가족 친화 제도 실행 (70)	2.1. 자녀 출산, 양육 및 교육지원제도	(가) 2.1.1. 여성근로자의 육아휴직 또는 육아기 근로시간 단축 이용률	10	–
2. 가족 친화 제도 실행 (70)		(가) 2.1.2. 남·여 근로자 육아휴직 및 출산전·후 휴가 후 고용 유지율	15	–
		(나) 2.1.3. 자녀 교육지원제도	–	10
		(공통) 2.1.4. 배우자 출산휴가 10일 이상 이용률	5	
	소계		30	15
	2.2. 탄력적 근무제도	2.2.1. 유연근무제 활용률 (시차출퇴근제, 재택근무제, 시간제 근무, 스마트워크 등)	10	15
		2.2.2. 연차 사용률	5	
	소계		15	20

	2.3. 근로자 및 부양가족 지원 제도	2.3.1. 가족돌봄 휴직 이용 및 가족돌봄 휴가 이용	5	
2. 가족 친화 제도 실행 (70)		2.3.2. 근로자 또는 가족 건강지원제도 운영	5	10
	소계		10	15
	2.4. 가족친화 직 장문화 조성	2.4.1. 가족 여가활동 지원	5	10
		2.4.2. 가족참여 프로그램 운영	5	
		2.4.3. 가족친화 직장교육 실시	5	
	소계		15	20
가족친화제도 실행 소계			70	
3. 가족친화경영 만족도 (20)	3.1. 가족친화제도 실행 및 직장문화 조성 관련 직원 만족도		20	
가족친화경영 만족도 소계			20	
총계			100	

※ [2.1 자녀출산양육 및 교육지원제도]에서 (가)2.1.1, (가)2.1.2 항목 대상자 0명으로 한 개 이상 체크 시 자동 '나'형 분류

중소기업(중소기업기본법에 따름) 신규 인증 기준

 **메인비즈 평가 시 자주 하는 질문 예시**

Q1. 실적 달성 시와 실적이 미진했을 시 어떤 대처를 하고 있나요?

A1. 실적 달성 시에는 직원 성과 제도를 활용하여 직원들의 실적 달성을 도모하고 있으며, 해당 성과 제도는 게시판에 명시되어 있습니다.

Q2. 사업 시 의사 결정에 영향을 미치는 정도는 무엇이며, 어떤 형태로 관리하고 있나요?

A2. 각 부서에서 크고 작은 정보가 모여 전체적인 의사 결정에 영향을 줄 수 있습니다. 따라서 치밀한 조직도 구성을 하였으며, 조직도별 장을 설정하여 주기적인 월간 회의를 진행하고 있습니다.

Q3. 경기의 오르내림과 관련된 대처 방안을 전략적으로 갖고 있나요?

A3. 우선 매출 원가에 대한 계산법을 명확히 하여 손익분기점, 고정비용에 대한 계획안을 명확히 계산하고 있습니다. 3개년치에 대한 자금조달 계획 및 매출 계획에 대해 작성하고 있으며, 부실 매출 채권에 대한 대비 또한 대손 충당금의 형태로 준비하고 있습니다.

Q4. 마케팅 노하우가 있다면 어떤 것이 있으며, 어떤 방식으로 영업 방법을 추구하고 있나요?

A4. 마케팅팀을 따로 꾸려 조직하고 있으며, 생산팀과 주기적인 미팅을 통해 제품을 좀 더 표현할 수 있는 점과 실제 소비자의 목소리를 전달하여 고객 친화적인 마케팅을 실시합니다.

Q5. 경쟁사에 대한 분석은 어떻게 하고 있으며, 우리 회사가 경쟁사보다 우위에 있는 강점은 무엇인가요?

A5. SWOT 분석을 통해 기업 내부, 외부 환경에 대한 분석을 실시하고 있습니다. 이 과정을 통해 기업의 현 상황을 파악하고 SO 전략으로 자금을 집중화하고자 합니다. 우리 회사의 강점은 _____로 외부 환경에서도 기회인 만큼 적극적으로 양산 및 판매할 계획입니다.

Q6. 고객 관리의 포인트, 고객 등급 관리 등 고객 관리 방법은 어떻게 하고 있나요?

A6. 소프트웨어 프로그램(또는 엑셀)을 통하여 고객 관리를 하고 있습니다. 주기적으로 기업의 목소리를 듣기 위해 계약 이후 해피콜을 진행하고 있으며, 소비자 컴플레인을 해소하기 위해 FAQ AI 등을 도입하여 보다 신속하게 Q&A를 해소하고 있습니다.

Q7. 직원의 건의사항 처리 방법, 복리후생 방법, 임금 결정 방식 등은 어떻게 하고 있나요?

A7. 기업이 성장하는 만큼 직원들의 기여도에 따른 성과 제도를 활성화하고 있습니다. 이는 게시판에 명시되어 있으며, 매년 초 연봉 협상 자리를 가집니다. 복리후생의 경우 온라인 복지 포인트를 제공하고 있습니다.

02
상속과 증여,
처음부터 준비해야 하는 이유

⠿ 상속세, 더 이상 남의 이야기가 아니다

　사람들은 불과 십여 년 전만 해도 상속세는 부자들만 내는 것이라고 생각했다. 그리고 실제 상속세 신고로 전문가 상담을 신청하는 경우도 별로 없었다. 상속이 진행되고 배우자가 살아 있을 경우 일괄 공제 5억 원에 배우자 공제 5억 원을 적용받을 수 있다. 따라서 상속세 납부 대상이 되려면, 상속 재산이 10억 원은 초과해야 한다.

　과거에는 재산이 10억 원을 초과하는 사람이 많지 않았지만, 요즘은 웬만한 서울 아파트나 지방 대도시 아파트 한 채만 갖고 있어도 재산이 10억 원이 넘는 경우가 많다. 실제 최근 서울의 중위권 아파트의 가격은 가파르게 상승하여 10억 원을 넘고 있다. 즉 이제는 똘똘한 부동산 한 채를 갖고 있는 일반 가정이라면 상속세 고민에서 자유로울 수 없게 된 것이다.

⠿ 비상장 법인 대표라면 더 주의해야 한다

　상속세는 더 이상 부자들만의 문제가 아니다. 그럼에도 불구하고 사람들은 자녀들이 상속세를 부담할 수 있는데도 상속세에 대해 무지하거나 놀라우리만큼 관심이 없다. 만약 미리 상속세를 대비하지 않는다면 사후 자녀들이 부담해야 할 세금은 혹독할 수 있다.

만약 비상장 법인을 운영하는 대표자라면 이런 문제는 더 크게 다가올 수 있다. 시장에서 거래되는 상장 주식은 매일 시가가 명확하게 공시되지만, 비상장 법인의 경우 주식의 가치가 외부에 공시되지 않는다. 따라서 비상장 법인의 주식은 상속세 및 증여세법에 따라 평가해서 상속세 재산가액에 산입하게 된다.

주식 가치를 알지 못한 채 상속한다면?

그런데 법인을 운영하는 사람 중 본인 법인의 주식 가치를 알고 있는 사람이 얼마나 있을까? 필자가 아는 한 중견기업의 회장님은 1년에 네 번 정도 계열사 전체 주식 가치를 평가하며, 이를 통해 법인의 가치를 주기적으로 점검하고 있다. 계열사 전체를 평가하니 세무대리인에게 지급하는 수수료만 해도 상당한 비용을 지출하셨다. 그런데 일반 중소기업 대표님들 중 이렇게 하시는 분이 있을까? 거의 없을 것이라고 생각한다.

대부분의 대표님들은 20~30년을 열심히 사업을 하시다가 자녀에게 증여나 상속을 고민할 때쯤 되어 회사의 가치를 평가한다. 그리고 지금까지 회사에 누적되어 있는 가지급금과 미처분 이익잉여금이 얼마나 많은지, 법인의 가치가 그렇게 높은지 알고는 놀란다.

그래도 높은 주식 가치를 정리할 수 있는 시간이 남아 있는 대표님들은 상황이 좋은 편이다. 외부에 재무 자료가 공시되지 않고 세무조정계산서 자료마저 구하기 어려운 비상장 법인의 경우, 자녀들이 갑작스레 상속을 받게 되면 높은 상속세로 크게 당황하는 일이 자주 발생한다. 실제로 높은 주식 가치로 인해 상속세가 많이 부과되면 현금성 자산이 많지 않기 때문에 급하게 상속받은 부동산, 심지어 개인이 보유하고 있는 부동산까지 매각해 상속 재원을 마련하기도 한다. 이런 불상사를 예비하기 위해서는 사전에 상속에 대한 대비를 꼭 해야 한다.

상속과 증여의 차이는 무엇일까?

많은 사람이 상속과 증여를 혼동하곤 한다. 그런데 두 가지 개념은 아주 다르다. 상속은 재산을 주는 사람이 사망해야 개시되는 제도이다. 즉 사망해야 재산의 이전이 이뤄진다. 이때 돌아가신 분을 피상속인이라 하며, 상속으로 인해 재산을 받는 사람을 상속인이라고 한다.

반면, 증여는 재산을 주는 사람이 살아 있을 때 타인에게 대가 없이 특정 재산을 주는 것을 말한다. 따라서 살아 있을 때는 언제든 증여가 가능하기 때문에, 증여의 시기를 결정할 수 있다는 장점이 있다. 증여의 경우 재산을 이전하는 사람을 증여자, 받는 사람을 수증자라고 한다.

상속세 과세 대상 자산은?

- 피상속인이 거주자인 경우: 모든 상속 재산
- 피상속인이 비거주자인 경우: 국내에 있는 모든 상속 재산

상속세의 과세 대상 자산의 범위는 피상속인이 상속 개시일, 즉 사망 당시 세법상 지위가 어떻게 되는지에 따라 달라진다. 세법상 거주자란 국내에 주소

를 두거나 183일 이상의 거소를 둔 개인을 말한다.[9] 거주자와 비거주자의 여부는 국적과는 상관없이 거주 기간, 직업, 국내에 함께 거주하는 가족의 존재, 국내 소재 자산 보유 등 생활관계에 대한 객관적 사실에 따라 판단된다. 실질적인 생활 근거가 국내에 있다면 국외 거주 기간이 국내 거주 기간보다 길더라도 거주자로 본다.

상속재산은 피상속인에게 귀속되는 모든 재산을 말하며, 금전으로 환산할 수 있는 경제적 가치가 있는 모든 물건과 재산적 가치가 있는 법률상 또는 사실상의 모든 권리가 대상이 된다. 다만, 피상속인의 일신에 전속하는 것으로서 피상속인의 사망으로 인하여 소멸되는 것은 제외된다.

따라서 재산적 가치가 있는 현금, 예금, 주식, 채권, 부동산은 물론이고 퇴직금 수령액, 보험금 수령액, 금, 예술품, 특허권, 사업자산 등이 모두 상속재산에 포함된다. 이때 일신에 전속하는 것은 제외된다고 하는데 변호사나 의사, 회계사, 세무사 등 개인에게 귀속되는 자격증 같은 것은 개인이 사망하면 소멸되기 때문에 그에 대한 가치는 상속재산에 속하지 않는다.

---

[9] 2025년 세법 개정으로, 2026년 1월 1일부터는 2과세기간에 걸쳐 계속하여 183일 이상 거소를 둔 경우에는 거주자로 보게 되어 거주자의 범위가 확대되었다.

03
상속 vs 증여,
어느 쪽이 유리할까?

법인이 어느 정도 궤도에 오르고 안정화가 되면 상속이나 증여를 고려하게된다. 특히 요즘은 절세 때문에라도 자녀가 미성년자일 때부터 증여를 진행한다. 단순히 현금 증여를 신고하기도 하고, 부동산이나 주식 같은 자산을 증여하기도 한다. 그렇다면, 대부분이 알고 있는 것처럼 사전에 자산을 증여하는게 정말 유리할까?

상속세, 증여세 세율 구간

과세 표준	세율
1억 원 이하	10%
1억 원 초과~5억 원 이하	1,000만 원+1억 원을 초과하는 금액의 20%
5억 원 초과~10억 원 이하	9,000만 원+5억 원을 초과하는 금액의 30%
10억 원 초과~30억 원 이하	2억 4,000만 원+10억 원을 초과하는 금액의 40%
30억 원 초과	10억 4,000만 원+10억 원을 초과하는 금액의 50%

상속세와 증여세는 세율 구간이 동일하다면, 적용되는 세율이 같다.

∷ 상속 공제 항목

세율 구간은 상속세와 증여세가 동일하지만, 재산가액에서 차감하는 각종 공제는 상속세의 경우 종류도 다양하고 금액도 상당히 크다.

1. 기초 공제

피상속인이 거주자인지 비거주자인지 여부와 상관없이 상속이 개시될 경우 상속세 과세가액에서 2억 원을 공제한다.

2. 그 밖의 인적 공제

- 자녀(태아를 포함)당 5,000만 원
- 상속인(배우자 제외) 및 동거 가족 중 미성년자가 있는 경우 19세가 될 때까지 연수×1,000만 원
- 상속인(배우자 제외) 및 동거 가족 중 65세 이상인 사람에 대해 5,000만 원
- 상속인 및 동거 가족 중 장애인이 있는 경우 기대여명×1,000만 원

거주자가 사망하여 상속이 개시될 경우 상속인들의 상황에 따라 추가 공제를 해준다. 기초 공제와 다르게 거주자가 사망한 경우에만 공제하므로 비거주자 사망 시 그 밖의 인적 공제는 적용되지 않는다.

3. 일괄 공제

기본 공제와 그 밖의 인적 공제를 합한 금액과 5억 원 중 큰 금액을 공제받을 수 있다. 즉 그 밖의 인적 공제가 적은 경우 기본 공제와 합하여 최소 5억 원은 공제를 받을 수 있다.

4. 배우자 상속 공제

거주자가 사망하여 상속이 개시될 경우 배우자가 실제 상속받은 금액의 경우 30억 원을 한도로 공제한다. 다만, 배우자가 받은 자산이 5억 원에 미달할 경우 5억 원을 공제한다. 즉 최소 5억 원, 최대 30억 원의 공제라는 큰 혜택이 있다.

5. 그 외

금융재산 상속 공제, 동거주택 상속 공제, 가업 상속 공제 등이 추가로 있다.

증여재산 공제

증여 공제는 상속에 비해 많은 사람이 알고 있는 부분이다. 배우자 간에는 6억 원을, 직계존비속 간에는 5,000만 원(미성년자인 경우 2,000만 원)을 공제하게 된다. 기타 친족은 1,000만 원을 공제해 준다. 이때 기타 친족에는 사위, 며느리가 포함된다.

그런데 사전증여재산이라고 하여 상속인인 경우 상속 개시일 전 10년 이내에 받은 자산을, 상속인이 아닌 자라면 상속 개시일 전 5년 이내에 받은 자산을 상속재산에 합산한다. 이는 미리 재산을 이전해서 상속세 세율 구간을 낮추려는 것을 막으려고 만든 규정이다.

그럼 과연 상속이 유리할까? 상속에서 기본적으로 공제해 주는 금액이 매우 크기 때문에, 그렇게 생각할 수도 있을 것이다. 실제 그런 경우도 많다. 예를 들어, 상속재산이 10억 원인 주택 한 채만 있는 A씨가 사망할 경우 배우자가 있다면 일괄 공제 5억 원에 배우자 공제 5억 원을 합해 10억 원을 공제받게 된다. 따라서 납부할 상속세가 없게 된다. 그렇다면 이 경우에는 미리 증여할 이유가 사라진다. 오히려 증여 시 주택 가격이 아주 낮은 금액이 아니라면 증여세만 부담하게 되는 것이다.

그런데 만약 상속재산이 많아 세율 구간이 높다면 얘기가 달라진다. 증여를 하면 증여를 하는 시점의 가치로 세금을 신고, 납부하게 되기 때문이다. 또한 사전 상속재산에 해당하게 되더라도, 증여 시점의 가치로 재산 가액이 확정된다. 이런 이유로 부동산처럼 가치 상승이 가파른 자산을 갖고 있으면 사전 증여로 인한 절세 효과가 크다. 부동산의 가격 급변기에는 불과 몇 년 사이에 부동산 가치가 두 배씩 상승하기도 하니, 미리 증여를 한다면 가격이 저렴한 시점의 가치로 세금을 납부할 수 있어 매우 유리하다.

[사례] 증여를 잘못 선택한 경우

개인사업자에서 법인으로 전환하여 법인을 운영 중이던 B 대표는 법인의 가치가 더 올라가기 전에 주식의 일부를 자녀에게 증여하고 싶어 했다. 문제는 주식 평가를 진행해 보니 설립한 지 3년 미만 법인이었음에도 불구하고, 순이익이 좋아 이익잉여금이 많이 축적되어 주식의 가치가 높았다. 따라서 미성년자인 자녀들에게 증여세 없이 주식을 증여할 수 있는 것은 일부분이었다.

그래도 증여를 진행하려던 차에 이미 수년 전 자녀들에게 2,000만 원씩 현금 증여를 했다는 사실을 알게 되었다. 10년 이내에 2,000만 원까지 증여를 이미 해서 증여 공제를 받을 수 없으니 추가로 증여를 하려면 세금을 부담해야 했다. 그 당시에는 미리 증여하는 게 좋다는 정보를 듣고 한 선택이지만, 결국 주식 증여를 포기해야 했다. 이처럼 미리 세금 계획을 세우지 않으면, 예기치 않은 손해를 입기 쉬우니 증여와 상속에 대해서는 미리 준비하는 게 좋다.

상속세 재원 마련은 미리 하자

상속세는 예기치 않은 시점에 갑자기 큰 현금 유출이 발생하게 한다. 특히 상속재산의 대부분이 부동산이나 비상장주식 등 현금화가 어려운 자산이라면 세금을 납부하기 위해 급하게 자산을 처분해야 한다. 이때 부동산을 급매하느라 제대로 된 가격을 받지 못하고 처분하게 되는 경우도 많이 있다. 따라서 미리 상속세를 납부하기 위한 재원을 마련해야 불필요한 자산의 손실을 막을 수 있다.

04
대표들이 자주 놓치는
상속 체크포인트

과거에는 상속세를 많이 신고하지 않았기 때문에 상속 대비가 되어 있지 않은 분들이 많았다. 대비는커녕 상속과세재산에 어떤 항목이 있는지도 모르는 사람이 대부분이었다. 그러나 이제 아파트 한 채만 갖고 있어도 상속세를 내는 경우가 많아졌기 때문에 상속할 때 놓치기 쉬운 것들을 미리 챙겨 대비할 필요가 있다.

상속재산에서 놓치기 쉬운 것들

1. 사전증여재산

상속세 재산가액에 합산되는 항목 중 '사전증여재산'이 있다. 피상속인이 생전에 증여한 모든 재산이 합산되는 것은 아니고, 10년 이내에 상속인에게 증여한 재산과 5년 이내에 상속인이 아닌 타인에게 증여한 재산이 합산된다. 이렇게 사전증여재산을 상속재산가액에 합산하지 않으면, 급하게 사망 몇 년 전부터 상속인들에게 증여했을 때 낮은 세율로 세금을 납부하게 되기 때문에 이런 기준을 두는 것이다.

따라서 상속이 개시되면 반드시 사전증여재산이 있었는지, 해당 사전증여재산이 증여세 신고가 이루어졌는지 파악을 빨리하고, 상속세를 신고하는 세무대리인에게 알려야 한다.

2. 피상속인의 퇴직금, 사망보험금

피상속인이 근로소득인 상태에서 사망하는 경우 퇴직금은 상속인들이 수령하게 된다. 또한 피상속인이 사망보험을 가입했다면, 사망으로 인해 사망보험금이 지급된다. 이것도 수익자를 별도로 지정하지 않았다면 법정 상속인에게 귀속이 된다. 결국 사망으로 인해 상속인에게 귀속되는 자산이기에 이 부분도 상속재산에 합산되는 것이다.[10]

3. 추정 상속재산

피상속인이 대출을 받거나 예금을 출금했는데 그 사용처가 불분명하다면 어떨까? 국세청에서는 사망을 앞둔 피상속인이 대출을 받은 현금, 예금을 출금한 현금을 상속인에게 현금으로 지급한 것이 아닌지 의심하게 된다. 그렇다고 모든 출금액과 대출액을 미리 증여한 것으로 볼 수는 없다. 따라서 법에서는 추정상속재산이라고 하여 그 사용처가 입증되지 않은 다음 항목에 대해서는 상속재산에 합산하도록 하고 있다.

각 항목의 상속 개시일로부터 1년 이내에 2억 원 이상, 2년 이내 5억 원 이상

---

10 사망한 피상속인이 보험 계약자로서, 보험금을 납부한 경우에 상속재산에 합산되어 상속세가 과세된다. 피상속인이 보험 계약자가 아니었더라도 실제로 보험금을 부담하였다면 상속재산에 합산된다.

사용처가 미입증된 금액이 있을 경우 그 금액들은 상속재산 가액에 합산된다. 이때 인출된 현금이나 재산 처분액, 채무 부담액에서 법으로 정한 일부 금액을 차감한 금액을 미입증 금액으로 본다. 재산 처분, 현금 인출, 채무 부담액의 20%와 2억 원 중에 더 적은 금액을 차감하여 미입증 금액을 구한다.

1) 현금 인출액

2년 이내 인출한 현금을 다시 은행에 입금한 경우 인출한 현금의 합계에서 '입금한 금액을 차감'한 금액을 기준으로 현금 사용처 등을 입증해야 한다. 예를 들어, 피상속인이 사망 전 1년 이내에 총 1억 5,000만 원을 인출했는데 그 사용처를 알 수 없다면 기준(1년 이내 2억 원)에 따라 추정 상속재산은 없다.

2) 재산 처분액

재산을 처분하고 얻은 실제 수입 금액을 기준으로 한다. 예를 들어, 피상속인이 사망 전 2년 이내에 부동산을 처분하여 20억 원을 얻었는데, 그중 10억 원만 사용처 입증이 가능하다면 추정 상속재산은 미입증 금액 10억 원에서 차감액 2억 원을 뺀 8억 원이 된다.

3) 채무 부담액

재산을 처분하거나 현금을 인출하는 것 외에도, 피상속인이 채무를 부담했음에도 그 채무로 인해 취득한 돈이 피상속인의 계좌에 입금되거나, 피상속인 명의로 다른 자산을 취득하는 게 확인되지 않는 등의 경우에도 추정 상속재산이 될 수 있다. 기준은 동일하게 1년 내 2억 원, 2년 이내 5억 원 이상인 경우로서, 용도가 객관적으로 명백하지 않은 경우 추정 상속재산 가액에 산입된다.

05
차명주식, 안전하게
내 이름으로 되돌리는 법

법인을 설립할 때는 여러 사정으로 인해 실제 주주가 아닌 타인에게 일부 주식을 신탁하는 경우가 있는데 이를 '명의신탁'이라 한다. 처음에는 신뢰할 만한 지인에게 맡겼더라도 법인이 성장하면 수탁자의 마음이 변하는 사례가 적지 않다. 이럴 때 내 주식을 되찾으려면 어떻게 해야 할까?

증여세의제가 될 수 있다

주식의 실소유자와 명의자가 다른 경우, 그 명의자로 등기 등을 한 날에 그 재산의 가액을 실제 소유자가 명의자에게 증여한 것으로 본다. 다만, 조세 회피 목적이 없는 등 법에서 정한 특정 요건에 해당하면 증여세를 부담하지 않아도 된다. 그러나 조세 회피 목적이 없다는 사실을 증명하는 것은 현실적으로 어렵다. 추정[11]이 아니기 때문에, 증여의제의 법률 효과를 소멸시키기 위해 별

---

11 의제와 달리, 추정은 확실하지 않은 사실을 그 반대 증거가 제시될 때까지 진실한 것으로 인정하여 법적 효과를 발생시키는 것이다. 즉 반대 증거가 제시되면 추정으로 인한 법률 효과는 소멸하게 된다. 그러나 의제 또는 간주는 진실 여부와 관계없이 기정 사실

도로 소송을 해야 한다. 추정보다 훨씬 강력한 법적 구속력을 갖고 있어 납세자들을 더 번거롭게 한다. 따라서 대부분 증여세를 부담할 수밖에 없다. 다만, 다음의 경우 증여의제에 해당하지 않는다.

- 조세 회피 목적 없이 타인의 명의로 재산의 등기 등을 하거나 소유권을 취득한 실소유자 명의로 명의개서를 하지 아니한 경우
- 자본 시장과 금융투자업에 관한 법률에 따른 신탁재산인 사실의 등기 등을 한 경우
- 비거주자가 법정대리인 또는 재산관리인의 명의로 등기 등을 한 경우

∷ 과세당국에서 이렇게까지 하는 이유는 무엇일까?

다양한 사유로 주식을 실소유자가 아닌 다른 사람의 명의로 해두는 경우가 있다. 대표적으로는 과점주주의 제2차 납부의무를 지기 싫다는 사유로 본인 소유의 주식을 타인이 주주인 것처럼 주주명부를 꾸며내는 것이다.

국세기본법상 과점주주는 제2차 납세의무가 있는데, 법인의 자산으로 세금을 납부하지 못하면 과점주주가 2차적으로 법인의 세금을 납부해야 하는 의무가 있다. 즉 과점주주 개인의 사비를 털어서라도 법인의 세금을 납부하라는 것이다. 이 조항 때문에 과점주주를 피하기 위해 주식을 신탁하는 경우가 많아 주식 명의신탁이 횡행하자 과세관청에서 칼을 든 것이다.

로 확정함으로써 반대 증거가 있어도 수정되지 않는다. 별도로 소송을 통해 그 효과를 소멸시키는 판결을 받아야 한다.

:: 수탁자와 합의해 양도할 수 있다

만약 수탁자가 수탁한 주식을 다시 이전할 의사가 있다면 시간과 비용이 많이 드는 소송보다는 단순 주식의 양도를 통해 이전할 수 있다. 다만, 이전하는 시점의 주식 가치 평가를 반드시 적절하게 진행한 후 양도가액을 산정해야 한다. 특히 고가 양도 또는 저가 양도의 경우 증여세가 과세될 수 있다. 당사자가 세법에서 정한 특수관계인에 해당하는지에 따라 증여로 볼지, 증여로 보게 된다면 그 가액은 어떻게 산정할지가 달라진다. 따라서 양도로 주식을 이전할 계획이 있다면, 법인의 이익이나 자산을 계속 체크해서 주식 가치를 대략적으로 산출해 보고 양도하기에 적절한 시기에 진행해야 한다.

:: 입증 자료를 확보해 두자

보통 주식을 돌려받으려 할 때는 수탁자가 변심하여 주식을 흔쾌히 돌려주지 않는 경우가 많다. 특히 법인의 매출이 잘 나오고 안정화되어 있다면 더더욱 주식을 돌려주지 않을 것이다. 이 경우에는 소송을 통해 주식을 찾아와야 하는데, 명의신탁임을 입증할 수 있는 자료가 있어야 한다.

가장 좋은 것은 주식 명의신탁에 대한 계약서를 작성해 두는 것이다. 만약 계약서가 없다면 문자, 메일 등으로 주식을 신탁한 것이라는 증거라도 있어야 한다. 단순 구두상으로 약정을 했다면 이를 입증하는 것은 매우 어렵다.

:: 주식 환원 시 가장 주의할 점

명의신탁 주식을 양도하는 방법으로 회수할 때는 반드시 주의가 필요하다. 비상장주식을 양도할 때 가장 흔히 지지르는 실수 중 하나는 단순히 액면가액으로 주식을 양도하는 것이다. 많은 사람이 처음 회사를 세울 때 주식을 액면가로 받았으니 나중에 주식을 팔 때도 같은 가격으로 넘겨도 괜찮다고 생각한다. 그러나 실제로 비상장주식은 시간이 지나면서 회사 가치가 변하기 때문에 1주당 실제 가치와 액면가 사이에 큰 차이가 나는 경우가 대부분이다. 이러한 차이를 고려하지 않고 단순 액면가로 양도할 경우 예상치 못한 고액의 증여세가 부과될 수 있으므로 각별한 주의가 필요하다.

출자 시점에는 회사의 순자산 가치가 출자금(= 자본금) 외에는 없고 영업 실적도 없으므로 1주당 주식 가치는 액면가액과 동일하다. 하지만 회사가 영업을 지속하고 이익을 쌓아가면서 순자산 가치와 순손익 가치가 모두 증가하게된다. 주식 환원이 법인 설립 직후에 이뤄지는 경우는 드물고, 대부분 수년 또는 수십 년이 지난 후에 진행된다. 그 시점에는 주식 가치가 이미 크게 상승해있는 것이 일반적이다.

물론 예외적으로 결손이 지속되거나 이익이 전혀 나지 않았다면 주식 가치가 상승하지 않을 수 있다. 하지만 이러한 경우에는 사업을 장기간 유지하기 어렵기 때문에 현실적으로 보기 어렵다. 따라서 주식을 환원할 때 단순히 액면가액만을 기준으로 삼아서는 안 된다. 현재 시점의 주식 가치를 객관적으로 평가하고, 환원 시 주주 각자에게 발생할 수 있는 세금 문제를 먼저 검토한 후 진행해야 불필요한 세금 부담을 피할 수 있다.

CHAPTER
7

세무조사,
준비된 자만이
이긴다

01
세무조사란
무엇인가?

사업을 열심히 하다 보면 간간이 찾아오는 불편한 손님이 있다. 바로 세무조사다. 성실하게 세금을 신고한다고 해도, 의도치 않게 세금계산서 발행을 누락하거나 현금영수증 때문에 또는 각종 현금 지출로 인해 곤욕을 겪기도 한다. 따라서 사업을 열심히 해 매출을 늘리는 것도 중요하지만, 절세를 통해 세후 소득을 키우는 것이 더 중요하며, 세무조사를 미리 대비하는 일 또한 반드시 필요하다.

실제로 세무조사를 받게 되어 예상 추징세액을 보며 사업을 접어야 할지 고민하는 대표님이 많다. 그런 고민을 하는 대표님들은 공통적으로 "세무조사가 나올 줄 몰랐다"고 하소연한다. 그래서 이번 파트에서는 대부분의 대표님이 불안해하시는 세무조사와 관련해 세무조사가 어떻게 선정되고, 또 어떻게 준비해야 하는지 등 세무조사 대비를 위한 기본 사항을 점검하고자 한다.

∵∵ 세무조사 대상의 선정

1. 정기 세무조사

〈선정 사유〉
- 과세 자료 등을 고려한 '신고 성실도 전산 분석' 결과, 불성실한 신고 혐의가 있는 경우
- 최근 4과세기간 이상 세무조사를 받지 아니한 납세자 중 업종 등을 고려하여 신고 내용이 적정한지 검증할 필요가 있는 경우
- 무작위 추출 방식으로 표본 조사를 하는 경우
- 5년 주기 정기 조사 대상으로 선정되는 경우

법인사업자는 연간 수입 금액이 1,500억 원 이상(자산 2,000억 원 이상이거나 전문 인적용역 제공법인은 연간 수입 금액이 500억 원 이상)이면 대상이 된다. 개인의 경우 연간 사업소득 수입 금액이 500억 원 이상(전문 인적용역 사업자들은 200억 원 이상)이면 정기 조사 대상이 된다.

정기 세무조사는 가장 기본적인 세무조사 선정 방법이고, 가장 일반적으로 알려진 세무조사 방식이다. 특히 중소기업을 운영할 때 눈여겨봐야 할 부분은 첫 번째 항목이다. 현재 국세청에서는 다양한 분석 기법을 통해 불성실한 신고 혐의가 있는 사업자들을 추려내고 있기 때문이다.

2. 비정기 세무조사(특별 세무조사)

〈선정 사유〉

- 신고, 성실신고 확인서, (세금)계산서 및 지급명세서 작성·교부·제출 등 납세 협력 의무를 이행하지 않은 경우
- 무자료 거래, 위장·가공거래 등 거래 내용이 사실과 다른 혐의가 있는 경우
- 납세자에 대한 구체적인 탈세 제보가 있는 경우
- 신고 내용에 탈루나 오류의 혐의를 인정할 만한 명백한 자료가 있는 경우
- 납세자가 세무공무원에게 직무와 관련하여 금품을 제공하거나 금품 제공을 알선한 경우

비정기 세무조사는 신고 의무를 불성실하게 하거나 법에서 정한 사유의 명백한 탈루 혐의가 있는 경우에 나오는 조사이다. 명백한 탈루 혐의가 있어야 하므로, 해당 사업장의 내부 정보를 알고 있는 내부자의 폭로 등으로 행해지는 경우가 많다. 드라마나 영화에서 국세청에서 불시에 들이닥쳐 컴퓨터 및 각종 서류를 들고 가는 장면이 비정기 세무조사라고 보면 된다.

원칙적으로 세무조사 시에는 사전에 고지를 해야 하는데, 비정기 세무조사인 경우 필요에 따라 사전 통지 절차를 생략할 수 있다. 이를 '영치 조사'라고 하는데, 영화처럼 불시에 장부를 예치하는 세무조사가 나왔다면 정말 힘든 세무조사가 될 수 있다.

더불어 유의해야 할 점은 성실신고 대상자가 성실신고 확인서를 제출하지 않은 경우 세무조사 대상이 될 수 있다는 점이다. 또한 각종 제출 의무를 올바르게 이행하지 않은 경우에도 세무조사 대상이 될 수 있으니 조심하도록 하자.

3. 기획 세무조사

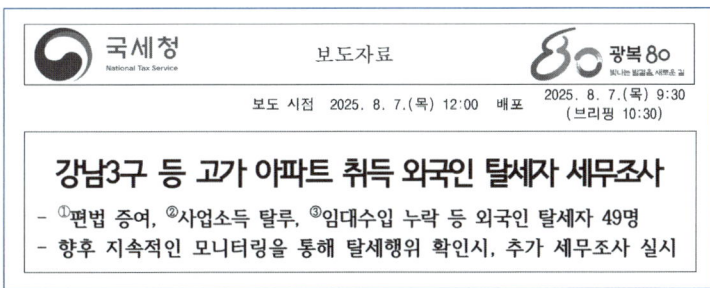

최근 시행된 기획 세무조사 예시

정기 세무조사나 비정기 세무조사 외에도 국세청에서는 특정한 건에 대해 일괄 세무조사를 실시하기도 한다. 통상 기획 세무조사라고 하는데, 국세청 홈페이지 보도자료를 보면 기획 세무조사가 자주 시행된다는 것을 알 수 있다. 최근 이루어진 기획 세무조사의 예는 다음과 같다.

1) 외화자금을 빼돌리고 국부 유출을 고착화하는 역외탈세자

실질과 다르게 사업 구조를 꾸며놓고 내국법인의 자금 또는 소득을 국외로 이전하거나 국내 반입이 되어야 할 소득을 현지에서 빼돌리면서 외화자금을 지속적으로 유출하여 역외 탈세 혐의가 있는 납세자들을 대상으로 세무조사를 진행하였다. 혐의 유형으로는 법인의 외화자금을 유출하고 사적으로 사용한 경우, 정당한 보상 없이 내국법인의 무형자산을 국외로 이전하거나 유출한 경우, 다국적 기업이 사업 구조를 인위적으로 개편하여 조세를 회피한 경우가 있었다.

2) 타인 명의로 재산을 은닉한 악의적 체납자

재산을 은닉한 혐의가 있는 고액 체납자에 대한 추적 조사를 실시하고, 신종 금융자산을 활용한 체납자의 재산은닉 행위를 점검하는 조사를 실시하였다. 타인 명의로 재산을 은닉하고 고가 주택에 거주하며 호화 생활을 영위하는 전문직 종사자, 부동산 양도 등 법률행위를 가족이 대리하여 고의적으로 재산을 은닉한 고령·연소자, 그리고 납부 여력이 있음에도 불구하고 세금을 납부하지 않고 사모펀드, P2P 금융상품, 가상자산 등 신종 금융 자산을 재산 은닉 수단으로 활용한 체납자에 대해 세무조사를 한 바 있다.

3) 금수저 자녀 등 편법증여 혐의자

- 본인의 소득과 대출로 재산을 취득한 것처럼 보이지만, 실상은 부모의 재산으로 대출을 상환하고 명품 쇼핑, 해외여행 등 사치성 소비 생활도 부모의 신용카드로 해결하는 경우
- 본인 명의 신용카드로 호화·사치 생활을 영위하고 고가 주택을 취득하였으나 소득 및 자금 여력이 없어 변칙 증여가 의심되는 자
- 부당 증여로 물려받은 부동산의 담보대출을 부모가 대신 상환하였음에도, 근저당권 설정을 유지하거나 부자 간 차용 거래를 가장하여 증여 사실을 은닉한 혐의자
- 부모가 신종 호황 업종을 운영하면서 누락한 수입으로 미성년 자녀에게 고가의 재산을 취득하게 한 사업자

일부 부유층 자녀들이 고액 대출로 부동산이나 주식 등을 취득한 후 '부모찬스'를 이용하여 대출금을 상환하고 이를 은폐하는 등 변칙적인 탈루 행위가

있었다. 대출의 증감 내역과 소득 및 소비 패턴에 대한 분석을 강화하여 대출을 이용한 편법 증여 혐의자에 대한 세무조사를 착수했다. 조사대상 연소자 선정 유형은 앞과 같다.

4) 부모의 도움으로 고액 재산을 취득한 연소자

- 부모의 조력으로 고가의 재산을 편법으로 취득하고 사업체 운영 등 경제 활동의 기반까지 변칙 지원을 받은 혐의자
- 부동산 취득 과정에서 허위 차입 계약을 체결하여 증여를 은닉하거나 고액 채무를 부모가 대신 변제한 혐의자
- 주식 명의신탁을 통한 경영권 승계 등 변칙 자본 거래를 이용하여 편법 증여를 받은 혐의자
- 고액 금전을 증여받고 소득 신고를 누락하면서 명품 사재기 등 호화 사치 생활을 영위한 혐의가 있는 프리랜서 등

부동산 광풍이 불며 자산에 관심이 높은 시기에 젊은 나이임에도 불구하고 고가 상가 빌딩 등 많은 재산을 축적하였으나, 실상은 부모로부터 재산과 창업 자금 등을 변칙적인 방법으로 제공받고 세금 신고를 누락한 혐의자를 다수 포착하여 세무조사에 착수했다.

최근 이렇듯 신고된 소득은 없거나 매우 적은 연소자가 부동산을 구매하거나 사치, 잦은 해외여행 등을 하는 경우 기획 세무조사의 표적이 되는 경우가 종종 있다. 이때 사치, 잦은 해외여행을 하는 것은 어떻게 알게 되었을까? 주로 SNS가 통로가 될 때가 많다. 최근 SNS에 소득 상황에 맞지 않은 과다한 지출과 호화 생활을 자랑하는 사람이 많다. 그러나 그럴 경우 세무조사의 표적이

되기 쉽다는 것을 명심하도록 하자.

5) 코로나19로 인한 신종·호황 분야 탈세자

- 수입이나 매입 단가를 조작하여 원가를 과다 계상하고 매출을 임직원 명의의 차명 계좌로 받아 현금 매출을 탈루하는 경우
- 자금 여력이 없는 사주일가(회사의 주인과 그 일가)로부터 자금을 차입한 것처럼 허위 차입금 수십억 원을 계상하고, 차입금 변제를 가장하여 법인 자금을 유출하는 경우. 또한 실제 근무하지 않은 친인척 다수를 직원으로 등재하여 고액의 인건비를 가공 계상하여 소득을 탈루하는 경우
- 코로나19로 골프 수요가 급증하면서 호황을 누리는 대중제 골프장으로 급증한 소득 금액을 탈루하기 위해 특수관계자인 건설사에 조경 공사비를 부풀려 지급하고, 인건비 등 허위 비용을 계상하는 방법으로 법인 자금을 부당하게 유출하는 경우. 또한 골프 카트 공급을 독점하는 자녀 회사에 고액의 대여료를 지급하여 경제적 이익을 자녀들에게 편법으로 이전하는 경우
- 사업장이 존재하지 않는 해외 현지 법인에 투자 명목으로 외화를 송금하고 해당 국가에 유학 중인 자녀의 생활 자금 등을 사적으로 사용한 경우

국세청은 코로나19로 인해 산업별 양극화 현상이 심화되는 점을 고려해 내·외부 빅데이터를 활용하여 산업별·업종별 경제동향 분석, 진단을 통해 호황 분야를 도출하고, 이를 바탕으로 탈세 혐의자에 대한 세무조사를 진행하였다.

국세청은 NTIS 빅데이터는 물론 온라인 쇼핑 동향, 국내 포털사이트 국민 이동량 자료[12]를 분석하여 코로나로 인해 떠오른 탈세 분야를 발굴하여 조사

---

12 국내 포털사이트가 위치 기반 빅데이터를 활용해 집계한 국민 이동량 자료

대상자를 선정하였다. 다양한 수단을 통해 공통적으로 호황이라고 생각되는 분야를 집중적으로 조사한 결과, 급격히 증가한 소득을 숨기기 위한 의도적이고 적극적인 탈세 혐의를 다수 포착하였다.

이렇게 국세청에서는 다양한 유형의 빅데이터 자료를 이용하여 적시성 있는 경제 동향을 분석하고, 필요한 분야에 대해 기획 조사를 진행하고 있다.

4. 소규모 성실사업자에 대한 정기 세무조사 면제

소규모 사업자에게 세무조사는 사업을 영위하는 데 있어 굉장히 불안한 요소다. 이에 따라 국세청에서도 소규모 성실사업자에게는 정기 세무조사를 면제해 주고 있다. 이때 수입 금액과 장부 기록 요건을 모두 충족해야 면제가 가능하다.

1) 수입 금액 요건
- 개인의 경우: 간편장부 대상자
- 법인의 경우: 수입 금액이 연 1억 원 이하인 자

2) 장부 기록 등 요건(모두 충족)
- 복식장부에 의하여 장부에 기록, 관리할 것
- 현금영수증 의무가맹점인 경우, 신용카드 가맹점에도 추가로 가입하고 현금영수증 및 신용카드 매출 전표의 발급을 거부하거나 사실과 다르게 발급하지 않을 것
- 개인사업자의 경우, 사업용 계좌를 개설하여 사용할 것
- 해당 과세연도의 수입 금액을 직전 과세연도의 수입 금액보다 10% 이상

신고할 것

 – 해당 과세연도의 소득 금액을 직전 과세연도의 소득 금액 이상 신고할 것

 – 최근 3년간 조세범으로 처벌받은 사실이 없을 것

 – 국세를 체납하지 않을 것

5. 체크하면 좋을 부분

다양한 세무조사 기법 및 조사 대상을 선정하는 기준에 따라 반드시 신경써야 하는 부분이 있다. 바로 각종 신고 시에 국세청에서 제공해 주는 신고 안내문이다. 부가가치세, 소득세, 법인세 신고 시에 신고 안내문을 열람할 수 있는데, 각 신고 유의사항은 물론 동종 업종 대비 손금의 비율 등 상당히 유용한 정보를 제공해 주고 있다.

특히 부가가치세 신고 안내문이나 소득세 신고 안내문에 매출 대비 비용이 매우 높은 경우나 적격증빙에 비해 비용처리를 많이 했던 납세자의 경우, 성실신고를 하라는 주의 문구가 기재되어 있는 경우 특히 유의해서 신고해야 한다. 종합소득세 신고의 경우 신고 안내문에 '1유형 성실신고 사전안내자'로 기재되는데, 전년에 동종 업종 대비 소득률이 낮아 세 부담이 적거나 당해 매출이 급증하는 경우이다.

성실신고를 하라는 주의 문구를 받은 경우 특정 해에 비용이 많이 지출되는 경우가 있었고 적격증빙을 갖춘 경우라면 문제가 없겠지만, 사업과 관련한 비용을 적절하게 처리하고 있는지 반드시 체크해야 불시에 나오는 세무조사로 인해 당황하지 않을 수 있다.

세무조사에 활용하는 전산시스템

1. TIMS

TIMS는 국세정보관리시스템으로, 납세자가 신고한 각종 신고서와 탈세 제보 내용을 분석하고 관리하는 시스템이다. 법인과 개인의 모든 경제 활동 자료를 보관하여 분석하고 있으며, 사업자등록번호나 주민등록번호 입력 시 기업과 개인의 자산 내역을 열람할 수 있고 출입국 기록까지도 조회할 수 있다. 이 시스템을 통해 자동화 방식으로 탈세 혐의자와 세무조사 대상자를 선정할 수 있다. TIMS는 신고 내역을 관리하는 수준을 넘어 금융기관, 법원, 출입국 관리소, 부동산정보시스템 등과의 연계로 실시간 자산 흐름을 분석할 수 있는 수준으로 고도화되어 있다.

2. CAF

2000년대 초반, 국세청에서는 각종 과세 정보와 세금신고 내용을 바탕으로 얼마나 성실하게 신고를 했는지 분석해 주는 신고성실도 분석 시스템인 CAF(Compliance Analysis Function)을 도입했다. 납세자가 신고한 자료를 토대로 매출액 신장률, 각 비용의 비율, 소득률 등을 동종 업체와 비교하고 당해 업체의 전 사업연도와 비교하여 분석한다.

정기 세무조사 사유 중 하나인 '신고성실도 분석 결과 불성실 혐의'가 이 시스템을 사용하여 분석한 결과로 산정된다. 이렇게 비교 분석한 자료를 신고 안내문에 간략하게 기재하여 제공하는 것이다. 신고 안내문에 간단하게 기재한 내용으로도 파악할 수 있는 부분이 많은데, 국세청에서 분석하는 자료는 차원이 다른 다양하고 방대한 항목을 관리하고 있다.

3. PCI

2009년에 국세청은 과거 수많은 과세 정보를 토대로 신고 소득이나 재산 증가액, 소비 지출액 등을 분석하는 소득–지출 분석 시스템인 PCI 시스템(Property, Consumption and Income Analysis System)을 도입했다. 유사한 업종 간 경비율을 따져 매출 대비 경비가 과도한 사업장의 경우 요주의 대상 사업자가 된다.

이 외에도 고액자산 취득세 자금 출처 관리를 비롯해, 기업주의 법인자금을 개인이 임의로 사용했는지 여부를 확인하고 고액 체납자 관리도 가능한 시스템이다. 특별한 소득원 없이 지출을 과다하게 하거나 고액의 자산을 취득할 경우 탈세 혐의를 포착하게 된다.

근로소득 연말정산을 진행할 때 연말정산간소화 PDF를 홈택스에서 출력해 보면 해당 자료에는 내가 1년간 사용한 신용카드/체크카드 사용 금액, 현금영수증 사용 금액 등 다양한 정보가 수집되어 있다. 국세청에서는 1년간 소득으로 신고한 금액과 1년간 지출한 비용을 다 알고 있다는 말이다.

만약 소득은 1억 원인 사람이 지출이 10억 원이라면 어떨까? 소득을 적게 신고했거나 부모로부터 증여를 받았을 가능성이 크다. 이 부분은 PCI 시스템을 통해 찾게 된다. PCI는 실시간 연계 시스템을 통해 소득·지출·자산 증가 내역의 불일치를 감지하는 핵심 도구다. 예를 들어, 연소득 3,000만 원인 사람이 해외여행을 자주 다니거나 고가의 외제차를 타고 다닐 경우 PCI가 찾아내 조사를 받을 수 있다.

세무조사로 인한 가산세

가산세는 납세의무자가 세법상 의무(신고, 납부)를 이행하지 않음으로써 부과되는 추가 세금이다. 세무조사로 인해 납부해야 할 세금이 증가한 경우 본세는 물론 가산세도 추가로 납부해야 할 수도 있다. 본세는 원래 내야 하는 금액이지만, 가산세는 추가로 내야 하는 만큼 마음도 많이 쓰리고 정말 아까운 금액이다. 국가 또는 지방자치단체에서 부과 고지하는 세목은 수령한 납부서대로 납부만 적기에 하면 문제가 없다.

1. 무신고 가산세

납세의무자가 법정신고 기한까지 세법에 따른 국세의 과세표준 신고를 아니한 경우 무신고 가산세를 적용한다. 통상 사업을 계속하는 분들은 세무대리인에게 의뢰하기 때문에, 신고를 놓치는 경우는 드물다.

1) 부정행위 없는 경우

- 법인세, 복식부기의무자의 소득세: 둘 중 큰 값(무신고 납부 세액×20%, 수입 금액×7/10,000)
- 법인세와 복식부기의무자의 소득세 외: 무신고 납부 세액×20%
- 부가가치세(영세율 과세표준 있는 경우): 무신고 납부 세액×20%+영세율 과세표준×0.5%

2) 부정행위 있는 경우

- 법인세, 복식부기의무자의 소득세: 둘 중 큰 값(무신고 납부 세액×40%(60%[13]),

---

13 역외 거래에서 발생한 부정행위로 국세의 과세표준을 신고하지 않은 경우

수입 금액×14/10,000)

- 부가가치세(영세율 과세표준 있는 경우): 무신고 납부 세액×40%(60%), 영
세율 과세표준×0.5%

2. 과소신고, 초과 환급신고 가산세

납세의무자가 법정 신고 기한까지 세법에 따른 국세의 과세표준 신고를 한
경우로서, 납부할 세액을 신고해야 할 금액보다 적게 신고하거나 환급 세액을
신고해야 할 금액보다 많이 신고한 경우에는 과소신고, 초과 환급신고가산세
를 부과한다. 부가가치세법에 따른 사업자가 아닌 자가 환급 세액을 신고한
경우에도 과소신고, 초과 환급신고 가산세를 적용한다.

1) 부정행위 없는 경우

- 법인세, 소득세, 부가가치세 등 과소신고: 과소신고 납부 세액 등×10%
- 부가가치세 영세율 과세표준 과소신고: 과소신고 납부 세액 등×10%+과소
신고 영세율 과세표준×0.5%

2) 부정행위 있는 경우
(1) 법인세와 복식부기의무자의 소득세: (A+B)

A: 둘 중 큰 값(부정과소신고 납부 세액×40%(60%[14]), 부정신고된 과세표준

---

[14] 역외 거래와 관련된 부정행위로 인해 소득을 과소 신고하거나 환급액을 과다하게 신고
한 경우

관련 수입 금액×14/10,000)

B: 일반과소신고 납부 세액 등×10%

(2) 법인세와 복식부기의무자의 소득세 외: A+B

- A: 부정과소신고 납부 세액 등×40%
- B: 일반과소신고 납부 세액 등×10%

3. 납부지연 가산세

- 납부하지 않은 세액 또는 과소 납부분 세액×법정 납부 기한의 다음 날부 터 납부일까지 기간×22/10만 원
- 초과 환급받은 세액×환급받은 다음 날부터 납부일까지의 기간×22/10만 원
- 법정 납부 기한까지 납부해야 할 세액 중 납부고지서에 따른 납부 기한까 지 납부하지 않은 세액 또는 과소납부분 세액×3/100

납세의무자가 법정 납부 기한까지 국세를 납부하지 않거나 과소납부하거나 초과 환급을 받은 경우 다음 금액을 합산하여 부과된다.

구분	내용	가산율
무신고 가산세	신고 누락	20~40%
과소신고 가산세	신고액 축소 신고	10~40%
초과 환급신고 가산세	환급액 과다 신고	10~40%

납부지연 가산세	납부 기한 초과	연 9.125% 수준
세금계산서 관련	미발급 또는 허위	공급가액의 1~2%

가산세 종류

납부 기한을 하루만 넘겨도 가산세가 발생하므로 유의해야 한다. 지금까지 살펴본 가산세를 간략히 정리하면 위와 같다.

4. 가산세의 감면

무신고 가산세나 과소신고는 일정 기한 내에 기한 후 신고 또는 수정 신고를 하는 경우 가산세를 감면해 주고 있다. 기한 후 신고, 수정 신고 외에도 가산세의 50%를 감면하는 경우가 있으나 자주 발생하지 않기 때문에 다루지 않았다.

1) 수정 신고

- 법정 신고 기한이 지난 후 1개월 이내 수정 신고: 가산 세액의 90% 감면
- 법정 신고 기한이 지난 후 1~3개월 이내 수정 신고: 가산 세액의 75% 감면
- 법정 신고 기한이 지난 후 3~6개월 이내 수정 신고: 가산 세액의 50% 감면
- 법정 신고 기한이 지난 후 6개월~1년 이내 수정 신고: 가산 세액의 30% 감면
- 법정 신고 기한이 지난 후 1년~1년 6개월 이내 수정 신고: 가산 세액의 20% 감면
- 법정 신고 기한이 지난 후 1년 6개월~2년 이내 수정 신고: 가산 세액의 10% 감면

2) 기한 후 신고

- 법정 신고 기한이 지난 후 1개월 이내 기한 후 신고: 가산 세액의 50% 감면
- 법정 신고 기한이 지난 후 1~3개월 이내 기한 후 신고: 가산 세액의 30% 감면
- 법정 신고 기한이 지난 후 3~6개월 이내 기한 후 신고: 가산 세액의 20% 감면

2025년 상반기 부가가치세 신고를 누락한 A씨의 사례를 살펴보자. 부가가치세 신고서를 작성해 보니, 원래 납부했어야 하는 부가가치세 납부 세액은 350만 원인 경우다.

- 25년 상반기 부가가치세 신고/납부 기한: 2025년 7월 25일
- 기한 후 신고/납부일: 2025년 8월 15일
- 무신고 가산세: 350만 원×20%×감면 50%(1개월 이내 신고)= 35만 원
- 납부 불성실 가산세: 350만 원×22/100,000×21일= 16,170원
- 가산세 포함 총 납부할 세액= 3,866,170원

원래 350만 원만 납부해도 될 세금을 가산세 포함하여 납부해야 하니 신고, 납부 기한 안에 반드시 이뤄져야 한다. 기한 후 신고를 늦게 할수록 감면율이 떨어지니, 이미 기한 후 신고라면 최대한 감면을 받을 수 있는 기한 안에 기한 후 신고를 하는 것이 좋다. 납부 불성실 가산세는 납부할 때까지 매일 단위로 가산세가 붙으니, 이 역시 하루라도 빨리 납부하는 것이 좋다.

고액 체납자의 명단 공개와 체납 시 불이익

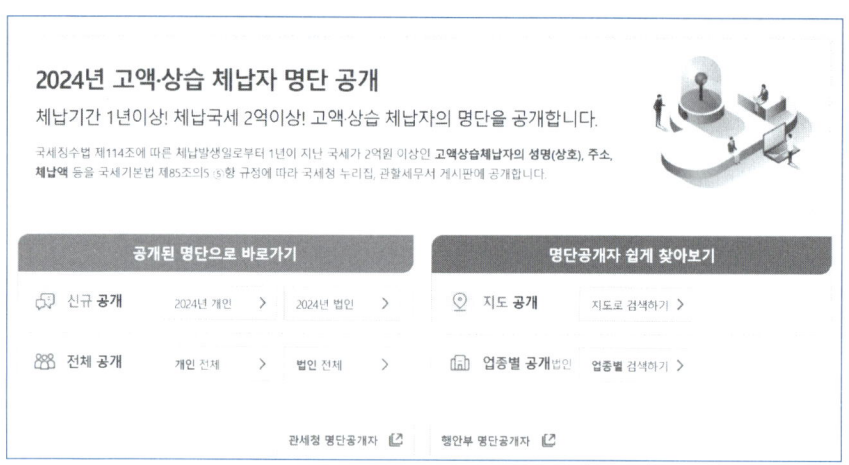

2024년 고액·상습 체납자 명단 공개
체납기간 1년이상! 체납국세 2억이상! 고액·상습 체납자의 명단을 공개합니다.

국세징수법 제114조에 따른 체납발생일로부터 1년이 지난 국세가 2억원 이상인 **고액상습체납자의 성명(상호), 주소,**
체납액 등을 국세기본법 제85조의5 ⑤항 규정에 따라 국세청 누리집, 관할세무서 게시판에 공개합니다.

공개된 명단으로 바로가기			명단공개자 쉽게 찾아보기	
🐿 신규 **공개**	2024년 개인 ›	2024년 법인 ›	⊙ 지도 공개	지도로 검색하기 ›
👥 전체 **공개**	개인 전체 ›	법인 전체 ›	🏢 업종별 공개법인	업종별 검색하기 ›

관세청 명단공개자 ↗   행안부 명단공개자 ↗

'국세청 홈페이지–정보공개'에서 확인할 수 있다

국세청에서는 고액 체납자 명단을 매년 공시하고 있다. 국세기본법에 따라 체납 발생일로부터 1년이 지난 국세가 2억 원 이상인 대상자들을 '고액 체납자'라고 하여 국세청 누리집, 관할세무서 게시판에 명단을 공개하고 있다. 성명뿐만 아니라 상호, 직업, 주소, 금액, 세목 등 상세한 정보가 공개되고 있어 납세자에게는 큰 부담이 될 수 있다.

경기도의 경우 2023년 1월 16일 지방세 3,000만 원 이상인 고액 체납자 가운데 해외로 재산을 은닉하거나 도피할 우려가 있는 고질, 악성 체납자 304명에 대해 법무부에 출국 금지를 요청하기도 했다. 고액 체납자가 아니더라도 체납이 오래되면 가산세는 물론 자산 압류 등의 불이익이 있으니 체납되지 않도록 세금을 납부할 재원을 꼭 미리 준비해야 한다.

⠰⠂ 세무조사 대비

국세청 세무조사를 받는 납세자는 연간 1만 6,000명 수준이라고 한다. 전체 납세자의 1% 미만의 사람들이 세무조사를 받는 셈이므로 과하게 염려할 정도는 아니다. 성실신고가 최고의 절세인 만큼 사업과 관련된 경비만 손비처리를 하고, 사용한 비용은 적격증빙을 꼭 구비해서 세무조사에 미리 대비하는 것이 중요하다.

정보기술이 발달하고 자료 수집과 분석 기술이 발달하면서 세무조사에도 상당한 기술적 발전이 있었다. 그런데 오랫동안 사업을 해온 분들은 과거처럼 주먹구구식으로 또는 향응을 제공하는 방법으로 세무조사에 대비하면 된다고 생각하는 경향이 있다.

그러나 세금계산서만 하더라도, 과거에는 수기로 종이에 기입했기에 조금 늦게 발행하는 것 정도는 날짜만 고치면 되었는데, 이제는 전자세금계산서를 발행하여 홈택스에 집계되니 지연발급 가산세를 숨길 수 없게 되었다. 이제 수기로 작성된 서류나 장부를 슬쩍 고치고, 음료수 하나 들고 세무서를 찾아가던 시대는 지나갔다. 대부분의 자료가 전산화되어 있는 만큼, 세무조사 대응도 바뀐 시대에 맞게 준비해야 한다.

02
사전 준비로 세무조사를
피하는 법

세무조사란 무엇인지, 어떤 절차로 이뤄지는지 파악했다면 이제 어떻게 대비해야 할지에 대해서도 체크해 봐야 한다. 지피지기면 백전백승이라고 했다. 세무조사를 미리 준비한다면, 앞으로 세무조사가 나와도 크게 당황하지 않고 잘 대응할 수 있을 것이다.

세무조사 대비를 미리 해야 하는 이유

최근 인공지능(AI)을 비롯하여 전산 발달이 비약적으로 이루어진 것처럼 국세청에서도 빅데이터, AI를 세무조사에 적극 활용하고 있다. 특이 거래, 의심 거래를 사전에 포착하는 기술이 많이 증가하고 있기 때문에 과거에 해오던 방식이라고 문제가 없을 거라 생각하고 거래하면 안 된다. 관행으로 해왔던 거래라도 세법적으로 문제가 없는지 반드시 파악하고 세무조사에 대비해야 한다.

법인 세무조사에서 많이 추징당하는 이유

세무조사에서 많이 추징당하는 사유를 알면, 미리 해당 항목에서 조심할 수가 있다. 물론 업종별로 추징되는 사유는 다양할 것이지만, 공통적으로 세무조사에서 많이 추징당하는 사유는 다음과 같다.

1. 각종 감면, 공제

가장 많이 추징당하는 것은 연구개발비 세액공제이다. 연구소를 설립했으나 실제 연구가 이뤄지지 않는 경우, 연구개발비 세액공제를 반영한 연구원이 연구 업무를 전담하지 않고 다른 업무를 겸업하는 경우 등 다양한 사유로 연구개발비 세액공제 대상이 아니어서 추징당하는 경우가 많다.

최근에는 창업중소기업 감면 대상이 아님에도 창업중소기업 감면을 받아 추징되는 사례도 다양하게 나오고 있어, 높은 감면율을 보고 무작정 반영하기보다는 감면 대상이 맞는지 꼭 체크하고 반영하는 것이 좋다.

2. 상품권 사용처

명절에 직원에게 지급할 목적으로 또는 거래처에 접대 명목으로 상품권을 구매하는 법인들이 많다. 거래처에 접대 명목인 경우 반드시 법인 카드로 상품권을 구매해야 접대비로 비용처리가 한도 내에 가능하다. 그리고 상품권을 구매했다면 언제, 누구에게, 무슨 사유로 지급했는지 상품권 관리대장을 꼼꼼히 작성하고 관리해야 한다. 상품권은 제대로 관리되고 있지 않으면 대표자가 법인의 자금을 개인화하는 간편한 수단이 될 수도 있기 때문에 세무서에서 특히 눈여겨보는 항목 중 하나이다.

3. 대표 주주 혹은 대표자 카드 사용내역

세무조사를 할 때 법인 사용카드 내역 중 주말 사용분, 대표자 혹은 대표 주주의 자택 근처에서 사용한 것, 사적 비용으로 의심되는 것들을 별도로 정리해 확인한다. 따라서 사업과 관련해 사용했다면 반드시 사업과 관련되어 있음을 입증할 자료를 구비하고 영수증을 보관해야 한다.

상담을 하다 보면 대표님들이 카드 내역에 사용처가 나와 있는데 별도로 영수증까지 구비해야 하냐고 묻는 경우가 많다. 그런데 법인카드 사용내역에서 조회 가능한 건 언제 어디에서 샀는지 정도이다. 내가 특정 일시에 결제한 것은 확인되지만, 그 물건이 어떤 것인지 확인되지는 않는다. 따라서 그 물건을 개인적으로 쓸 물건인지, 사무실에 필요한 물건인지 확인이 되지 않기에 영수증을 따로 보관해야 하는 것이다.

4. 대표자 특수관계인에게 지급한 인건비 내역

대표자의 가족에게 지급한 인건비가 있다면 해당 가족이 실제 법인에서 근무를 제공하였는지 검토한다. 실제 근무했다면 상관없고, 만약 근무한 기록을 제공하지 못할 경우 인건비가 부인될 수 있다.

법인 세무조사 대비를 위한 필수 체크사항

1. 매입, 매출 적격증빙 관리

가장 기본적이면서도 중요한 부분이다. 매출이 누락되지 않았는지 확인하는 것이 우선이며, 매입 시에는 반드시 적격증빙을 수취해야 한다. 다만, 적격증빙이라 하더라도 예전에는 가공 세금계산서를 주고받는 경우가 많았는데,

이는 매우 위험한 거래이므로 반드시 피해야 하는 일이다. 가공 세금계산서는 실제 거래가 없었는데 거래가 있었던 것처럼 꾸며서 발행하는 허위 세금계산서다. 가짜 거래 내역을 만든 것이기 때문에 탈세의 증거가 된다. 전산이 발달하기 전에는 가공 세금계산서 문제가 덜 밝혀졌지만, 요즘에는 가공 세금계산서로 인한 세무조사 그리고 그 거래처로 세무조사 파생이 종종 이뤄지기 때문에 위험한 거래로 여기고 절대 삼가야 한다.

예를 들어, A 사업자는 부가가치세 납부 세액이 부담스러워지자 B 사업자에게 1,000만 원 물건을 구입한 것처럼 세금계산서를 발행해 달라고 부탁했다. 국세청은 이런 가공 세금계산서는 부정행위로 간주해 가산세 부과는 물론 조세범처벌법이나 특정범죄가중처벌법에 따라 형사 처벌의 대상이 될 수도 있다. 세금계산서 발급자, 수취자 모두 처벌 대상이 되니 주의해야 한다.

2. 사적 경비가 비용에 반영되지 않았는지

법인에서 비용처리를 할 때 사적 경비가 비용에 반영되지는 않는지 평소에 체크해야 한다. 사적 경비로 세무서에서 의심할 만한 거래가 있다면, 이 부분은 사업과 관련된 비용이라면 증빙을 반드시 구비해 둬야 한다. 영수증 등 증빙은 5년간 보관 의무가 있기 때문에 번거롭더라도 반드시 보관하는 것을 추천한다.

3. 인건비 신고를 하지 않고 지급한 인건비는 없는지

최근에 많은 업종에서 발생하는 문제이다. 특히 외국인 근로자를 많이 쓰는 업체의 경우, 불법 체류 또는 합법 체류더라도 근무가 불가능한 비자를 가진 외국인은 인건비 신고를 하지 못하기 때문에 많은 문제가 발생한다.

실제 지급은 했더라도 인건비 지급 금액에 대해 원천세 신고를 하지 못하면서 실제 일한 직원의 인적 사항을 가지고 있지 않은 경우가 많다. 불법체류자인 관계로 통장 거래가 불가능하여 급여를 현금으로 출금하여 지급했다면 실제 일했다는 사실을 입증하기란 불가능에 가깝다. 그 외에도 회사의 단순 실수로 혹은 무지로 혹은 4대 보험이 부담되어서 인건비 신고를 하지 않고 지급하는 각종 근로성 대가가 있지 않은지 신경 써야 한다.

03
세무조사 진행 중 유의사항과 마무리 전략

대부분의 영세한 자영업자 혹은 매출이 높지 않은 법인들은 오랫동안 사업을 해도 세무조사 대상이 되지 않는 경우가 많다. 그렇기에 세무조사에 대해서는 많이 들었지만, 어떻게 진행되는지 혹은 종결되는지 잘 모르고 막연한 두려움을 가진 경우가 많다. 그렇다면 세무조사는 어떻게 진행되는지, 또 확인해야 할 것은 어떤 것이 있는지 알아보도록 하자.

세무조사 진행 절차

세무조사 진행 절차는 다음과 같이 4단계로 정리할 수 있다.

Step1. 세무조사 시작 전

- 조사 개시 20일 전까지 세무조사 사전 통지를 보낸다.
- 세무조사 시작 전에 세무조사 오리엔테이션을 실시한다.
- 조사 연기나 조사 장소 변경, 세무조사 유예를 신청할 수 있다.
- 일자리 창출 기업, 스타트업/혁신 중소기업은 세무조사를 유예받을 수 있다.

Step2. 세무조사 시작 및 진행

- 조사 공무원의 신분을 확인한 후 납세자 권리헌장에 대해 설명을 듣고 청렴 서약서를 작성한다.
- 세무대리인의 도움을 받을 수 있으며, 세무조사는 필요한 최소한의 범위에서 실시한다.
- 위법, 부당한 세무조사 등으로 권리를 침해당한 경우 조사관서의 납세자 보호담당관에게 권리 보호를 요청할 수 있다.
- 영세 자영업자 등은 세무조사 과정에서 조사팀의 적법한 절차 준수 여부를 확인받고자 할 때, 납세자 보호담당관에게 세무조사 참관을 신청할 수 있다.

Step3. 세무조사 종료

- 세무조사가 종료되면 20일 이내에 세무조사 결과 통지를 보내주며, 세무조사 결과에 대해 설명이 이뤄진다.
- 납부해야 할 세금과 절차에 대한 안내를 받는 과정에서, 일시적인 자금 사정이 어려운 경우에는 협의를 통해 납부 기한을 연장할 수 있다.

Step4. 권리구제 및 평가

조사 결과를 설명받고 조사 결과에 대해 이의를 제기할 수 있다.

세무조사 진행 과정별 확인할 사항

세무조사 진행 시 각 과정에 따라 다음 사항은 반드시 확인하도록 하자.

1. 세무조사 시작 전

- 세무조사 사전통지서를 교부받았는지
- 세무조사 연기, 조사 장소 변경 신청을 하지는 않을지
- 일자리 창출 중소기업이라면 조사 유예 신청 여부
- 세무조사 오리엔테이션은 적절하게 이루어졌는지

2. 세무조사 시작 및 진행

- 조사 범위 외 요구를 하거나 조사를 하지는 않는지
- 조사 과정에서 면담, 소명서 제출 등을 통해 충분한 해명 기회를 부여하는지
- 통지 없이 임의로 기간을 연장하거나 범위를 확대하는 것은 금지되어 있는데, 이러한 임의 연장이나 범위 확대 사례가 없는지
- 장부, 서류 등을 일시 보관하려는 경우 명백한 탈루 혐의 등 보관 사유에 해당하고 납세자의 동의가 이루어졌는지, 납세자 요청 시 14일 이내에 반환해야 하는데 반환 기한은 잘 지켜지는지
- 조사 진행 내용, 향후 조사 방향, 과세 쟁점에 대한 조사팀의 검토 결과 등 중간 설명이 잘 이루어지는지

3. 세무조사 종료

- 세무조사 종결한 날로부터 20일 이내에 결과가 서면으로 통지되었는지
- 조사 내용, 결정/경정할 과세표준과 세액 산출 근거 및 사유 등은 정확한지

세무조사 과정에서 대표자가 주의해야 할 점

세무조사 과정에서 대표자가 주의해야 할 부분은 다음과 같다. 여기까지

잘 체크한다면 세무조사를 잘 마칠 수 있을 것이다.

1. 세무조사 사전통지서 확인

세무조사 사전통지서를 받았다면 조사 대상 세목과 과세 기간, 조사 기간, 조사 사유 등을 반드시 확인해야 한다.

2. 세무대리인 선임

세무조사 대응은 대표자 및 직원이 직접 대응하기 매우 어려운 과정이므로, 세무대리인을 선임하는 것이 좋다.

3. 자료 준비

세무조사 전까지 세무조사 사전통지서에서 고지하는 세목, 기간에 대한 회계 자료를 준비하고 문제가 될 수 있는 부분을 미리 확인하는 것이 중요하다.

4. 성실한 응답 및 자료 제공

간혹 자료 제공을 안 하면 세무조사가 제대로 이루어지지 않을 것이라고 생각하는 분들이 있다. 절대 그렇지 않다. 성실하게 인터뷰에 응하고, 세무공무원이 요구하는 자료를 적기에 빠르게 제출하는 것이 세무조사가 원활히 진행되는 데 큰 도움이 된다. 오히려 자료를 숨기고 대응을 잘 안 할수록 세무조사는 매우 어려워진다.

세무서에서 다양한 자료를 요구하는데, 보통 해당 자료 중 세무서에 제공하면 과세가 거의 확실히 될 만한 내용이 있는 자료 목록이 있을 수 있다. 이럴 때 대표자는 본인이 불리한 부분, 우려되는 부분이 있기 때문에 자료 제공을 안 하고 싶어 한다. 혹은 세무대리인 입장에서는 바로 제공해도 무방한 자료임에도, 금융 자료나 장부 자체를 외부에 제출하는 것 자체를 꺼리면서 제공하지 않는 경우도 자주 있다. 이미 나온 세무조사이니 세무조사 자체를 회피하려는 것은 아니지만, 해당 자료에 찔리는 부분이 있을수록 해당 자료를 제공하고 싶어 하지 않는다.

하지만 자료를 제공 안 한다고 해서 그냥 넘어가지는 것이 아니며, 세무조사관에게 의심을 키울 수 있는 행동이다. 오히려 해당 부분을 세무대리인과 빠르게 의논하고 어떻게 해결할지, 장부적요[15]를 좀 더 상세하게 기재하여 보낼 부분은 없는지 체크하고 최대한 자료를 빨리 제출하는 것이 좋다.

5. 금품 제공 금지

세무조사 과정에서 조사 공무원에게 금품을 제공하는 행위는 법으로 엄격히 금지되어 있다. 형법상 뇌물죄에 해당할 수 있으며, 제공자와 수수자 모두 형사 처벌의 대상이 된다. 특히 조사 결과와 무관하게 금품 제공 사실만으로도 별도의 수사와 제재가 뒤따를 수 있으므로, 기업 입장에서는 돌이킬 수 없는 리스크가 될 수 있다.

따라서 대표자는 물론 임직원 모두가 이러한 위험성을 인식하고, 조사 공무원과의 관계에서 어떠한 형태의 금전적 제공이나 편의 제공도 하지 않도록 사전에 철저히 교육하고 관리할 필요가 있다.

---

15 회계 장부에서 거래의 내용을 간단히 요약해서 기록하는 항목

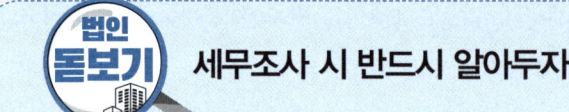

세무조사 시 반드시 알아두자

1. 세무조사 연기 신청

조사 일정이 회사 주요 행사, 대표자의 장기 출장, 회계 담당자의 부재 등 불가피한 사정과 겹칠 경우 조사 시작 3영업일 전까지 연기 신청이 가능하다. 다만, 정당한 사유가 있어야 하며, 국세청의 승인이 필요하다.

2. 세무조사 유예 대상 확인

창업 초기기업, 혁신기업, 일자리 창출 우수기업 등 일정 요건에 해당하면 최대 1년간 세무조사 유예를 신청할 수 있다. 사전에 해당 여부를 반드시 확인해 두자.

3. 장부 일시 보관 동의

조사관이 장부·증빙서류를 외부로 반출하려 할 경우에는 반드시 서면 동의서가 필요하다. 구두 요청이나 압박에 의해서는 응하지 않아야 하며, 보관 기간·목적이 명확히 기재된 문서를 확인해야 한다.

4. 조사 범위 확인

조사공무원이 요구하는 장부나 자료는 통지서에 기재된 조사 범위 내에서만 제출하면 된다. 범위를 벗어난 과도한 요구에는 이의 제기가 가능하다.

5. 녹취·기록 활용

조사 과정에서 구두로 한 발언은 나중에 증거가 되지 않을 수 있다. 중요한 질의응답은 서면으로 요청·답변하거나, 필요 시 녹취 기록을 남겨두는 것이 바람직하다.

6. 조사 결과 확인 및 이의 신청

조사 종료 후에는 조사 결과 설명을 반드시 서면으로 받는 것이 중요하다. 불복 사유가 있으면 과세 전 적부심사, 심판 청구, 행정소송 등 이의 제기 절차가 마련되어 있다.

04
납세자의 권리를 지키는
제도 활용법

과세 여부를 '된다, 안 된다' 바로 알 수 있다면 얼마나 좋을까? 납세자들은 이렇게 이분법적인 사고를 원한다. 그러나 실무에서는 같은 세법을 두고 납세자와 국세청 간에 혹은 세무대리인과 세무대리인 간에 치열한 공방이 이루어질 때가 많다. 같은 법을 두고 해석이 달라지기도 하고, 그에 따라 과세 여부가 달라지기도 한다. 한쪽의 의견이 압도적으로 일리가 있는 경우도 물론 있지만, 고등법원이나 대법원까지 가게 되는 경우처럼 양측의 주장이 모두 합당하여 판단을 내리기 어려운 경우도 아주 많다.

세법 적용이 불명확한 경우가 많아, 이로 인해 과세가 이루어지면 납세자의 현금 흐름은 물론 사업 전반에도 큰 타격을 줄 수 있다. 이런 특성으로 인해 세법에서는 납세자의 권리를 강조하고 있으며, 납세자 권리헌장을 두고 있기도 하고, 납세자 권리구제 제도를 두고 있다. 납세자 권리구제 제도는 되도록 사용을 안 하는 것이 좋지만, 만일 부당한 과세를 받았다고 생각한다면 적극적으로 사용하여 권리를 보장받아야 한다.

⠿ 권리보호 요청

　권리보호 요청 제도는 세금의 부과, 징수 또는 세무조사 등 국세행정 집행 과정에서 납세자의 권리가 부당하게 침해될 경우 납세자가 납세자 보호담당관에게 권리 보호를 요청하면 납세자 보호위원회의 심의 또는 납세자 보호담당관 시정 요구를 통해 권리를 구제해 주는 것이다.

1. 요청 대상

1) 세무조사에 대한 요청 대상

(1) 세법 등 관련 법령에 명백히 위반되는 조사

(2) 명백한 조세 탈루혐의 등 법령이 정하는 사유 없이 재조사

(3) 중소규모납세자[16]의 세무조사 기간 연장, 범위 확대에 대한 일시 중지 및 중지

(4) 세무조사 중인 국세 공무원의 위법, 부당한 행위

- 조사와 관련 없는 장부 등의 제출 요구
- 조사 범위를 벗어나 조사하거나 조사 기간을 임의로 연장 또는 중지
- 납세자의 동의 없이 장부 등을 일시 보관
- 납세자 등에게 금품, 향응 등을 요구
- 납세자가 제출한 자료 등을 법령에 의하지 않고 타인에게 제공 또는 사적 사용
- 조사 중지 기간 중 질문 또는 장부 등을 조사

(5) 기타 위에 준하는 사유로 납세자의 권리가 침해되는 경우

16 　중소규모납세자: 연간 수입 금액 또는 양도가액이 100억 원 미만인 납세자

2) 일반 국세행정에 대한 요청 대상

⑴ 고충 민원, 불복 청구, 체납 세액 완납 등의 절차 완료 후 필요한 후속 처분 지연

⑵ 사전 예고 없이 압류하거나 과세 자료를 소명 안내 없이 고지(관련 법령, 규정에 의한 경우 제외)

⑶ 본인의 과세 정보 열람, 제공 요구를 거부 또는 지연

⑷ 납세자 등에게 금품, 향응 등을 요구

⑸ 납세자가 제출한 자료 등을 법령에 의하지 않고 타인에게 제공 또는 사적 적용

⑹ 과세 자료 처리 등과 관련하여 과도한 자료 요구 또는 반복적 요구

⑺ 해명 자료가 제출된 과세 자료를 정당한 사유 없이 처리 지연

⑻ '신고 내용 확인'에 대한 적법 절차 미준수로 인한 권리 침해

⑼ 현장 확인 출장 목적과 관련 없이 장부, 서류 등을 요구 또는 사실 관계 확인

⑽ 기타 위에 준하는 사유로 납세자의 권리가 침해되는 경우

2. 요청 방법

권리 침해 사실을 권리 보호(심의) 요청서에 작성하여 관할 세무서에서 방문하여 접수, 우편 접수 혹은 온라인 접수를 통해 접수할 수 있다.

고충 민원

고충 민원은 세무관서장으로부터 위법 또는 부당한 처분을 받았거나 필요한 처분을 받지 못하여 납세자의 권리, 이익이 침해된 사항에 관한 민원을 말

한다. 고충민원처리 제도란 세법을 잘 알지 못하고 경제적 사정으로 세무대리인을 선임할 수 없는 영세 납세자가 부득이한 사유로 기한 내에 불복 청구 등 법령상 구제 절차를 이용하지 못한 경우 납세자 보호담당관에게 고충 민원을 신청하면, 납세자 보호담당관 또는 납세자 보호위원회가 이를 심리하여 납세자의 권리를 신속하게 구제하는 제도이다.

1. 요청 대상

납세자보호사무처리규정 제2조에 정의된 고충 민원으로서 국세와 관련된 모든 고충을 처리 대상으로 한다. 다만, 국세와 관련된 고충이라 하더라도, 불복 절차가 진행 중이거나 이미 완료된 사항, 세금 관련 고소·고발 사건 등은 처리 대상에서 제외된다. 또한 국세 부과 제척기간이 지난 사항에 대해서는 고충 민원을 신청할 수 없다.

2. 제외 대상

1) 국세기본법, 감사원법, 행정소송법 등에 따른 불복 절차가 진행 중이거나 결정이 완료되어 확정된 사항
2) 국세기본법에 따른 과세전적부심사가 진행 중이거나 결정이 완료된 사항
3) 감사원장, 국세청장, 지방 국세청장의 감사 결과에 따른 시정 지시에 의하여 처분하였거나 처분할 사항
4) 탈세 제보, 외화 도피 신고, 세금계산서 미발행 등 세금 관련 고소, 고발
5) 조세범처벌절차법 제15조에 따른 통고 처분 및 제17조에 따른 고발
6) 국세기본법 등에 따른 불복 및 과세전적부심사 청구 기한이 지나지 아니

한 사항

7) 민사소송법 등 법률에 따른 소송 등이 진행 중인 사항으로, 쟁점에 대한 사실 관계를 확정할 수 없는 경우

8) 조세특례제한법 시행령 제2조에 따른 중소기업에 속하지 않는 법인이 신청하는 경우

9) 국세징수법 제106조에 따라 국세체납정리위원회를 둔 세무관서의 경우 국세체납정리위원회의 심의 대상에 해당하는 사항

10) 청원법에 따른 청원이 접수되어 처리 중이거나 결정이 완료된 사항

11) 다만 1), 2)의 경우 본안 심리를 거치지 않은 각하 결정 등은 고충민원 대상에 해당

※ (신청 기간) 국세 부관의 제척 기간이 지나기 30일 전까지 신청할 수 있음 (납세자보호사무처리규정)

3. 고충 민원 신청 방법

국세 관련 고충이 있는 납세자는 세무서에 방문하거나 우편, 인터넷, 전화 등 경로를 구분하지 않고 납세자 보호담당관에게 고충 민원을 신청할 수 있다.

불복

1. 과세전적부심사

과세전적부심사는 세무조사 결과 등에 따른 고지 처분을 하기 전에 과세할 내용을 미리 납세자에게 통지한 후 이의가 있는 경우 과세 관청이 과세의 적

정성 여부를 검증하여 스스로 시정하는 제도이다. 이는 부실 과세를 예방하고 납세자의 권익 증진과 시간적, 경제적 부담을 덜어주는 권리구제 제도이나 부과를 한 과세 관청이 스스로 심사를 한다는 점에서 인용율이 극히 낮아 실효성은 떨어진다고 할 수 있다.

2. 이의 신청

세무서장으로부터 위법 또는 부당하다고 생각되는 납부고지서, 주류면허 취소, 재산압류통지서 등을 받았거나 환급 신청을 했는데 환급을 받지 못한 경우, 감면 신청을 했는데 감면을 받지 못한 경우와 같이 필요한 처분을 받지 못한 경우에는 국세청장에게 심사 청구를 하기 전에 임의 절차로서 세무서장 또는 지방 국세청장에게 청구하는 것을 말한다. 임의 절차이므로 이의 신청을 거치지 않고 바로 심사 청구 혹은 심판 청구로 진행도 가능하다. 실질적으로 부과된 이후 1단계 불복 절차라고 생각하면 된다.

3. 심사 청구

심사 청구는 위법하거나 부당하다고 판단되는 납부고지서, 주류면허 취소, 재산 압류 통지서를 받았거나, 환급 또는 감면 신청을 하였음에도 그에 따른 처분을 받지 못한 경우 등에 대해 해당 세무서장을 상대로 국세청장에게 제기하는 사후 권리구제 제도이다.

4. 국선대리인 제도

국선대리인 제도는 청구세액이 5,000만 원 이하인 과세전적부심사, 이의 신청, 심사 청구를 제기한 영세 납세자에게 불복 절차를 무료로 대리해 줄 대리인을 지원하는 제도이다.

세무조사 참관 제도

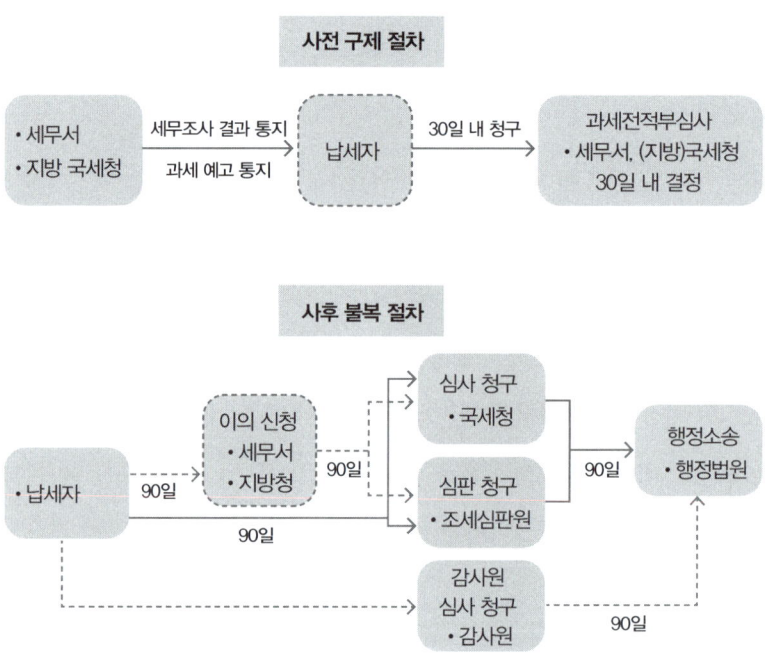

납세자 보호담당관 제도는 세무조사 과정에서 담당관이 참관하여 조사 공
무원의 조사권 남용을 방지하고 적법 절차 준수 여부를 확인하며, 영세 자영
업자의 심리적 부담을 완화하고 납세자에게 실질적인 조력을 제공하는 제도
이다. 세무조사 대응 시 수수료 부담으로 인해 세무대리인을 선임하기 어려운
영세 자영업자들을 위한 제도라고 볼 수 있다.

권리보호 요청이 필요한 경우

세무조사는 누구에게나 부담스럽고 긴장되는 일이다. 그러나 조사의 목적은 납세자의 권리를 침해하는 것이 아니라 공정한 세금 부과를 위한 것이다. 그럼에도 불구하고 조사 과정에서 부당한 대우를 받았다고 느낀다면, 주저하지 말고 권리보호 요청을 신청하자.

1. 동의 없는 장부 보관 요구

조사관이 장부·증빙서류를 외부로 반출하려 한다면 반드시 납세자의 서면 동의가 필요하다. 이를 무시하고 장부를 보관하려는 경우 권리 침해에 해당한다.

2. 조사 기간의 임의 연장

세무조사 기간은 사전에 통지된 일정에 따라 진행되어야 한다. 조사관이 납세자의 동의나 정당한 사유 없이 일방적으로 기간을 연장한다면 즉시 이의를 제기할 수 있다.

3. 조사 외적 사항에 대한 질문

조사 범위는 세무 관련 사실에 한정된다. 그럼에도 불구하고, 조사관이 가정사, 개인 투자 내역, 사적인 인간관계 등 조사와 무관한 질문을 하는 것은 납세자의 권리를 침해하는 행위이다.

4. 부당한 언행·압박

세무조사 과정에서 조사관이 고압적 태도, 모욕적 언행, 과도한 자료 요구 등으로 납세자에게 압박을 가하는 경우, 이는 명백한 권리 침해에 해당한다.

위와 같은 상황에서는 즉시 납세자 보호담당관에게 권리보호 요청을 할 수 있다. 납세자 보호담당관은 조사관의 위법·부당 행위를 중지시키거나 시정을 요구할 권한이 있으며, 필요 시 상급 기관에도 보고할 수 있다.

05
실제 세무조사 대응 사례로
배우는 실전 팁

세무대리인으로서 일을 하며 가장 업무하기 어렵고 마음이 무거운 때가 세무조사 대응을 할 때이다. 기한 내에 충분한 조사가 이뤄져야 하므로, 쉴 새 없이 소명자료를 쏟아내야 하기 때문이다. 그로 인해 사업주는 물론 과세 관청도 매우 예민한 상황이라 그 사이에서 중재하는 것이 매우 어렵다.

세무조사 시 어려운 점은 과거의 일을 소명해야 한다는 점이다. 당장 일주일 전에 있었던 일이나 식사 메뉴도 기억하지 못하는데 2, 3년 전에 있었던 일을 증빙하고 소명하기란 얼마나 어려운 일일까? 따라서 자주 발생하는 적발 사례는 꼭 기억하고 미리 증빙을 갖추는 게 필요하다. 그렇게 만 한다면 예기치 않은 세무조사에서도 수월하게 대응할 수 있을 것이다.

자주 발생하는 적발 사례

1. 현금 매출 누락

가장 자주 발생하는 내용은 매출 누락이다. 고의 또는 실수로 계좌이체로 받은 매출을 신고하지 않은 경우이다. 특히 계좌이체 거래가 활성화된 이후에는 세무조사 시 이런 문제가 가장 많이 발각되었다. 법인 또는 대표자의 개인 계좌로 매출 대금을 수령한 후 신고를 누락한 금액들에 대해 추징이 많이 된다.

이런 매출 누락의 가장 큰 문제는 법인세, 소득세 외에 부가가치세 누락 문제가 함께 공존한다는 점이다. 부가가치세 본세와 가산세, 법인세·소득세의 본세 및 가산세까지 포함하면 단순 실수로 인한 누락은 빈도나 금액이 적은 편이지만, 고의적으로 현금 매출을 장기간 누락한 경우 세무조사 시 억 단위의 세금이 추징되는 사례가 많다.

특히 현금 매출이 많이 발생하는 업종에서는 주의해야 한다. 최근 카드 사용이 많아 대부분의 업종에서 현금 거래가 많지 않지만, 여전히 현금 거래 비중이 높은 업종들이 있다. 예를 들어, 점술 서비스업이나 노상에서 판매를 하는 경우 또는 재래시장에서 도소매업을 하는 경우에 현금 매출이 누락되지 않게 신경을 많이 써야 한다.

2. 사업과 무관한 경비

이 경우는 사업용 카드 사용액 중 사업과 무관한 부분이 손금 부인이 되는 경우이다. 통상 세무조사가 시작되면 대표자의 거주지 인근에서 사용된 내역, 주말이나 공휴일에 사용된 내역 등 사적으로 사용했을 가능성이 높은 사용 건들을 다 분류해 소명을 요구받게 된다. 따라서 이를 위해 꼭 개별 영수증을 보관해야 한다.

간혹 카드 명세서가 있으니 영수증을 구비할 필요가 없지 않느냐고 묻는 사람도 있는데 카드명세서에는 사용처와 결제 금액, 결제 일시 정도만 확인이 가능하다. 따라서 개별적인 구매 내역은 영수증이 꼭 있어야 한다. 예를 들어, 특정 마트에서 사무실에서 사용하는 소모품을 구매했다면, 영수증 상세 내역에 어떤 물품을 구매했는지 확인되어야 소명이 완료된다.

카드 사용 내역에서 사업과 무관한 부분은 어떻게 추려낼지가 가장 큰 관건인데, 해당 사업과의 연관성이 중요하다. 예를 들어, 출장이 자주 있는 업종에서 사업장과 떨어져 있고, 거래처가 있는 장소에서 사용한 금액이 있다면 사업용 경비로 볼 개연성이 있지만, 음식점업 같은 경우에는 사업장에서 멀리 떨어진 곳에서 사업용 경비를 사용할 가능성이 현저히 적다.

다만, 음식점을 운영하는 분이 타 지역에서 열리는 협회나 세미나 등에 참석했다면, 그 부분은 사업용 경비로 처리가 가능하다. 이렇게 개연성이 적은 장소에서 사용한 경비가 있다면, 그에 대한 증빙을 좀 더 신경 써서 챙기는 것이 좋다.

3. 실제 근무하지 않은 자의 인건비

실제 근무하지 않은 대표자의 친인척이나 지인에게 인건비를 신고하는 사례가 많이 적발되고 있다. 이는 사업주들이 세금을 줄이기 위해 실제 일하지 않은 사람에게 허위로 인건비를 신고하는 경우가 있기 때문이다. 이런 허위 인건비 신고는 가장 적발하기 쉬운 항목이며, 특히 대표자의 친인척의 경우 검증 요주의 대상으로 분류된다.

실제 근무하는 경우 당연히 비용처리가 되는 부분이기 때문에 그 증빙을 잘 갖춰야 한다. 예를 들어, 각종 메시지 앱이나 메일로 업무를 지시하고 처리한 내용, 근태 관리 서류 등으로 입증이 가능하다. 또한 요즘은 인건비를 계좌이체로 지급하는 것이 당연하기 때문에, 실제 지급한 계좌이체 증빙도 확인되어야 한다.

실제 근무하지 않은 경우라면 인건비 비용처리는 당연히 인정되지 않고, 법인세나 소득세 본세 및 가산세를 납부해야 한다. 또한 직장 근로자로 등록되면서 4대 보험이 지역가입자에서 직장가입자로 전환되어 건강보험료를 적게 납부한 경우, 이후 사실관계가 확인되면 해당 금액은 다시 지역가입자로 재산정되어 부과된다.

음식점업 세무조사 유의사항

음식점은 최근 배달 앱을 통한 주문의 증가, 카드 사용의 증가로 인해 현금 매출이 많이 줄어든 업종이다. 즉 매출 과소신고가 될 확률은 확실히 많이 줄어들었다. 각종 배달 앱에서 발생한 매출은 국세청에 집계가 되어 누락할 수 없기 때문이다.

음식점업의 경우 오히려 매입을 과다하게 하거나 가공 계산서를 발급받는 방법으로 탈세를 하고 있는 경우가 있어 그 부분을 유의해야 한다. 부가가치세가 면세되는 농산물들을 구입하여 조리하여 판매하는 업종 특성상, 부가가치세 매입세액이 부족하여 부가가치세를 과다하게 부담할 수 있다. 이 부담을 줄여주기 위해 세법에서는 '의제매입 세액공제'라고 하여 면세 농산물을 구입해 과세 매출이 발생하면 그 농산물에 부가가치세가 포함되어 있지 않았어도 그 구입 금액의 일정 비율을 부가가치세 매입세액으로 보아 공제해 주는 혜택을 주고 있다. 즉 부가세가 붙지 않은 재료를 샀더라도 일정 부분을 부가세로 인정해 돌려주는 제도이다.

이 혜택을 악용해 일부 음식점업 대표님들은 외부에서 돈을 주고 가짜 면세 계산서를 구입해 부가가치세를 줄이려 한다. 음식점 대표는 그 계산서를 통해 부가가치세와 소득세를 절감할 수 있고, 가짜로 계산서를 발행한 농산물 업자는 면세 매출이므로 부가가치세 부담 없이 소득세만 내면 되기 때문에 양측의 이해관계가 맞아떨어진다. 그러나 이는 명백한 탈세 행위이므로 현혹되지 말고 각별히 주의해야 한다.

〈매출 적정성을 확인하는 방법〉
- 주변 상권과 유동 인구, 업소시설 및 자산 현황, 식사 메뉴 및 가격 등을 통해 신고한 매출이 적절한지 확인한다.
- 음식점의 성수기/비수기, 월별, 요일별, 시간대별로 회전율을 파악한 후 추정 수입 금액을 산정하여 신고된 매출이 적절한지 확인한다.
- 식자재 구입량, 인건비 지출액 등을 파악하여 매출이 과소신고가 되지는 않았는지 추정한다.
- 프랜차이즈 업체일 경우 본사에 지급하는 수수료(로열티) 금액을 확인하여 매출이 적정한지 추정한다.
- 포장 메뉴가 있는 경우 포장용기 구입 수량 등을 파악하여 추정 입금액을 산정한다.

※ 음식점업 주요 적발 항목
- 의제매입세액공제 과다 계상
- 가공 세금계산서 수취
- 현금 매출 누락

숙박업 세무조사 유의사항

숙박업은 대표적으로 현금 수입이 많은 업종이다. 요즘에는 숙박업을 예약하는 플랫폼도 많아져서 해당 플랫폼을 통해 카드로 예약하는 경우가 많아졌으나, 숙박업소 이용 사실이 기록으로 남는 것을 꺼리는 일부 사람들은 여전히 현금으로만 결제한다.

계좌이체로 받은 금액은 계좌에 흔적이 남아 적발이 가능하나, 순수 현금으로 주고받은 매출은 국세청에서도 어떻게 적발할 수 없으니 국세청에서는 과세를 위해 다양한 방법을 개발하고 있다. 이렇듯 국세청에서는 성실한 납세를 위해 다양한 방법으로 세무조사 방법을 연구하고 있으니 이 부분을 잘 유의해 신고하도록 하자.

〈매출 적정성을 확인하는 방법〉
- 업소에서 사용한 전기량, 수도량을 파악하여 신고된 매출이 적절한지 파악한다.
- 숙박업소의 성수기/비수기, 월별, 요일별로 합리적인 객실 회전율을 파악하고 추정 수입 금액을 산정하여 신고된 매출이 적절한지 확인한다.

※ 숙박업 주요 적발 항목
- 현금 수입 누락
- 낮은 매출 신고
- 전자 예약 시스템 매출 미반영

의류 도소매업 세무조사 유의사항

최근 오프라인 도소매업은 그 성장이 많이 둔화 혹은 감소하였다. 주로 온라인에서 판매를 많이 하고 있으며 쿠팡, 11번가 등 다양한 플랫폼을 통해 판매가 되고 있다. 또는 그립(Grip)이라는 라이브커머스를 통해 개인 홈쇼핑처럼 물건을 소개하고 판매하기도 한다.

이러한 플랫폼 매출은 플랫폼 회사에서 홈택스에 매출을 집계하여 신고하기 때문에 이러한 업종도 매출 누락에 대한 위험은 과거에 비해 많이 감소했다. 오히려 동대문에서 의류를 사입할 때 직접 매입하는 것이 아니라 사입삼촌이라고 하는 매입을 대행하는 사람을 통해 사입하는 경우가 많고, 그에 따라 세금계산서 등을 적절하게 수취하지 못하는 경우가 많다. 부족한 매입을 메꾸기 위해 사입삼촌이 어디선가 가공 세금계산서를 구해 오는 경우가 많아, 대표님들은 반드시 물건을 공급한 곳에서 세금계산서를 받았는지 확인해야 한다.

〈매입 적정성을 확인하는 방법〉
- 의류 공급처가 적절한 사업자이고 실제 의류를 공급하는 사업장이 맞는지
- 의류를 외국에서 수입하여 판매한다면 세관을 통해 적법하게 수입된 의류가 맞는지, 세관신고증과 세관에서 발행된 세금계산서를 확인
- 가공 세금계산서를 발행하는 업자가 발행한 세금계산서를 수취한 이력이 없는지 확인

※ 의류 도소매업 주요 적발 항목
- 가공 세금계산서 수취 또는 위장 세금계산서 수취[17]
- 수입 의류의 통관 누락
- 온라인 혹은 오프라인 매출 누락 또는 불일치

---

17 가공 세금계산서와 위장 세금계산서는 다른 개념이다. 가공 세금계산서는 재화/용역의 실제 공급이 없었음에도, 허위로 세금계산서를 발행하는 것을 말한다. 위장 세금계산서는 재화/용역의 실제 공급은 있었으나, 거래 내용 중 공급자, 공급받는 자를 달리하여 발행한 세금계산서를 말한다.

새로운 도약을 준비하는 대표가 되기를

사업이 잘되면 누구나 성장을 위해 속도를 내기 마련이다. 그러나 위기가 닥치면 차이는 극명히 갈린다. 그 이유는 위기의 해결은 단순히 가격 경쟁력에 있는 것이 아니라 교육과 조직 시스템, 그리고 대표가 전문가의 조언을 자기 상황에 맞게 해석하고 연결하는 능력에 있기 때문이다.

실무에서 보면 어떤 대표님은 절세 전략에만 매달리다가 내부 관리 체계가 무너져 위기를 버티지 못하고, 반면 어떤 대표님은 외부 자금 조달에 실패했음에도 불구하고 단단한 조직력과 실행력으로 회사를 성장시키기도 한다. 이 차이는 결코 우연이 아니며, 대표가 얼마나 시스템을 갖추기 위해 노력했고 스스로 시야를 갖췄는가에 달려 있다.

기업 경영은 종종 폭풍우를 뚫고 항해하는 것과 같다. 날씨가 좋을 때는 누구나 키를 잡을 수 있지만, 파도가 거세질 때 배를 지켜내는 것은 선장의 시야와 항로를 읽어내는 눈이다. 사업도 마찬가지다. 결국 대표가 어떤 눈을 갖고 있느냐가 위기의 결과를 가르는 핵심 요소가 된다.

절세 이상을 바라봐라

처음 법인을 설립하면 많은 대표님이 전문가에게 전적으로 의지하는 경향이 있다. 실력 있는 세무사의 조언을 받아 세금을 덜 내면 회사가 장기적으로 살아날 것이라고 믿는 경우가 대표적이다. 그러나 때로는 세금을 '더 내는' 전략이 기업의 가치를 키울 때도 있으므로, 이런 생각이 무조건 맞지는 않다. 오히려 연구개발 투자나 인력 교육에 비용을 사용할 때, 장기적으로 회사의 경쟁력을 높이기도 하니 말이다.

정책자금 역시 마찬가지다. 자금은 분명 성장의 발판이 될 수 있지만, 그것만으로 기업이 성장하지는 않는다. 단기적으로 숨통이 트일 수는 있지만, 그 돈을 어디에 어떻게 쓰느냐에 따라 기업의 미래가 달라질 것이다.

결국 중요한 것은 전문가의 조언이나 정책자금이라는 도구 자체가 아니고, 그것을 바라보고 연결하는 대표의 시야이다.

대표가 지켜야 할 두 가지 원칙

나는 수많은 현장에서 대표님들과 함께하며 기업이 살아남는 데 반드시 필요한 두 가지를 정리할 수 있었다. 바로 '실행'과 '연결'이다. 이 두 가지가 있을 때 기업은 위기를 견뎌내고 더 크게 성장할 수 있다.

첫째, 실행하고 또 실행하라. 법인을 컨설팅할 때 대표님들의 이야기는 한결 같았다. '바쁘다'는 것이다. 물론 대표는 늘 시간에 쫓길 수밖에 없다. 회사를 책임지는 자리니 얼마나 바쁘겠는가. 그러나 만약 시간이 부족해 정보를 얻지 못하거나 알면서도 바쁘다는 핑계로 실행하지 못해 기회를 놓친다면 어떨까? 사업은 단순히 정보를 아는 것과 실행하는 것에서 극명히 갈리게 된다. 단순히 '아는' 대표가 아니라 '실행'하는 대표가 위기를 이겨낼 수 있는 것이다.

물론 대표가 모든 것을 알 수는 없다. 그리고 모든 것을 알 필요도 없다. 핵심을 알고 그것을 사업과 연결할 수 있다면 충분하다. 정보를 자기 사업에 맞게 적용하며, 현장에서 수없이 검증하는 과정을 통해 법인과 대표는 성장하게 될 것이기 때문이다.

둘째, 연결하고 조율하라. 기업 경영에는 수많은 전문가와 정보가 얽혀 있다. 그러나 각각의 지식은 조각에 불과하다. 그것들을 맥락 속에서 연결하고 조율하는 것은 결국 대표의 몫이다. 대표가 올바른 순서를 세우고 적절히 배치할 때, 기업은 비로소 다른 길을 걷게 된다. 이는 마치 오케스트라의 연주와 같다. 연주자들이 아무리 뛰어나도 지휘자가 없으면 곡이 산만해지듯, 각각의 정보와 전문가를 대표가 제대로 조율하지 못하면 좋은 성과를 얻지 못한다.

성공하는 기업으로 가는 세 가지 질문

마지막으로, 이 책을 덮기 전에 꼭 점검해 봐야 할 세 가지 질문이 있다.

나는 무엇을 모르고 있었는가?
나는 무엇을 놓치고 있었는가?
다음 분기에 반드시 준비해야 할 단 하나는 무엇인가?

나는 수많은 법인을 컨설팅하며 위의 질문을 통해 기업의 방향을 재설정할 수 있었다. 모르는 것을 인정하는 순간 배움의 문이 열리며, 놓친 것을 발견하는 순간 회복의 기회가 생긴다. 또한 다음 분기에 준비할 한 가지를 정하는 순간, 기업은 이미 움직이기 시작하는 것이다.

그러므로 지금 이 질문 앞에서 멈추지 말기 바란다. 질문에 답하고, 답을 실

행하고, 그 실행을 끝까지 지속하는 것이 기업을 바꾸고 대표 자신을 바꾸게
될 것이다.

'도서출판 지혜로'는 경제·경영 서적 전문 출판사이며, 지혜로는 독자들을 '지혜의 길로 안내한다'는 의미입니다. 지혜로는 특히 부동산 분야에서 독보적인 위상을 자랑하고 있으며, 지금까지 출간한 모든 책이 베스트셀러 그리고 스테디셀러가 되었습니다.

지혜로는 '소장가치 있는 책만 만든다'는 출판에 관한 신념으로, 사업적인 이윤이 아닌 오로지 '독자를 위한 책'에 초점이 맞춰져 있고, 앞으로도 계속해서 아래의 원칙을 지켜나갈 것입니다.

첫째, 객관적으로 '실전에서 실력이 충분히 검증된 저자'의 책만 선별하여 제작합니다.
실력 없이 책만 내는 사람들도 많은 실정인데, 그런 책은 읽더라도 절대 유용한 정보를 얻을 수 없습니다. 독서란 시간을 투자하여 지식을 채우는 과정이기에, 책은 독자들의 소중한 시간과 맞바꿀 수 있는 정보를 제공해야 한다고 생각합니다. 그러므로 지혜로는 원고뿐 아니라 저자의 실력 또한 엄격하게 검증을 하고 출간합니다.

둘째, 불필요한 지식이나 어려운 내용은 편집하여 최대한 '독자들의 눈높이'에 맞춥니다.
그렇기 때문에 수많은 독자분들께서 지혜로의 책은 전문적인 내용을 다루고 있지만 가독성이 굉장히 좋다는 평가를 해주고 계십니다.
책의 최우선적인 목표는 저자가 알고 있는 지식을 자랑하는 것이 아닌 독자에게 필요한 지식을 채우는 것입니다. 앞으로도 독자층의 눈높이에 맞지 않는 정보는 지식이 될 수 없다는 생각으로 독자들에게 최대한의 정보를 제공할 수 있도록 편집할 것입니다.

마지막으로 앞으로도 계속 독자들이 '지혜로의 책은 믿고 본다'는 생각을 가지고 구매할 수 있도록 초심을 잃지 않고, 철저한 검증과 편집 과정을 거쳐 좋은 책만 만드는 도서출판 지혜로가 되겠습니다.

뉴스 〉 부동산

도서출판 지혜로, '돌풍의 비결은 저자의 실력 검증'
송희창 대표, 항상 독자들의 입장에서 생각하고, 독자들에게 꼭 필요한 책만 제작

도서출판 지혜로의 주요 인기 서적들

경제 · 경영 분야의 독자들 사이에서 '믿고 보는 출판사'라고 통하는 출판사가 있다. 3권의 베스트셀러 작가이자 부동산 분야의 실력파 실전 투자자로 알려진 송희창씨가 설립한 '도서출판 지혜로'가 그곳.

출판시장이 불황임에도 불구하고 이곳 도서출판 지혜로는 지금껏 출간된 모든 책이 경제 · 경영 분야의 베스트셀러로 자리매김하는 쾌거를 이룩했다.

엑시트 EXIT

당신의 인생을 바꿔 줄 부자의 문이 열린다!
수많은 부자를 만들어낸 송사무장의 화제작!

- 무일푼 나이트클럽 알바생에서 수백억 부자가 된 '진짜 부자'의 자본주의 사용설명서
- 부자가 되는 방법을 알면 누구나 평범한 인생을 벗어나 부자의 삶을 살 수 있다!
- '된다'고 마음먹고 꾸준히 정진하라! 분명 바뀐 삶을 살고 있는 자신을 발견하게 될 것이다.

송희창 지음 | 352쪽 | 17,000원

싱글맘 부동산 경매로 홀로서기(개정판)

채널A〈서민갑부〉출연!
경매 고수 이선미가 들려주는 실전 경매 노하우

- 경매 용어 풀이부터 현장조사, 명도 빨리하는 법까지, 경매 초보들을 위한 가이드북!
- 〈서민갑부〉에서 많은 시청자들을 감탄하게 한 그녀의 투자 노하우를 모두 공개한다!
- 경매는 돈 많은 사람만 할 수 있다는 편견을 버려라! 마이너스 통장으로 경매를 시작한 그녀는, 지금 80채 부동산의 주인이 되었다.

이선미 지음 | 308쪽 | 16,000원

부동산 계약 이렇게 쉬웠어?

집 고르는 방법부터 전세사기 예방법,
계약 노하우까지 한 권에 정리했다!

- 대한민국의 모든 부동산 계약 초보를 위한 똑똑한 임차인 되는 필수 지식!
- 누구도 알려주지 않아 최고의 부동산 전문가가 나섰다. 20년 부동산 계약 노하우 대공개!
- 임대차 계약뿐만 아니라 매매 계약까지, 책장에 꽂아두고 계약 때마다 봐야 할 책!

송희창 지음 | 332쪽 | 22,000원

송희창 지음 | 308쪽 | 16,000원

송사무장의 부동산 경매의 기술

수많은 경매 투자자들이 선정한 경매분야 최고의 책!

- 출간 직후부터 10년 동안 연속 베스트셀러를 기록한 경매의 바이블이 개정판으로 돌아왔다!
- 경매 초보도 따라할 수 있는 송사무장만의 명쾌한 처리 해법 공개!
- 지금의 수많은 부자들을 탄생시킨 실전 투자자의 노하우를 한 권의 책에 모두 풀어냈다.
- 큰 수익을 내고 싶다면 고수의 생각과 행동을 따라하라!

송희창 지음 | 456쪽 | 18,000원

송사무장의 부동산 공매의 기술

드디어 부동산 공매의 바이블이 나왔다!

- 이론가가 아닌 실전 투자자의 값진 경험과 노하우를 담은 유일무이한 공매 책!
- 공매 투자에 필요한 모든 서식과 실전 사례가 담긴, 이 책 한 권이면 당신도 공매의 모든 것을 이해할 수 있다!
- 저자가 공매에 입문하던 시절 간절하게 원했던 전문가의 조언을 되짚어 그대로 풀어냈다!
- 경쟁이 덜한 곳에 기회가 있다! 그 기회를 놓치지 마라!

조동식 지음 | 312쪽 | 21,000원

월급쟁이 강남 내집 마련하기

보증금 1,800만 원으로 시작한 월급쟁이가 강남에 사는 60억 자산가가 된 비결 공개!

- 사회초년생도 따라할 수 있도록 종잣돈 모으기부터 실전 갈아타기까지 모두 담았다!
- 저자의 '강남입성 4단계 전략'으로 누구나 쉽게 도전할 수 있다!
- 초보를 위한 기초 지식부터 고수를 위한 갈아타기 비법까지 실전 노하우 대공개!

박희철 지음 | 328쪽 | 18,000원

경매 권리분석 이렇게 쉬웠어?

**대한민국에서 가장 쉽고 체계적인 권리분석 책
권리분석만 제대로 해도 확실한 수익을 남길 수 있다**

- 초보도 쉽게 배우고 따라할 수 있는 권리분석 책이 탄생했다.
- 경매 권리분석은 절대 어렵지 않다. 이제 쉽게 분석하고, 쉽게 수익내자!
- 이 책을 읽고 따라하기만 하면 누구나 쉽게 경매에 도전할 수 있다.

서상하 지음 | 356쪽 | 18,000원

대한민국 땅따먹기

**진짜 부자는 토지로 만들어 진다!
최고의 토지 전문가가 공개하는 토지 투자의 모든 것!**

- 토지 투자는 어렵다는 편견을 버려라! 실전에 꼭 필요한 몇 가지 지식만 알면 누구나 쉽게 도전할 수 있다.
- 경매 초보들뿐만 아니라 경매 시장에서 더 큰 수익을 원하는 투자자들의 수요까지 모두 충족시키는 토지 투자의 바이블 탄생!
- 실전에서 꾸준히 수익을 내고 있는 저자의 특급 노하우를 한 권에 모두 수록!

김덕환 지음 | 336쪽 | 20,000원

공장 투자 이렇게 쉬웠어?

**대한민국에서 공장 투자를 쉽고,
체계적으로 정리한 첫 번째 책이 나왔다!**

- 그동안 1% 고수들만 알던 부동산계의 블루오션, 공장 투자의 기술을 모두 담았다!
- 10년 만에 공장 투자로 자산을 100배 이상 늘린 검증된 실력자의 노하우!
- 콕 짚어 알려주는 공장 필수 지식과 돈 되는 공장 빠르게 골라내는 체크리스트 활용법 수록!

아파트 청약 이렇게 쉬웠어?

가점이 낮아도, 이미 집이 있어도, 운이 없어도
당첨되는 비법은 따로 있다!

- 1년 만에 1,000명이 넘는 부린이를 청약 당첨으로 이끈 청약 최고수의 실전 노하우 공개!
- 청약 당첨이 어렵다는 것은 모두 편견이다. 본인의 상황에 맞는 전략으로 도전한다면 누구나 당첨될 수 있다!
- 사회초년생, 신혼부부, 무주택자, 유주택자 및 부동산 초보부터 고수까지 이 책 한 권이면 내 집 마련뿐 아니라 분양권 투자까지 모두 잡을 수 있다.

김태훈 지음 | 368쪽 | 20,000원

부동산 절세의 기술 (전면개정판)

양도세, 종부세, 종합소득세, 임대사업자까지
한 권으로 끝내는 세금 필독서

- 6년 연속 세금분야 독보적 베스트셀러가 완벽하게 업그레이드되어 돌아왔다!
- 세금 설계만 제대로 해도 최종 수익률이 달라진다. 부동산 투자자들의 강력 추천도서!
- 실전 투자자의 경험에 현직 세무사의 지식을 더한 소중한 노하우를 그대로 전수받을 수 있는 최고의 부동산 절세 책!

김동우 · 최왕규 지음
420쪽 | 19,000원

한 권으로 끝내는 셀프 소송의 기술 (개정판)

부동산을 가지려면 이 책을 소장하라!
경매 특수물건 해결법 모두 공개!

- 내용 증명부터 점유이전금지가처분, 명도소장 등 경 · 공매 투자에 필요한 모든 서식 수록!
- 송사무장이 특수물건을 해결하며 실전에서 사용했던 서식을 엄선하여 담고, 변호사의 법적 지식을 더한 완벽한 책!
- 누구나 쉽게 도전할 수 있는 셀프 소송의 시대를 연 바로 그 책! 이 책 한 권은 진정 수백만 원 그 이상의 가치가 있다!

송희창 · 이시훈 지음
740쪽 | 55,000원

MEMO